U0516037

全国文化名家暨“四个一批”人才资助项目

产业集群式转移与产业链跨区域整合

CLUSTER-TYPE INDUSTRIAL TRANSFER AND INDUSTRIAL CHAIN CROSS-REGIONAL INTEGRATION

刘友金 刘天琦◎著

图书在版编目（CIP）数据

产业集群式转移与产业链跨区域整合/刘友金，刘天琦著.—北京：经济管理出版社，2021.7

ISBN 978-7-5096-8153-4

Ⅰ.①产… Ⅱ.①刘… ②刘 Ⅲ.①产业集群—产业发展—研究—中国 Ⅳ.①F269.23

中国版本图书馆 CIP 数据核字(2021)第 143769 号

组稿编辑：郭丽娟
责任编辑：郭丽娟 魏晨红
责任印制：黄章平
责任校对：张晓燕

出版发行：经济管理出版社
（北京市海淀区北蜂窝 8 号中雅大厦 A 座 11 层 100038）
网　址：www. E-mp. com. cn
电　话：（010）51915602
印　刷：唐山玺诚印务有限公司
经　销：新华书店
开　本：720mm×1000mm/16
印　张：16.25
字　数：239 千字
版　次：2021 年 8 月第 1 版　2021 年 8 月第 1 次印刷
书　号：ISBN 978-7-5096-8153-4
定　价：88.00 元

序

促进我国沿海制造业向内地转移是应对沿海地区劳动力成本上升、加快我国东中西部地区协调发展的重大战略举措。如何引导沿海地区制造业向内地转移，还有许多理论与实际问题需要深入研究。一方面，由于中西部承接地的产业链配套能力较弱，单个企业的内迁会脱离原有的产业配套基础；另一方面，依赖产业梯度转移缩小地区经济差距，有可能导致内地欠发达地区陷入追随式发展困局，最终因经济差距的固化达不到区域协调发展的效果。

为了避免出现上述问题，在最近几年的制造业转移过程中，出现了产业集群式转移新趋势，即产业链上下游关联企业以及服务配套企业“抱团”异地迁徙。这种产业链上下游企业“抱团”异地迁徙现象，逐步成为产业转移的重要模式。这种产业转移模式能够突破承接地产业链配套能力和产业基础能力薄弱的制约，可以推进产业链跨区域整合，带动承接地的价值链向高端攀升，也有利于实现区域经济协调发展，为我们通过引导产业有序转移提供了新的路径。

本书将产业集群式转移与产业链跨区域整合有机结合起来，围绕产业集群式转移与产业链跨区域整合的互动关系展开讨论，探讨实现我国区域经济协调发展的新机制、新模式、新路径，从理论上总结和归纳了产业集群式转移的路径、机制和方法，对制造业从沿海地区向中西部地区转移的实践具有指导作用。

一是构建了新的理论分析框架。作者从产业集群式转移与产业链跨区域整合的基本概念、基本特征、基本理论出发，引入共生理论，解析了产业集群式转移与产业链跨区域整合的内在关系，揭示了产业集群式转移与产业链跨区域整合的机理，研究了产业集群式转移与产业链跨区域整合的模式，探讨了产业集群式转移与产业链跨区域整合的路径，分析了产业集群式转移与产业链跨区域整合的条件，提出了产业集群式转移与产业链跨区域整合的引导政策，揭示了共生视角下产业转移的基本规律，为我国加快现代产业体系建设、推动经济体系优化升级、实现区域协调发展提供理论支撑和对策方案。

二是提出了新的理论观点。作者从共生理论入手，重新审视新国际分工背景下的产业转移推动产业链跨区域整合的基本规律，提出了许多独到见解。例如，作者认为，产业集群式转移是产业链上下游企业与配套企业的集体迁徙过程，类似于生物共生迁徙，是寻找与之相适配的地域产业承载系统的过程，引导产业集群式转移必须营造良好的产业链成长生境。作者指出，虽然地区间存在经济技术水平梯度差异，但现有的这种生产力水平梯度顺序并非不可改变。即使在制造业基础较差的地区，也可以通过优化“地域产业生态环境”，集中有限资源构建“局部综合比较优势”，引入产业链“关键环节”或龙头企业，引导产业集群式承接，使低梯度地区形成比较好的外部经济效应，跨越产业转移的梯度陷阱，实现反梯度发展。作者还提出，产业集群式承接是中西部地区承接产业转移的有效模式，产业承接地区应当围绕承接的产业，一方面积极支持当地相关企业嵌入产业集群，另一方面大力鼓励从外部引进相关配套环节，创造条件构建本地配套产业链，实现产业转移后供应链的本地化无缝连接，形成良好的产业链成长生境，促进产业链的跨区域整合。

三是设计了新的政策思路。作者以产业链跨区域整合为主线，研究产业转移策略行为。与以往分别讨论“产业转移”“区域协调发展”的政策设计不一样，作者以产业链整合升级作为政策制定的支点，制定产业集群式转移与产业链跨区域整合引导政策，把“产业转移”与“区域协调发展”两大战略纳入一个可以相互协同的政策体系之内，提出系统的政策体系。在政策指向上，着力把承接产业转移与优化地区产业空间布局有机结合起来，把承接产业转移与加快地区产业结构升级有机结合起来，把承接产业转移与促进区域经济协调发展有机结合起来，提出了以梯度对接实现错位发展、以优势对接加强协同发展、以定位对接引导有序发展、以集群对接推进融合发展等政策思路；在政策举措上，强调产业转出主体和产业承接主体的互利共赢，主张建立跨区域协作机制、跨区域共享机制、跨区域补偿机制，打造跨区域产业链集群，加强转出地与转入地的政策协调。

我国是一个区域经济发展不平衡的大国，地区之间的产业转移以及区域间的协调发展具有复杂的生态学特征，难以从单一要素禀赋或比较优势进行解释，需要多视角的探索。刘友金教授领衔的科研团队引入共生理论，进行了具有创新性的研究工作，并取得了可喜的成绩。我希望有更多的学者开展这方面的研究，丰富和发展产业转移理论，解释和指导我国产业转移的实践。

中国社会科学院学部委员　吕政

2021 年 6 月

目　录

第一章　绪论

明确问题提出的背景、设计基本研究思路、梳理国内外的研究进展、选择研究工具与分析方法是展开项目研究的起点。本章将主要讨论以下四个问题：①问题提出与研究意义；②国内外研究进展及评述；③研究思路与主要研究内容；④研究方法与创新之处。

第一节　问题提出与研究意义

一、问题提出

产业转移是优化生产力空间布局、形成合理产业分工体系的有效途径，是推进产业结构调整、加快经济发展方式转变的必然要求。[①] 推进产业转移已经成为加快实现区域经济协调发展、国民经济持续发展并在新一轮的世界经济结构调整中掌握主动权的重要国家发展战略。习近平总书记强调，中西部地区要抓住产业梯度转移的重大机遇，提高经济整体素质和竞争力，加快形成结构合理、方式优化、区域协调的发展新格局。国务院也出台了《中西部地区承接产业转移的指导意见》等多项政策措施，推进沿海产业向中西部地区转移。可见，有序推进产业转移，加快实现区域经济协调发展，是一个亟待深入研究的重要理论与现实课题。

① 《国务院关于中西部地区承接产业转移的指导意见》（国发〔2010〕28 号）。

现实中，沿海产业向中西部地区转移遇到了许多难题：一方面，由于中西部转入地产业链配套能力较差，沿海地区失去比较优势的部分产业转出意愿不强烈。专家们曾普遍预测，随着沿海地区劳动力成本不断上升，土地供给日趋紧张，能源资源和生态环境约束强化，失去比较优势的劳动密集型产业会大规模向中西部地区转移。然而，现实状况并非如此。研究发现，江苏省电子器件制造业、广东省玩具制造业等典型劳动密集型产业的产值在全国占比，数年间不仅没有明显下降，反而在某些细分行业有小幅上升。另一方面，有些单个从沿海转移出去的企业，由于脱离了原有的产业基础，发展艰难，出现了从中西部地区向沿海地区的回迁现象。如曾被中国服装产业协会誉为“承接产业转移的安徽模式”的合肥某工业园“服装创新产业基地”，一度引进了多家名牌服装企业入园，后来却不断有企业重返沿海。① 同样，前几年对湖南某国家级承接产业转移示范区的一项调研发现，12.6%的外来企业有回迁意向。这些问题促使我们思考，是否有一种模式既能推进产业有序转移又可以有效破解上述难题。

然而，值得关注的是，产业链上下游企业“抱团”迁徙往往容易取得成功。如江苏无锡的特种装备制造业中的印染机械—印染配件、压力容器—压力容器配件、锅炉—锅炉配件等产业链上下游企业“抱团”转移到安徽宣城的郎溪县无锡工业园，短短几年时间内就形成了相当的规模。又如温州的奥康集团带动鞋机、鞋底、印刷包装、职业技术教育等配套企业转移到重庆，并得到快速发展。我们称这种产业链上下游企业“抱团”异地迁徙现象为产业集群式转移，并开始逐步成为产业转移的主流模式。这种产业转移模式能够突破承接地产业链配套能力和产业基础能力薄弱的制约，可以推进产业链跨区域整合，有利于实现区域经济协调发展。

同时我们也注意到，尽管产业集群式转移概念尚未进入政府决策文件，但推进产业集群式转移的思想已经在政策层面得到一定的体现。如《国务院关于促进加工贸易创新发展的若干意见》强调，“支持内陆沿边地区加快承接劳

① 刘友金：《中部地区承接沿海产业转移：理论与政策》，人民出版社2016年版。

动密集型产业和加工组装产能的转移。鼓励内陆沿边地区基于环境容量和承载能力，因地制宜发展加工贸易。稳妥推进国内外企业将整机生产、零部件、原材料配套和研发结算环节向内陆沿边地区转移，形成产业集群”，“推动建立省际加工贸易产业转移协调机制，重点协调解决信息不对称、配套服务不完善、人才不充裕等问题，加快推动项目落地。鼓励沿海地区与内陆沿边地区共建产业合作园区，按照优势互补、共同出资、联合开发、利益共享的原则，开展产业对接、人才交流培训等方面合作”。在《中华人民共和国国民经济和社会发展第十四个五年规划和2035年远景目标纲要》中，要求“优化区域产业链布局”，“做大做强先进制造业，在长江、京广、陇海、京九等沿线建设一批中高端产业集群，积极承接新兴产业布局和转移”。显然，推进产业集群式转移已经开始在政策层面得到重视，但目前理论的研究还落后于实践的发展，系统的政策措施设计更需要对内在理论逻辑进行科学把握。

二、研究意义

产业转移是由于资源供给或产品需求条件发生变化后，某些产业从一个地区转移到另一个地区的经济行为和过程。产业转移的实质是企业为了应对新形势而进行区位再调整的过程①，产业转移不仅是我国优化生产力空间布局、形成合理产业分工体系的有效途径，也是推进产业结构调整、加快经济发展方式转变的必然要求，加快产业转移已经成为国家经济发展的重要战略举措。产业转移既可以扩大欠发达地区的产业规模，还可以推动欠发达地区产业升级，进而缩小区域经济发展的差距。② 党的十九届五中全会进一步强调要“推进区域协调发展”“提升产业链供应链现代化水平”，这就要求我们把承接产业转移与产业链跨区域整合有机融合起来，在产业转移中提升产业链供应链现代化水

① Pellenbarg, Van Wissen & Van Dijk, Firm Migration. In: McCann P., eds., Industrial Location Economics, Cheltenham: Edward Elgar Publishing, 2002.

② 张少军、刘志彪：《全球价值链模式的产业转移——动力、影响与对中国产业升级和区域协调发展的启示》，《中国工业经济》2009年第11期。王欣亮：《区域协调发展研究：要素配置视域下的产业转移分析》，中国社会科学出版社2018年版。

平，实现价值链向附加值高端攀升，继而实现转方式、调结构，实现区域协调发展的目标。因此，如何将“加快产业转移”与“推进区域协调发展”两大国家战略协同推进，在产业转移中实现区域协调发展，在区域协调发展中加快产业转移，这就需要我们找准问题的切入点，把握政策的着力点。本书聚焦产业集群式转移与产业链跨区域整合这一关键问题，从产业集群式转移与产业链跨区域整合的基本概念、基本特征、基本理论出发，揭示产业集群式转移与产业链跨区域整合的机理，研究产业集群式转移与产业链跨区域整合的模式，探讨产业集群式转移与产业链跨区域整合的路径，分析产业集群式转移与产业链跨区域整合的条件，提出产业集群式转移与产业链跨区域整合的引导政策。可以认为，本书的研究不仅是产业转移理论和产业链理论的创新性探索，也可以为中西部地区利用产业转移整合区域产业链，提升区域产业结构，实现区域协调发展，推动经济体系优化升级提供新的政策设计思路。

第二节　国内外研究进展及评述

产业转移发生的根本原因是分工深化的结果。① 20 世纪 80 年代特别是进入 21 世纪以来，全球经济环境发生了重大变化，最显著的特征是随着科学技术的进步，信息技术飞速发展、生产标准化快速推进、物流进一步便捷及交易成本不断下降，加快了产业内分工的发展，这也使基于产品内分工的产业转移发展成为国际产业转移的最主要形式。② 本章正是基于产品内分工发展这一背景，梳理学术界的相关研究成果，分析当今产业转移特征、动因、趋势出现的一系列新变化。

---

① Mariotti, Methodological Problems in Firm Migration Research. The Case of Italy, In: Cucculelli M. & R. Mazzoni, eds., Risorsee competitività. Milan: Franco Angeli, 2002.

② Masahisa Fujita1, Toshitaka Gokan, "On the Evolution of the Spatial Economy with Multi – unit Multi – Plant Firms: The Impact of IT Development", *Portuguese Economic Journal*, Vol. 4: 73 – 105 (August 2005).

一、文献梳理

（一）基于产品内分工的国际产业转移基本特征

产品内分工是一种特殊的产业经济国际化过程，其核心内涵是特定产品生产过程的不同工序或区段通过空间分离展开成跨区或跨国性的生产链条或体系（Feenstra，1998①；Gereffi，1999）。基于产品内分工的国际产业转移呈现出一系列新的特征。②

1. 产业转移对象片段化

过去以产品为中心的生产过程难以空间分割，它常常是作为一个整体由单个企业独立完成。因此，以往的产业转移通常是一个完整生产过程的整体转移。产品内分工使产品生产过程的研发、制造、营销、品牌服务等各环节出现了全球的垂直分离，各环节可以由分布于全球各地的企业协作来完成，形成了产业链的"片段化"（Amdt & Kierzkowski，2001）。③ 由于不是生产完整的产品而只是产品的某个部分或者说某道工序，所以企业就能相对容易地进入产业链的某个环节（Sturgeon，2002）。④ 这样，产业转移的对象就不一定是整个产品的生产过程，企业可以根据各地要素差异和自身的竞争战略在全球范围内转移其某个或某些生产环节。例如，美国通用汽车公司就通过生产过程"片段化"，将零部件生产以及某些价值活动环节外包到世界各地，形成了跨国公司主导的基于产品内分工的国际产业转移。Branstetter 和 Lardy（2006）明确指出，中国外贸出口的飞速增长正是由于在产品内分工的背景下，全球生产方式"片断化"与承接产品生产环节转移的结果。⑤ 臧新、唐琦（2019）指出，我

---

① Feenstra，"Integration of Trade and Disintegration of Production in the Global Economy"，*Journal of Economic Perspective*，Vol. 12，No. 4（1998）.

② 刘友金、胡黎明、赵瑞霞：《基于产品内分工的国际产业转移新趋势研究动态》，《经济学动态》2011 年第 4 期。

③ Arndt，Kierzowski H & Fragmentation，"*New Production Patterns in the World Economy*"，Oxford University Press，1998.

④ Sturgeon，Timothy J，"Modular production networks：A new American model of industrial organization"，*Industrial and Corporate Change*，Vol. 11，No. 3（June 2002）.

⑤ Branstetter L，Lardy N，"*Embrace of Globalization*"，NBER Working Paper Series，2006.

国逐渐从具有比较优势的劳动密集型产业向能够在全球价值链中进行片段化生产的资本和技术密集型产业转移，进出口贸易结构也由原先的纺织服装、毛皮制品等向着更清洁的产业转移。[①] 中国不仅可以与“一带一路”沿线发展中经济体构成资源品和制成品贸易流，还可以通过产业转移和资金流动带动发展中经济体参与全球片段化生产，实现产业升级（潘闽等，2020）。[②]

2. 产业转移主体多元化

20 世纪 80 年代以前，国际产业转移具有较明显的线性、单向的特征（吕政，2006）[③]，主要是以发达国家的跨国公司为主体。随着产品内分工的不断深化，产品价值链的价值环节越来越多，价值链越来越长，各环节的分离变得越来越容易，也越来越成为必要。在这种情况下，产业转移主体变得多元化：一是产业转移突破了公司规模的限制。产品内分工使各类企业，无论其大小，很少会从事一个完整产品价值链活动，而是嵌入全球生产分工体系，不但是跨国公司，而且各类小公司都可以通过战略联盟、并购及外包等方式在全球范围内组织资源进行生产，以获取产品内分工的利得。二是产业转移突破了区域经济发展阶段的限制。产品内分工使得各区域能够基于产品生产工序来深入挖掘自身的比较优势，这样，区域经济无论处于哪一个发展阶段，都可以使其比较优势发挥到极致。Ginzburg 和 Simonazzi（2005）认为，随着全球产品内分工的深入，国际产业转移已不再局限于发达国家和发展中国家之间，发达国家之间、发展中国家之间的产业转移也正在兴起，尤其是东亚各国在国际产业转移中变得更加活跃，往往身兼产业承接方与产业转移方双重角色，成为现代国际产业转移过程中一个颇具特色的现象。[④] Hongwei Liao 等（2021）指出，随着“一带一路”倡议的提出，我国通过加大对外投资实现了产业调整和产业升

---

① 臧新、唐琦：《新国际分工背景下贸易对货运业碳排放的影响》，《数量经济技术经济研究》2019 年第 3 期。

② 潘闽、张自然、肖雯：《全球价值链双环流结构下中国产业对外竞争合作策略研究——基于贸易附加值技术水平和技术结构视角》，《价格月刊》2020 年第 10 期。

③ 吕政等：《国际产业转移与中国制造业发展》，经济管理出版社 2006 年版。

④ Andrea Ginzburg，Annamaria Simonazzi，“Patterns of industrialization and the flying geese model：the case of electronics in East Asia”，*Journal of Asian Economics*，Vol. 15，No. 6（January 2005）.

级，在这一过程中，参与对外投资的企业呈现多元化。[①] Zhigao Liu 等（2020）通过案例研究发现，我国企业实现产业转移主体呈现多元化趋势，这些不同类型主体追求不同动机，大型中央政府国有企业追求战略目标进行对外直接投资，而省级和市级的国有企业则受到政策的鼓励出于趋利动机实施对外直接投资。[②]

3. 产业转移环节高端化

如果没有产品内分工，高端产业的整体转移需要承接地区具有完整的先进生产技术体系和工业配套体系等整体优势，否则高端产业的转移将难以成功。在产品内分工出现之后，某个区域只要存在和产业链某些高端环节相匹配的局部优势，就可以承接相应高端环节的转移。显然，相对于整体优势而言，区域的局部优势比较容易获得，从而使产业转移可以实现高端化。Ronald 和 Henryk（2005）认为，在产品内分工水平的影响下，生产过程关联工序的服务联接成本降低，促使不同工序生产在地理分布上趋于分散化，而当这些分散的工序同区域要素禀赋相互结合时，产品价值链内部各环节的增值能力便会出现差异化。[③] 在寻求比较优势和追求最大经济效益的“内在冲动”作用下，企业不仅将在生命周期中处于较后期阶段的产品整体性地向其他国家转移，而且也会将某些在生命周期中处于较前期阶段且对要素成本比较敏感的产品生产环节尽快向其他国家转移，从而使国际产业转移的价值环节呈现出高端化趋势。这样，国际产业转移通过跨国公司及其战略联盟伙伴，进入了劳动密集型产业、资本密集型产业及技术密集型产业转移并存的阶段（Dana B Minbaeva，2007；

① Hongwei Liao，Liangping Yang，Shuanping Dai & Ari Van Assche，“Outward FDI，Industrial Structure Upgrading and Domestic Employment：Empirical Evidence from the Chinese Economy and the Belt and Road Initiative”，*Journal of Asian Economics*，Vol. 74（March 2021）.

② Zhigao Liu，Seth Schindler & Weidong Liu，“Demystifying Chinese Overseas Investment in Infrastructure：Port Development，the Belt and Road Initiative and Regional Development”，*Journal of Transport Geography*，Vol. 87（July 2020）.

③ Ronald，Henryk，“International Fragmentation and the New Economic Geography”，*North American Journal of Economics and Finance*，Vol. 16，No. 1（March 2005）.

Jorge et al. , 2007)。[①] 例如，为有效利用发展中国家的人力资源优势，一些著名汽车制造商把部分设计开发环节转移到了发展中国家，一些微电子公司也把部分研究开发环节转移到了发展中国家。此外，数字经济推动了高端产业的转移环节高端化。刘凤芹、苏丛丛（2021）发现，“新基建”中的信息技术、大数据管理和人工智能渗透到产业的各个生产环节，有利于提高产业内部分工和专业化程度，促进产业转移朝数字化、高端化方向发展。[②] 宣旸、张万里（2021）基于产业智能化的基本定义，通过智能化相关指标构造产业智能化指数，发现产业智能化有利于产业结构高级化，促进产业环节向高端化发展。[③]

4. 产业转移方式多样化

以往的产业转移，由于主要是在产业间和产业内分工的背景下进行的，其主要方式是通过 FDI 来进行产品的跨区域复制，获取区域资源优势或突破区域行政壁垒占领区域市场。随着产品内分工的出现和深化，生产工序的可分离性越来越强，这促使了国际产业转移进程加快，其深度、广度不断提高，并突破了较单一的直接投资和股权安排方式，外包、战略联盟及其他非股权方式发展迅速，使国际产业转移的方式趋于多样化。Arndt（1997）、Amdt 和 Kierzkowski（2001）利用产品内分工理论，对全球外包和转包等新兴产业转移方式进行了研究，认为随着产品内分工的发展，全球外包和转包的产业转移方式正在不断兴起。[④] 事实上，从 20 世纪 80 年代开始起步的全球外包市场，近年来呈现出加速发展的态势，正在使世界变得越来越“平坦化”，外包已成为国际产业转移的新兴主流方式（Thomas L Friedman，2007）。[⑤] 除上述方式外，在产品

① Dana B Minbaeva, “Knowledge Transfer in Multinational corporations”, *Management International Review*, Vol. 47, No. 4 (October 2007). Jorge Walter, Christoph Lechner & Franz W Kellermanns, “Knowledge Transfer between and within Alliance Partners: Private Versus Collective Benefits of Social Capital”, *Journal of Business Research*, Vol. 60, No. 7 (July 2007).

② 刘凤芹、苏丛丛：《“新基建”助力中国经济高质量发展理论分析与实证研究》，《山东社会科学》2021 年第 5 期。

③ 宣旸、张万里：《产业智能化、收入分配与产业结构升级》，《财经科学》2021 年第 5 期。

④ Amdt, “Globalization and the open economic”, *North American Journal of Economics and Finance*, Vol. 8, No. 1 (1997).

⑤ Thomas L Friedman, *The World is Flat* 3.0: *A Brief History of the Twen*, Picador USA, 2007.

内分工背景下，跨国界的战略联盟等方式也在国际产业转移中发挥了重要作用，日益多元化的转移方式为国际产业转移向纵深发展注入了新的活力。产业转移方式创新也是国内学者关注的一个重要问题。高波（2020）指出，应搭建跨区域产业转移平台，创新产业转移方式，引导产业在地区间有序转移。[①] 李根（2017）提出，应创新产业转移方式，积极探索产业转移区域合作的新模式，鼓励长江经济带下游地区到中上游地区共建产业园区，为改善区域投资环境、促进产业结构优化升级和经济快速发展等方面发挥积极的示范和带动作用。[②]

（二）基于产品内分工的国际产业转移主要动因

对产业转移的动因，西方学者涉足较早，主要有阿瑟·刘易斯（1984）的劳动力部门转移理论[③]、Akamatsu Kaname（1962）的雁行模式[④]、Raymond Vernon（1966）的产品生命周期理论[⑤]、Kojima（1973）的边际产业理论[⑥]、Dunning（1988）的国际生产折中模式[⑦]、Krugman（2002）的区位运输成本差异论[⑧]等。这些理论虽然观点不一，但都立足于产业间和产业内分工的产业转移。随着国际分工由产业间分工向产业内工序层次分工纵深推进，国际产业转移的对象由原来典型的"边际产业"和"标准化阶段的产品"转向了产品的各工序，这就使得产业转移的动因出现了新的变化。

---

① 高波：《创新驱动消费主导型经济增长的机制和路径》，《河北学刊》2020 年第 1 期。

② 李根：《长江经济带产业结构调整与经济增长关系研究——以湖北省为例》，《湖北社会科学》2017 年第 12 期。

③ 阿瑟·刘易斯：《国际经济秩序的演变》，乔依德译，商务印书馆 1984 年版。

④ Akamatsu K, "A Historical Pattern of Economic Growth in Developing Countries", *The Developing Economies*, Vol. 1, No. 1 (March 1962).

⑤ Raymond Vernon, "International Investment and International Trade in the Product Cycle", *Quarterly Journal of Economics*, Vol. 8, No. 4 (May 1966).

⑥ Kojmia K, "Reorganizational of North – South Trade: Japan's Foreign Economic Policy for the 1970s", *Hitotsubashi Journal of Economics*, Vol. 2 (1973).

⑦ Dunning, "The paradigm of international production", *Journal of International Business Studies*, Vol. 1, No. 19 (1988).

⑧ Krugman, "Increasing Returns and Economic Geography", *Journal of Political Economy*, Vol. 99, No. 3 (June 1991). Kaplinsky R & Morris M, *A Handbook for Value Chain Research*, Paper for IDRC, 2002.

1. 获取专业化优势

由于产品内分工的深化，产品价值链环节出现了垂直分解，使得企业能够专注于某一个环节的生产，从而更易形成内生比较优势（Xiao Kai Yang & Ng Y K，1995）①，这一优势主要体现在要素生产率的提高和成本的降低。在此背景下，发达国家对自身的核心竞争力进行了重新定位，通过其跨国公司生产体系的纵向分离，将重心集中在产品的研发、设计和营销等高附加值环节，同时将生产制造等低附加值环节转移到发展中国家，从而形成了同一产品不同工序或环节在空间上分布于不同国家（地区）的格局。产品内分工既有公司内部分工协作，如分别位于不同国家或地区子公司在同一价值链上的分工协作；也有公司外部的协作，如公司的某些生产环节可以通过外包、战略联盟等方式实现。产品内分工水平与专业化优势正相关，在产品内分工水平比较高的地区，企业的生产效率也比较高，专业化生产的优势相应地较为明显（Gorg H，Hanley & Strobl，2008）。② 同时，随着分工深化到产品内时，许多非核心环节的生产都标准化了，导致进入壁垒降低和利润被摊薄，承担这种环节的企业只有通过发挥专业化优势形成规模经济，才可能获得满意的利润水平（Jones R，2005）。③ 而全球一体化网络中产业转移的专业化分工效应也使参与者能够专注各自生产环节，实现价值链“规模化”（范德成、刘凯然，2021）。④ 这些年来，我国沿海地区许多从事代工生产的“隐形冠军”就是这种机制的外在表现。例如，王丽艳等（2020）对天津都市圈进行了研究，发现根据都市圈内成员城市不同的功能定位，引导产业转移以及产业专业化合理分工，可以促进核心城市与周边城市形成紧密有致的产业上下游关联，同等城市之间实现错位

① Xiao Kai Yang，Ng Y K，“Theory of the Firm and Structure of Residual Rights”，*Journal of Economy Behaviour and Organisation*，Vol. 26，No. 1（January 1995）.

② Gorg H，Hanley & Strobl，“Productivity Effects of International Outsourcing：Evidence from Plant Level Data”，*Canadian Journal of Economics*，Vol. 41，No. 2（March 2008）.

③ Jones R，“Immigration vs. Outsourcing：Effects on Labor Markets”，*International Review of Economics and Finance*，Vol. 14，No. 2（December 2005）.

④ 范德成、刘凯然：《GVC 嵌入对中国工业可持续发展影响研究》，《科学学研究》2021 年第 3 期。

发展，都市圈层面各成员城市间互补协作。[①] 可见，将不同环节分布到不同的区位生产以发挥特定环节的专业化优势，是当前产业转移的重要推动力量。

2. 获取区域要素优势

产品内分工背景下的产业转移，与其说是各国要素禀赋差异的结果，倒不如说是跨国公司根据各国体现于不同工序上要素禀赋差异、为寻求全球竞争优势而进行国际一体化生产布局的体现（Jones R，2005）。[②] Christos N Pitelis（2009）指出，在过去，资源外取被认为是企业的一种劣势，但是现在，通过产业转移来获取外部资源却可能是智慧型企业运作的关键。[③] 同时，虽然随着技术的进步和政策自由化，生产要素跨界流动的成本越来越低，但不同生产要素的可流动程度是不同的，不同等级的同种要素的可流动性也是不同的，而且生产要素还要受区域的时空限制，特别是当生产要素跨区域流动时，由于区域利益冲突，生产要素的流动性往往存在屏障。如果此时通过产业转移将同一产品的不同环节依据要素密集度的差异，布局在相应的具有禀赋优势的区位，就可以突破这一屏障，从而获得各区域的要素优势（Inomata S，2008）。[④] 何剑、魏涛（2020）基于边际产业扩张理论，提出一国将处于或即将处于比较劣势的边际产业转移到其他具备生产要素优势的国家，有助于促进本国新一轮产业升级，也有助于激发产业承接地的生产潜力和资源开发水平。[⑤] 生产要素优势是我国成为承接国际产业转移的重要目的地原因之一，当前东部地区劳动力成本及土地成本持续上升，所谓的贸易“比较优势”正在消失，而我国中西部劳动力及土地成本较低，并逐渐呈现出承接产业梯度转移的巨大潜力（郭扬、

---

① 王丽艳、段中倩、宋顺锋：《区域城市视域下都市圈发展路径及对策研究——以天津都市圈为例》，《城市发展研究》2020 年第 7 期。

② Jones R, Henryk Kierzkowski & Chen Lurong, “What does evidence tell us about Fragmentation and Outsourcing?”, *International Review of Economics and Finance*, Vol. 14, No. 3 (October 2005).

③ Christos N Pitelis, “The sustainable competitive advantage and catching - up of nations: FDI, clusters and the liability (asset) of smallness”, *Management International Review*, Vol. 49, No. 1 (2009).

④ Inomata S, “A new measurement for international fragmentation of the production process: An International Input - Output Approach”, *Institute of Developing Economies*, No. 1 (2008).

⑤ 何剑、魏涛：《巴基斯坦承接中国产业转移能力测度——基于“中巴经济走廊”建设视角》，《新疆农垦经济》2020 年第 7 期。

李金叶，2018）。[①] 从某种意义上说，我国改革开放以来的巨大成功可以被理解为全球产业结构调整、转移与中国廉价劳动力、土地资源优势以及外资优惠政策的一种组合，这一组合体现了我国在产品内国际分工条件下对加工制造环节的独特吸引力。因此，以价值环节的空间重组为特征的产业转移是在产品内分工不断深化的前提下，进一步提高资源配置效率的结果。

3. 获取价值链升级优势

与以往相比，在产品内分工的背景下，价值链升级主要体现在两个方面：一方面，由于工序不断细化，可分离性越来越强，为各生产环节充分利用区域要素禀赋提供了可能，这样每个公司都可以依据区域资源禀赋和自身条件从事价值链上的擅长环节并将其做大、做强、做优。Kaplinsky、Morris（2002）认为，基于区域比较优势定位价值链是一国参与全球产品内分工的先决条件，各区域可以在要素比较优势的作用下使价值链各环节实现最优化，从而促使各价值环节的不断攀升进而引致价值链不断升级。[②] 另一方面，正是由于各公司都从事自己最擅长的环节，因而它们通过环节的空间重组所形成的整体价值链也会是最优的，从而达到价值链的整体升级。Gereffi、Humphrey 和 Sturgeon（2006）强调，通过国际产业转移，产业承接国（区域）能以全球价值链的治理来全方位地提升自己在价值链中的位置，从而获得价值链的整体升级优势。[③] 产品内分工背景下的价值链升级使区域经济突破了二元资本、技术与经济环境的局限，提高了全球生产效率与资产利用效率（Amiti M，2007）。[④] 彭如霞等（2021）研究表明，外资结构的调整在适应产业转移、实现我国价值链升级、促进区域比较优势的动态转化方面具有重要作用。[⑤]

---

① 郭扬、李金叶：《后危机时代我国加工贸易梯度转移的动力因素研究》，《国际商务研究》2018年第4期。

② Kaplinsky R & Morris M，“*A Handbook for Value Chain Research*”，Paper for IDRC，2002.

③ Gereffi G，Humphrey J & Sturgeon T，“The governance of global value chains”，*Review of International Political Economy*，Vol. 12，No. 1（Augest 2006）.

④ Amiti M & S Wei，“Service offshoring and productivity：Evidence from the United States”，*NBER Working Paper*（April 2007）.

⑤ 彭如霞、夏丽丽、林剑铬：《创新政策环境对外商直接投资区位选择的影响——以珠江三角洲核心区六市为例》，《地理学报》2021年第4期。

（三）基于产品内分工的国际产业转移发展趋势

改革开放以来，我国有效利用国际产业转移的机会，逐步融入国际产业转移体系，成为国际产业转移最重要的区位之一，取得了举世瞩目的成就。面对新一轮国际产业转移浪潮，我们需要把握其发展趋势，进行有序引导。

1. 由产业链条整体转移走向生产工序分散转移

产业间分工是由要素结构和相对价格差异决定的国际分工，产业内分工则主要是由规模经济派生的国际分工，在这两种分工背景下，产业转移的对象主要是某个产业或某个产品，它是产业链条整体向某一个区域的转移。而产品内分工是产品价值链片段化所催生的国际分工，与前两次分工不同，产品内分工使按工序转移成为可能，而这种可能性与区域差异性要素的比较优势相结合，就使各生产工序可以通过产业转移布局于世界各地。Helleiner（1973）首先观测到在纵向一体化条件下跨国公司主导的向发展中国家转移的劳动密集型产品中，存在着劳动环节转移这一产品内分工的新形态。① 张少军（2009）指出，当前的产业转移不再是某一产业或产品，而是某产业或产品中的不同要素密集环节和工序。② 李春梅等（2020）发现，成本节约效应和区际知识溢出构成了集聚的离心力，促使产业分散转移。③ 王开科、李采霞（2021）分析了在经济全球化的大背景下，企业为实现资源最优配置和利润最大化的目标，进一步改善了国际分工，推动了基于分工的全球范围内产业转移。④ 产品内全球分工使产品价值链被分解成若干独立环节并分布到世界各地，国际产业转移表现为生产环节的全球转移。可见，在国际产业转移的分工基础深化到产品内后，就不再存在衰退产业或成熟产品，只存在低附加值和高附加值的环节。

---

① Helleiner G, "Manufactured Exports from Less - Developed Countries and Multinational Firms", *The Economic Journal*, Vol. 83, No. 329 (March 1973).

② 张少军：《全球价值链模式的产业转移——动力、影响与对中国产业升级和区域协调发展的启示》，《中国工业经济》2009 年第 11 期。

③ 李春梅、奚贞子、马金金：《区际产业转移关联溢出与产业高质量发展——对电子设备制造业的实证检验》，《科技进步与对策》2020 年第 10 期。

④ 王开科、李采霞：《“一带一路”沿线经济体承接中国产业转移能力评价》，《经济地理》2021 年第 3 期。

2. 由梯度转移走向跨梯度与逆梯度转移

戴宏伟（2006）认为，产业梯度具体表现为发达国家与欠发达国家、不发达国家（地区）之间产业结构层次上形成鲜明的阶梯状差异，传统的产业转移主要依据产业梯度依次转移。[①] 而在产品内分工背景下，由于价值链的片段化和区域要素的比较优势，国际产业转移不仅可以从价值链的任何环节开始，而且也不再局限于由产业发展水平较高的国家和地区向水平较低的国家和地区转移，而是在全球范围内寻求该产业或产业链条上特定环节最佳的投资区位，区域产业梯度的作用正在弱化，国际产业转移由不同产业的梯度转移逐步转向产业价值链各环节的全球布点（吕政，2006）。[②] Feenstra 和 Hamilton（2006）认为，在当前的产业转移浪潮中，跨梯度转移表现得越来越明显，发达国家的买家或发包商为了满足全球消费市场的多样性和变化性特征，会通过技术转让、关键设备转让和专利授权等方式协助发展中国家代工企业迅速提升自身生产工艺与产品设计能力，即由不具有自主创新能力的 OEM 向具有一定自主创新研发能力的 ODM，甚至向具有相当自主创新能力的 OBM 的生产方式转移。[③] Partridge 等（2009）的研究也证实，由于区域（城市）层级体系的存在，在当前高技术产业转移实践中，呈现出十分复杂的局面，不仅存在梯度转移，同时也出现了逆梯度转移现象，表现为欠发达国家和地区某一产业在发展初期依赖本地资源成长起来，在发展到一定的成熟阶段，为了争取更多的市场资源和技术资源，该产业将其高端环节转移到相对发达国家和地区。[④] 郭吉涛、张边秀（2021）提出，OFDI 企业通过“逆梯度”，加强与发达国家高精尖产业进行战略合作，获取充足的资金并利用逆向转移机制带动我国的创新活动，进而提高企业技术效率。[⑤] 王竹君等（2020）指出，中国“逆梯度”的对

---

① 戴宏伟：《国际产业转移与中国制造业发展》，人民出版社 2006 年版。

② 吕政：《国陈产业转移的趋势和对策》，《经济与管理研究》2006 年第 4 期。

③ Feenstra，Hamilton，*Emergent Economies*，*Divergent Paths*：*Economic Organization and International Tradein South Korea and Taiwan*，Cambridge：Cambridge University Press，2006.

④ Partridge，Rickman，Kamar & Rose，“Do New Economic Geography Agglomeration Shadows Underlie Current Population Dynamics across the Urban Hierarchy?”，*Regional Science*，Vol. 88，No. 2（June 2009）.

⑤ 郭吉涛、张边秀：《“一带一路”倡议如何作用于中国 OFDI 企业技术效率：机制讨论与经验证据》，《产业经济研究》2021 年第 1 期。

外直接投资主要通过获取战略资源、学习先进经验来培育高层次的竞争力，这种“学习型 OFDI”在国内会通过逆向技术溢出效应提升自身技术能力，改善相关产业结构的高级化水平。[①] 叶琪、黄茂兴（2018）提出，与以往全球制造业梯度性转移的特征不同，当前全球制造业转移的方向呈现出梯度性、反梯度性和跨梯度性等多向并存的态势，劳动密集型等低端制造业可能会跳跃过次发达的发展中国家和地区而直接向不发达国家和地区（如非洲国家）跨梯度流动。[②] 刘天琦、刘京星（2019）认为，“一带一路”建设应从产能合作进一步向研发合作拓展，从共享沿线国家低端生产要素资源向共享沿线国家高端研发要素资源不断深入。[③]

3. 由制造业转移走向生产性服务业转移

长期以来，受追求低廉劳动力要素成本或质高价廉原材料等因素驱使，产业转移大多以制造业为对象。而随着产品内分工的不断深化，生产过程产生了革命性变化：一方面，产品内分工促使产品生产环节、生产过程和生产要素的分离和优化组合，这样在整个产品的价值实现过程中制造环节和生产性服务环节作为独立的环节分离出来了（邹劲松，2021）[④]；另一方面，由于分工的不断细化，生产过程中的工序环节越分越多，衍生出了新的生产性服务环节（Athukorala P，2006）。[⑤] Neely（2009）认为，制造企业通过增加“整合导向服务”，表现为将制造环节进行分解派生出具有更多附加值的服务环节。[⑥] 当代国际产业转移已突破了以制造业为主体的单一性转移，它以产品价值链为纽

① 王竹君、魏婕、任保平：《异质型环境规制背景下双向 FDI 对绿色经济效率的影响》，《财贸研究》2020 年第 3 期。

② 叶琪、黄茂兴：《全球制造业转移及其对国际竞争格局变动的影响》，《经济研究参考》2018 年第 51 期。

③ 刘天琦、刘京星：《以逆向外包推进“一带一路”沿线国家研发合作》，《人民论坛》2019 年第 24 期。

④ 邹劲松：《重庆高职专业结构与产业结构适应性探究》，《吉林省教育学院学报》2021 年第 5 期。

⑤ Athukorala P，“Product Fragmentation and Trade Patterns in East Asia”，*Asian Economic Papers*，Vol. 4，No. 3（October 2006）.

⑥ Neely A，“Exploring the Financial Consequences of the Servitization of Manufacturing”，*Operations Management Research*，Vol. 1，No. 2（February 2009）.

带，在实现生产环节转移的同时，伴随着大量服务环节的转移（Alan Macpterson，2008）。① 潘敏、张卫萍（2021）提出，立足于“需求遵从”定位，生产性服务业作为制造业升级的需求载体，随着制造业部门扩大，对贸易、金融、交通、社会服务等生产性服务业的需求会迅速增加。② 目前，我国制造业与生产性服务业协同发展水平低的重要原因是传统的制造业对于生产性服务业的需求相对较少，由此应该继续增加企业的研究与试验发展经费投入，实现制造业的有效转型升级和加快发展符合现代制造业的生产性服务业，建立起更高端的制造业和真正的生产性服务业，实现制造业和生产性服务业两者同步升级。③ 值得特别关注的是，生产性服务业是一种“两型”产业，承接生产性服务业转移成为许多国家的重要竞争战略。比如，长期以来，印度通过发挥语言优势和人力资源优势，通过各种政策措施，不断鼓励承接服务外包，尤其是软件业，试图使印度因大量承接生产性服务业而成为“世界办公室”。

4. 由个体转移走向集群式转移

以往的产业转移，转移的往往是产品的较完整生产过程，通常能够由一个企业完成，企业之间的依赖性不强。所以，在进行产业转移的区位选择时，企业主要是考虑区域禀赋和规模经济，可以单独行动，不存在明显的集群现象。然而，在产品内分工条件下，企业转移的是价值链的某个环节，各环节以最终产品为纽带，具有很强的协作依赖性和相互配套要求，单一环节的单独转移往往难以生存。因此，生产环节的相互依赖性促使了企业“抱团”迁徙，即集群式转移。Sammarra 和 Belussi（2007）的研究也得出了在产业转移过程中企业倾向于与它们的配套企业一起转移的结论。④ 另一方面，由于企业的“抱团”流动形成了产业集群，而集群的自我强化功能产生强大的向心力，这样

① Alan Macpterson，“Producer service linkages and industrial innovation：Results of a Twelve－Year tracking study of New York State manufacturers”，*Growth and Change*，Vol. 39，No. 1（February 2008）.

② 潘敏、张卫萍：《产品价值生态系统的协同创造与升级路径》，《商业经济研究》2021 年第 10 期。

③ 路丽、陈玉玲：《我国制造业与生产性服务业协同水平测度及影响因素研究》，《工业技术经济》2021 年第 5 期。

④ Sammarra，Belussi，“Evolution and Relocation in Fashion－led Italian Districts：Evidence from Two Case－studies”，*Entrepreneurship & Regional Development*，Vol. 18，No. 6（February 2007）.

就可以吸引更多的企业转移到该地，集群越来越大（Klmienko，2004）。[①] 例如，韩国的饰品企业“抱团”转移到了山东城阳，在该地从事饰品生产、经营、销售等活动的韩国饰品企业就有1300多家。可见，由于产品内分工，产业转移中的区域集群特征越来越明显。周志强、李舜（2020）认为，发达地区要通过产业集群式转移的方式向欠发达地区转移比较优势弱的产业，实现发达地区与欠发达地区经济发展的联动效应，同时基于自身良好的区位优势，利用好外资政策和对外投资政策，以促进市场化发展。[②] 周密、王家庭（2018）指出，雄安新区应遵循产业链空间协同规律，改变单一企业引入的方案，从承接“集群式转移”“系列引进网络关键节点企业和桥梁企业”等方式，实现产业链空间整合，加快形成区域内纵向延伸、区域间纵向延伸、区域内横向拓展、区域间横向拓展、产业链网结构五种模式突破这一困境。[③]

（四）产品内分工背景下的产业集群式转移与区域产业链整合

所谓区域产业链整合，是指区域产业链上的企业能够直接或间接控制链上其他企业的决策，使之产生期望的协作行为。[④] 关于产业链整合，涉及产业组织理论、交易费用理论及企业能力理论等相关理论：产业组织理论充分强调了产业定位的重要性，对获得垄断利润的条件进行了深入分析，并详细分析了信息不对称情况下，企业具体的产业链整合策略，认为产业链整合的目的在于建立进入壁垒维持垄断利润；交易费用理论强调资产专用性会产生准租，机会主义者对准租的争夺产生了交易费用，产业链整合就是为了节约这种费用，内外部交易费用的比较决定了产业链的整合方式；企业能力理论把目光从外部转移到企业内部，关注企业能力与竞争优势的关系，认为产业链整合是配置企业能力获取竞争优势的重要手段。值得指出的是，自Willianmson提出“中间性组

① Klmienko M，“Competition，Matching，and Geographical Clustering at Early Stages of the Industry Life Cycle”，*Journal of Economics and Business*，Vol. 56，No. 3（May 2004）.

② 周志强、李舜：《民企参与对国有混企高质量发展的影响》，《湖南科技大学学报（社会科学版）》2020年第1期。

③ 周密、王家庭：《雄安新区建设中国第三增长极研究》，《南开学报（哲学社会科学版）》2018年第2期。

④ 芮明杰、刘明宇：《产业链整合理论述评》，《产业经济研究》2006年第3期。

织”概念后[①]，网络组织得到了理论界的高度关注，学者们将其称为市场“看不见的手”和科层组织“看得见的手”的“握手”[②]，是产业组织和经济发展的新范式——“生产网络范式”[③]。随着“生产网络范式”研究的演进，当前国内外学者主要从竞争优势、网络组织、区域发展、整合创新等角度来关注产业链整合[④]，主要观点有：在产品内分工背景下，产业链整合将企业内的竞争优势转化为产业链的竞争优势，将企业间的竞争转化为产业链之间的竞争；随着生产片段化的不断深入，产业集群成为生产网络范式的典型组织形式，通过集群间产业链整合培育和吸引高附加值的产业环节，形成完整的产业链优势，是欠发达地区产业升级的关键；在产业链整合中应注重本地企业与外来企业形成产业配套，才能更好地形成自主产业创新能力，推动地区经济发展；在当前的模块化网络状产业链中，要提升区域的国际竞争力，就必须构建一个集群创新网络来整合各种生产要素，才能实现区域产业链的整合创新。在当前已有的关于产业链整合研究中，一个共识是，在新国际分工背景下，单个企业的竞争让位于产业价值链之间的竞争，从而必须重构产业链并进行整合创新。而产业组织理论研究范式的演进，为产业链整合的研究奠定了认识论和方法论的基础。

二、研究评述

21 世纪以来，随着产品内分工成为新国际分工的主要形式，生产方式片段化趋势越来越明显，生产的片段化强化了企业间的协作关系，使单个企业难

① Willianmson, *Markets and Hierarchies: Anti－trust Implications*, The Free Press, 1975.

② Larsson, Bengtsson, Henriksson & Sparks, “The Interorganizational Learning Dilemma: Collective Knowledge Development in Strategic Alliances”, *Organization Science*, Vol. 9, No. 3 (June 1998).

③ Sturgeon, “Modular Production Networks: A New American Model of Industrial Organization”, *Industrial Performance Center Working Paper*, Vol. 11, No. 3 (June 2002). Henderson, Dicken & Hess, “Global Production Networks and the Analysis of Economic Development”, *Review of International Political Economy*, Vol. 9, No. 3 (2002).

④ 张利庠：《产业组织、产业链整合与产业可持续发展》，《管理世界》2007 年第 4 期。刘友金、叶文忠：《集群创新网络与区域国际竞争力》，中国经济出版社 2010 年版。

以独立生存。[①] 在此背景下，新一轮全球产业转移的方式又出现了新的变化，产业集群式转移正在成为产业转移的重要方式[②]，关于产业集群式转移的研究开始受到学者们的关注。目前的研究主要集中在概念界定[③]、转移动因[④]、转移效应[⑤]等方面，形成了以下主要观点：产业集群式转移是企业"抱团"迁徙的群体性行为，它包括集群供应网络、生产网络及销售网络等共生网络的跨区域流动；产业集群式转移的主要动因是，在区域经济突破了二元资本、技术与经济环境的局限以及全球生产效率与资产利用效率提高的背景下，获取产业链升级优势[⑥]；产业集群式转移会在承接地形成新的产业集群，而集群的自我强化功能可以产生强大的集聚经济效应；产业集群式转移是产业链上下游企业的整体迁移或产业集群的"异地复制"，对承接地的产业链整合将产生重要影响。值得指出的是，一些学者已经开始注意到产业集群式转移对承接地产业链整合的影响，然而，通过文献检索发现，系统地探讨产业集群式转移与区域产业链整合的专门文献还极为鲜见。因此，我们设计了"产业集群式转移与产业链跨区域整合"这一选题，从理论上系统地揭示了产业集群式转移与产业链跨区域整合的基本规律，从应用上设计了产业集群式转移与产业链跨区域整合的引导政策。

---

① Humphrey, Schmitz, "How does Insertion in Global Value Chains Affect Upgrading in Industrial Cluster", *Regional Studies*, Vol. 36, No. 9 (February 2002).

② 毛广雄：《产业集群化转移：世界性规律与中国的趋势》，《世界地理研究》2011 年第 20 期。

③ 刘友金、胡黎明、赵瑞霞：《基于产品内分工的国际产业转移新趋势研究动态》，《经济学动态》2011 年第 3 期。

④ 张少军、刘志彪：《全球价值链模式的产业转移——动力、影响与对中国产业升级和区域协调发展的启示》，《中国工业经济》2009 年第 11 期。

⑤ Olivier Bertrand, Habib Zitouna, "Trade Liberation and Industrial Restructuring: the Role of Cross Border Mergers and Acquisitions", *Journal of Economics & Management Strategy*, Vol. 15, No. 2 (April 2006).

⑥ 赵瑞霞、胡黎明：《产业集群式转移驱动资源型城市制度变迁的机制——基于区域产业链整合的视角》，《河北联合大学学报（社会科学版）》2013 年第 6 期。

第三节 研究思路与研究内容

一、研究思路

本书从新时期如何加快推进区域协调发展的时代背景出发，以产业集群式转移与产业链跨区域整合关系为逻辑主线，综合运用多种研究方法，首先探讨产业集群式转移的基本类型和方式，分析产业链跨区域整合的功能及影响因素；其次探讨区域产业链与产业集群式转移的“响应—整合”关系，构建产业集群式转移与产业链跨区域整合的理论模型；再次探讨产业集群式转移与产业链跨区域整合的机理及模式，分析产业集群式转移与产业链跨区域整合的路径及条件，从而系统地构建“产业集群式转移→区域产业链响应→产业链跨区域整合”理论分析框架；最后探讨通过产业集群式转移促进产业链跨区域整合、实现区域协调发展的引导政策（见图1-1）。

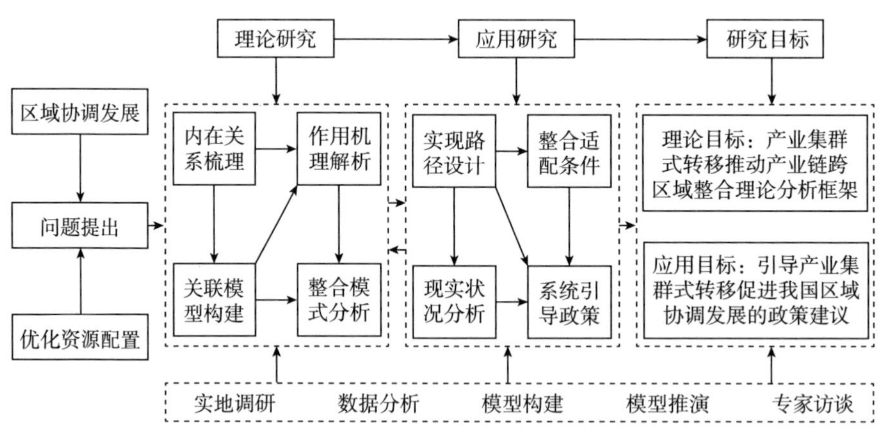

图1-1 研究的基本思路

二、研究内容

按照上述基本思路，本书综合采用多种方法，主要针对以下问题展开较为系统的研究：

（一）产业集群式转移与产业链跨区域整合的理论基础

重点研究以下内容：①产业集群式转移的内涵与特征。研究产业集群式转移的基本含义及特征，进而依据其网络关系进行分类，并从资本、技术、契约等角度分析产业集群式转移的具体方式。②区域产业链与产业链跨区域整合。研究区域产业链的含义、基本结构与组成要素，探讨产业链跨区域整合的基本功能与影响因素，分析区域产业链与产业链跨区域整合的内在关系。③产业转移中的企业集群行为与产业链整合。引入社会网络分析这样一种新的研究范式，通过实地访谈、问卷调查等方式收集相关数据，运用“模式匹配”方法进行假设验证，分析社会网络联系密度、网络异质性、网络中心性和网络结构平衡等因素对产业转移集群行为的影响，揭示产业转移中的企业集群行为及其对产业链整合的影响。

（二）产业集群式转移与产业链跨区域整合的机理研究

重点研究以下内容：①产业集群式转移与区域产业链的“响应—整合”关系。一方面，从空间、规模、密度等角度研究区域产业链结构对产业集群式转移的响应机制，从产品、价值、技术等角度研究区域产业链形态对产业集群式转移的响应机制；另一方面，研究不同类型产业集群式转移对区域产业链的嫁接、融合、提升作用。②产业集群式转移与产业链跨区域整合的过程机理。提出基本理论假设，构建产业集群式转移与产业链跨区域整合的理论模型，系统分析其基本过程及阶段性特征和影响因素，揭示产业集群式转移与产业链跨区域整合的机理。在此基础上，形成“产业集群式转移→区域产业链响应→区域产业链整合”理论分析框架。③产业集群式转移与产业链跨区域整合的共生演进。研究集群企业的共生关系，引入共生理论构建集群式产业转移进化博弈模型，分析产业集群式转移的条件，探讨产业集群式转移中产业链跨区域整合的进化博弈过程。

（三）产业集群式转移与产业链跨区域整合的模式研究

重点研究以下内容：①产业关联与产业集群式转移效应。产业集群式转移与产业链跨区域整合的模式。产业关联是产业集群式转移推进产业链跨区域整合、发挥产业转型升级功能的重要基础，我们将首先探讨产业转移过程中的产业关联，接下来进一步分析产业关联的产业链整合效应。②产业集群式转移驱动产业链跨区域整合基本模式。揭示产业集群式转移与区域产业链整合的一般模式，分析和比较不同模式的实现路径、条件及效应等，探讨产业集群式转移与区域产业链整合的机制设计原则。③产业链跨区域整合下模块化集群发展。模块化是产业集群和产业集群式转移在新国际分工网络体系发展下的必然产物，我们运用新兴古典经济学思想，构建内生专业化一般均衡模型，揭示模块化集群形成和发展的经济学机理，为促进模块化集群的发展提供理论依据。

（四）产业集群式转移与产业链跨区域整合的路径研究

重点研究以下内容：①产业集群式转移与产业链跨区域整合的共生演进过程。在产业集群化发展背景下，企业在产业集群中形成了强共生关系，我们引入共生理论，构建产业集群式转移一般演进过程 DLSN 模型，探讨产业集群式转移演进过程的阶段特征与条件，并通过案例作进一步验证，从而揭示产业集群式转移的基本规律。②产业集群式转移与产业链跨区域整合的路径创新。产业集群式转移能否有效推进产业链跨区域整合，与产业转移承接的模式以及承接地的产业链配套情况有关，我们将探讨基于区域产业链整合的产业转移承接模式创新、产业集群式转移后的供应链本地化无缝连接、产业集群式转移路径优化等问题。③基于焦点企业成长的产业集群式转移与产业链跨区域整合。产业集群发展过程中个别企业的关键作用需要得到关注，我们将以异质性焦点企业的成长与产业集群演进的互动关系为主线，剖析产业集群在不同发展阶段其内部组织结构的变化过程，探讨基于产业集群焦点企业成长的产业链跨区域整合规律。

（五）产业集群式转移与产业链跨区域整合的条件研究

重点研究以下内容：①产业集群式转移的动力机制。产业集群式转移是一个有规律的、类似于生物共生迁徙的过程，这个过程的发生是在一定的动力作用下实现的。首先探讨集群外部动力与内部动力；其次探讨转出地共生环境的推动作用；最后探讨转入地共生环境的拉动作用。②区域产业链整合过程中的产业集群式转移生境选择。拟在产业集群式转移的生境选择及影响因素的基础上，构建产业集群式转移生境选择模型，解释和分析产业集群式转移的过程，分析产业集群式转移条件。③产业集群式转移与地域产业承载系统适配性。产业转移就是寻找与之相适配的地域产业承载系统的再区位过程。我们将基于制造业成长要素与地域产业承载系统耦合的内在特征，运用协同学理论，从制造业成长与地域产业承载系统两个导向维度耦合对接提取序参量，构建协调度评价指标体系，采用功效函数法建模进行测度，探讨不同地区产业承载系统适配状况及空间差异。

（六）产业集群式转移与产业链跨区域整合的引导政策研究

重点研究以下内容：①产业集群式转移与产业链跨区域整合的政策设计原则。在把握产业集群式转移与产业链跨区域整合一般规律的基础上，提出产业集群式转移与产业链跨区域整合的原则。②产业集群式转移与产业链跨区域整合的政策取向。注重转出地与转入地的政策协调，强调产业承接与推动产业链整合的政策联动，把握政策取向的出发点与着力点。③产业集群式转移与产业链跨区域整合的政策措施。通过产业集群式转移整合区域产业链，需要综合考虑到产业转移方和承接方的比较优势，制定相关协调政策与引导政策，激发产业集群中上下游企业的内生动力，发挥转出地和转入地的综合比较优势。

第四节　研究方法与创新之处

一、研究方法

本书为避免应用单一学科方法进行研究的不足，综合采取多学科方法开展系统研究。

（一）文献研究法

广泛查阅国内外文献资料，跟踪了解我国产业集群式转移与区域产业链整合的基本情况，掌握国内外关于产业集群式转移、产业链整合、网络组织等理论的最新前沿动态，通过规范分析研究产业集群式转移与区域产业链整合的“响应—整合”关系，提出产业集群式转移与区域产业链整合创新的基本假设，构建理论分析模型。

（二）问卷调查法

对中西部承接产业集群式转移典型地区的企业、政府、研究机构、中介组织等网络成员进行访谈，在此基础上，设计调查问卷，采用整群分层随机抽样进行问卷调查，获取项目研究需要的一手资料。

（三）案例研究法

重点选取多个长三角与珠三角地区向中西部地区集群式转移的典型案例进行动态追踪调研，力求较为全面地把握产业集群式转移的具体类型与方式。同时，以中西部地区国家级承接产业转移示范区作为重点研究对象，分析这些地区通过承接产业集群式转移实现产业链跨区域整合的过程、动力、条件及影响因素等。

（四）网络分析法

分析区域生产网络的演进及产业链价值传导过程，通过实地访谈、问卷调查等方法收集相关数据，运用“模式匹配”方法进行假设验证，分析社会网络联系密度、网络异质性、网络中心性和网络结构平衡等因素对产业转移集群行为的影响，揭示产业集群式转移基本规律。

（五）模型构建法

引入共生理论，构建集群式产业转移进化博弈模型，探讨对称互惠共生模式与非对称互惠共生模式下集群式转移达到进化稳定的条件；构建生境选择模型，研究产业集群式转移动因，探讨产业集群式转移的方向选择；运用新兴古典经济学思想，构建内生专业化一般均衡模型，揭示模块化集群形成和发展的经济学机理；分析产业集群式转移与生物群落共生迁徙的相似性，构建出产业集群式转移一般演进过程 DLSN 模型，揭示产业集群式转移的基本规律。

（六）系统研究法

在理论分析和案例研究的基础上，对产业集群式转移与区域产业链整合创新的机理进行系统归纳，提炼出产业集群式转移整合区域产业链的一般模式。通过综合分析中西部地区承接产业转移与产业链跨区域整合的现实状况，提出相应的政策建议。

二、创新之处

（一）研究方法的创新

本书构建“产业集群式转移→区域产业链响应→区域产业链整合”理论分析框架，揭示产业集群式转移与区域产业链整合创新的机理，并提炼产业集群式转移与区域产业链整合的一般模式，是对产业转移理论和产业链整合理论的创新性探索。综合运用社会网络（Social Network）分析与“模式匹配”假设验证等方法，从新的视角探讨产业转移集群行为；引入共生理论，构建生境选择模型，研究产业集群式转移动因，探讨产业集群式转移的方向选择，揭示产业集群式转移的基本规律；运用协同学理论，从产业成长与地域产业承载系统两个导向维度耦合对接提取序参量，采用功效函数法构建适配度评估模型，测度中部地区承接的产业与地域产业承载系统的适配性及空间差异。

（二）理论观点的创新

与以往以竞争理论为基石的国际产业转移研究不同，本书从共生理论入手，重新审视产业转移的影响因素、转移模式与转移路径，揭示共生视角下产业转移的基本规律，构建产业转移的共生理论分析框架，为研究产业转移提供了新的视角。本书研究认为，产业集群式转移作为产业链上下游企业与配套企业集体迁徙过程，类似于生物共生迁徙，是寻找与之相适配的地域产业承载系统的再区位过程，引导产业集群式转移必须营造良好的产业链成长生境；产业集群式承接是中西部地区承接产业转移的有效模式，即使在产业基础较差的地区也能通过构建局部综合比较优势取得成功，中西部地区应通过引入产业链“关键环节”或龙头企业引导产业集群式承接；产业转移的成功，关键在于适宜产业的转移和承接，实现产业本地化和供应链的本地化，这一过程主要在于产业和供应链资源的融合，一方面鼓励当地相关企业嵌入产业集群，另一方面鼓励从转出地或其他地区引进相关生产配套环节。

（三）政策思路的创新

本书以产业链跨区域整合为主线，研究产业转移策略行为。与以往研究“产业转移”或者“区域协调发展”单目标引导政策不同，本书以产业链整合升级作为政策制定的支点，制定产业集群式转移与产业链跨区域整合引导政策，把“产业转移”与“区域协调发展”两大国家战略纳入了一个可以相互协同的政策引导体系之内，是一个多目标的政策体系。在政策指向上，着力把承接产业转移与优化地区产业空间布局有机结合起来，把承接产业转移与加快地区产业结构升级有机结合起来，把承接产业转移与促进区域经济协调发展有机结合起来。

第二章　产业集群式转移与产业链跨区域整合的理论逻辑

分析产业集群式转移与产业链跨区域整合的内涵与特征、结构与功能，揭示产业转移中的企业集群行为，是展开产业集群式转移驱动产业链跨区域整合研究的理论前提和逻辑起点。本章将主要讨论以下三个问题：①产业集群式转移的内涵与特征；②区域产业链与产业链跨区域整合；③产业转移中的企业集群行为与产业链整合。

第一节　产业集群式转移的内涵与特征

随着分工的不断深化与发展，产业集群式转移现象更加凸显，促进了区域间的资源优化配置和区域经济结构调整，也将使产业链横向和纵向的整合发展变得更加复杂，如何充分发挥产业集群式转移作用，促进产业链跨区域整合，实现区域协调发展，需要从理论上揭示其基本的规律。为此，首先需要明晰产业集群式转移的内涵与特征。

一、产业集群式转移的内涵

（一）产业转移是分工发展的产物

产业转移是由于资源供给或产品需求条件发生变化后，某些产业从一个国家或地区转移到另一个国家或地区的经济行为和过程。产业转移的实质是企业空间扩张过程，也是企业为了应对新形势而进行区位调整的过程（魏后凯，2003）。① 新一轮国际产业转移是产品内分工主导下的产业转移。②

“二战”以来，国际产业转移共掀起了三次浪潮，每一次都在很大程度上改变了世界经济发展的格局。第一次是20世纪50~60年代，欧美等发达国家将纺织、钢铁等传统的劳动密集型产业、高耗能工业向日本和原联邦德国等后发国家转移，自己则集中力量发展半导体、集成电路、通信与电子计算机、精密机械、精细化工、家用电器、汽车等资本和技术密集型产业。这一轮产业转移大约持续了20年，由此导致了日本继英国、美国之后成为第三个“世界工厂”，原联邦德国也发展成为世界经济强国。第二次是20世纪60年代末至80年代，日本、西德等国家将劳动密集型产业转移到新兴工业化国家和地区，自己集中发展精密机械等技术密集型产业，这一轮产业转移大约持续了15年，前后经历了三波：第一波发生在20世纪60年代末70年代初，转移的产业主要是纺织等劳动密集型产业。第二波发生在20世纪70年代石油危机之后，转移的产业主要是钢铁、化工、造船等资本密集型产业。第三波发生在20世纪80年代，转移的产业扩展到汽车、电子等资本密集型和部分劳动密集型产业。在第二次国际产业转移过程中，日本处于“雁首”地位，最终催生了东亚经济奇迹。第三次是始于20世纪80年代后期，美国、日本及欧洲的发达国家将重化工业和消费类电子等产业大量转移到发展中国家特别是中国东部沿海地区，它们集中发展知识密集型产业。这一轮产业转移经历了两波：第一波从20世纪80年代后期持续到进入21世纪。在这一波产业转移过程中，“亚洲四小龙”起到了“二传手”的作用，中国作为这波产业转移的主要目的地，成为了产业转移浪潮中的受益者之一。第二波则是从21世纪开始，特别是世界金融危机发生以后，呈现出产业从我国沿海地区向中西部地区、东北地区转移，同时有向越南、马来西亚等周边国家转移的趋势，我们称其为新一轮国际

---

① 魏后凯：《产业转移的发展趋势及其对竞争力的影响》，《福建论坛（经济社会版）》2003年第4期。

② 刘友金、胡黎明：《产品内分工、价值链重组与产业转移——兼论产业转移过程中的大国战略》，《中国软科学》2011年第3期。

产业转移。①

国际产业转移是国家间（或地区间）因资源禀赋、区位条件、产业配套环境、制度环境等因素的差异所形成的比较优势动态发展变化的结果。每一次国际产业转移都是发达国家的跨国公司为了更加有效地利用全球资源以进一步发展和提升自己的竞争力而展开的全球性战略布局和调整，是实现新的国际产业分工与协作的一种重要途径（张少军、李东方，2009）。② 考察“二战”以来的三次国际产业转移发现：第一次、第二次国际产业转移模式以垂直顺梯度型产业转移为主，发生于要素禀赋差异较大的国家之间，表现为发达国家和发展中国家在垂直型产业间、垂直型产业内（包括垂直型行业间和垂直型产品间）的国际转移，属于完整价值链的转移，不同国家和地区间转移的往往是某一产业或产品。第三次国际产业转移与前两次产业转移有着明显的不同，其最重要的区别是，不同国家和地区间转移的不再是某一产业或产品，而是某产业或产品中的不同要素密集环节和工序，国际产业转移逐步深入生产工序层面，是产品内分工主导下的产业转移，并在跨国公司全球一体化生产体系内部率先展开，是跨国公司的一种新型全球布局。表现为跨国公司将产品的研发、销售、核心部件生产等工序安排在发达国家，将产品的主要零部件制造工序转移到应用技术方面存在竞争优势的新兴工业化国家，而将辅助零配件制造、组装等工序转移至非熟练劳动力上具有竞争优势的发展中国家（赵张耀、汪斌，2005）。③ 产品内全球分工使产品价值链被分解成若干独立环节，在国际产业转移的分工基础从产品间深化到产品内之后，国际产业转移表现为生产环节的全球转移，就不再存在衰退产业或成熟产品，只存在低附加值和高附加值的环节。跨国公司在全球范围内整合资源，将价值链中的每个环节放到最有利于获得竞争优势的地点，导致国际分工的界限由产品转变为要素。显然，始于20

① 这一波国际产业转移，很多学者称其为“二战”后的第四次国际产业转移，我们在此称之为新一轮国际产业转移。

② 张少军、李东方：《全球价值链模式的产业转移：商务成本与学习曲线的视角》，《经济评论》2009年第2期。

③ 赵张耀、汪斌：《网络型国际产业转移模式研究》，《中国工业经济》2005年第10期。

世纪80年代后期的第三次国际产业转移，其本质是国际产业转移在产品内全球分工的体现，是跨国公司主导下不同国家（或地区）依据自身的成本优势对价值链的不同环节进行重整和承接。

（二）产业转移模式从零散分布转向“集群化”

一个重要的趋势是，推动国际产业转移的社会分工主角，由市场自发力量决定的分工向由跨国公司为主组织的分工和由地区产业集群组织的分工发展，导致产业间、产品间分工发展到产品内分工，从垂直分工发展到水平分工，这种分工使新一轮国际产业转移出现了价值链的片段化和空间重组（张立建，2009）。这就导致了大区域离散小区域集聚的全球价值链地理分布特征，世界经济体系好比“一串串珍珠”，将颗颗“珍珠”穿起来的条条“金线”就是跨国公司主导的全球价值链，而这颗颗“珍珠”就是地区产业集群（毛加强，2008）。[①] 全球分工与区域片段化的结果，使产业的地理集聚形成地方产业集群。一方面，大量产业联系密切的企业及相关支撑机构在空间上集聚，并形成强劲、持续的竞争优势，产业集群由此产生；另一方面，集群内的领先公司逐渐关注于全球价值链的某个或某几个优势环节，而放弃或弱化非核心经济活动，从而带来领先公司竞争力进一步提升，吸引集群内其他企业纷纷跟进和模仿，这样就会出现集群整体产业活动基于全球价值链的垂直分离。集群企业逐渐专注价值链“战略性环节”，弱化或转移非核心业务，嵌入全球价值链，实现了全球价值链下的产业整合。正是各个价值环节的地理集聚特性，很多地方产业集群成了全球价值链条中的一个从属部分。在产品内全球分工背景下，一般的企业只从事某个生产环节甚至只从事某个生产工艺，它们对产业的关联性和本地配套性要求高，企业间的相互依赖性增强，单个企业通常难以生存，产业转移和企业迁移已不再是零散地、小规模地进行，而是倾向于整体地、集群式地展开。这就出现了企业的“抱团”流动，价值链的跨区域重组，产业的“集群式”转移。这种现象，在“二战”以后的前两次产业转移过程中是少见的，因为在产业分工深入产品内层次之前，单个企业是具有独立生存能力的。

① 毛加强：《产业集群嵌入全球价值链方式与升级路径》，《现代经济探讨》2008年第10期。

不同类型的产业集群，迁移的倾向和方向是不同的，这主要取决于两大因素：一是集群企业的本地关联性。集群中企业的数量多，集群的产业链条长，前向后向联系紧密，在集群中获得的成本优势明显，企业迁移的可能性就小。二是集群企业对国际贸易的依赖程度。如果对国际市场的依赖性强，产品大量进出口，则企业对运费等贸易成本很敏感，更容易集中在沿海地区，很难向内陆地区迁移。陈耀（2009）根据本地关联性和外贸依存度（或外向度）两个标准的不同组合，将沿海地区的产业集群划分为三种类型："高关联、高外向度"产业集群、"低关联、高外向度"产业集群和"低关联、低外向度"产业集群（见表2－1）；并分别对三类集群的特征、迁移性和迁移方向进行了分析，认为"高关联、高外向度"产业集群迁移倾向较小，"低关联、高外向度"产业集群迁移倾向较大，"低关联、低外向度"产业集群也较大。①

表2－1　中国沿海地区不同类型产业集群的迁移性

特征＼类型	高关联、高外向度集群	低关联、高外向度集群	低关联、低外向度集群
群内价值链结构	均匀离散，密切协调	非均匀离散，密切协调	非均匀离散，松散协调
本地关联性	很高	较低	较低
群内中间品主要来源	本地	国际市场	本地与国际市场相互替代
外销的比例	高	高	相对较低
贸易成本重要性排序	汇率、出口退税、出口运费	出口运费、汇率、出口退税	国内运费、出口运费、汇率
劳动力成本的敏感性	相对不敏感	很敏感	很敏感
迁移倾向	迁移的可能性小	迁移的可能性大	迁移的可能性大

资料来源：陈耀：《东西部合作互动、集群迁移与承接策略》，《发展研究》2009年第6期。

（三）产业转移越来越呈现出集群式转移趋势

目前，产业转移越来越呈现出集群式转移趋势，表现为横向关联企业或产业链上下游企业的"抱团"迁徙，有的专家称之为"产业链式转移"或"抱

① 陈耀：《东西部合作互动、集群迁移与承接策略》，《发展研究》2009年第6期。

团式转移”。随着产业内分工向产品内分工的演进，单个企业的生产活动不再涉及整条产业链，只涉及产业链上的某个或某几个环节，企业彼此之间相互依赖程度非常高，从而形成了核心企业与配套企业或产业链关键企业与上下游企业间稳定的共生关系，正是这种共生关系促使了企业的“抱团”迁徙，即集群式转移。[①] 例如，江苏奥康集团带动其鞋机、鞋底、印刷包装、职业技术教育等配套企业与机构转移到重庆就属于核心企业与配套企业的集群式转移，珠三角手机产业集群通过“模具开发—外壳制造—喷油”“摄像头设计—摄像头制造—摄像头安装”等产业链向广东省东北部河源转移就属于产业链式转移。从形式上看，产业集群式转移是集群的生产网络、配套网络、销售网络、关系网络从一个区域转移到另外一个区域的异地复制过程。从本质上看，产业集群式转移是指在生存环境压力或企业发展需要或两者共同作用下，以集群共生企业为主体，以保持共生体原有网络关系为目的，以核心企业带动或产业链关键企业带动转移为主要方式，以空间一致性和时间先后性为基本特点的复杂的企业迁徙过程。这个过程与自然界中生物群落的共生迁徙具有相似的特点：在外界生存环境恶化的压力下，为了保证群体的生存能力，适应能力较强的动物往往成为迁徙的带领者，它们与同种群物种或食物链物种陆续迁徙到同一个共生环境之后，迁徙群落内部、群落与新共生单元和新共生环境之间通过优胜劣汰重新建立种群共生或食物链关系，从而达到共生稳定状态。

二、产业集群式转移的特征

（一）产业集群式转移的主要动因

对于产集群式产业转移内涵与特征的研究，首先得从产业集群的概念开始。产业集群是大量相关企业及相关机构在某个区域内显示的一种地理集中状态，当产业聚集到一定程度时就会出现产业集群现象[②]，产业集群是一种介于

① 刘友金、胡黎明、赵瑞霞：《基于产品内分工的国际产业转移新趋势研究》，《经济学动态》2011 年第 3 期。

② 刘军跃、王海云、汪乐等：《产业集群转移研究综述》，《重庆理工大学学报（社会科学版）》2015 年第 4 期。

市场和企业的产业空间组织形式及区域经济发展新模式。产业集群式转移是伴随产业集群与产业转移的发展而形成的阶段性产物，在经济全球化与分工专业化的形势下，产品之间的分工也越来越成为主流，生产方式也越来越明显地从整体向片段化方式发展，这种方式提高了企业的竞争优势，加强了企业间的分工协作关系，使生产效率大大提高。在此背景下，单一企业显然已经无法再像从前一样独立生存，产业集群式转移正是适应这种变化形成的一种产业转移新形式，是伴随着多个企业主体或相关配套设施服务业或是生产要素的集体抱团式迁移。

产业集群式转移的动因，归纳起来主要包括以下几个方面：①降低交易费用。由于产业集群集中在同一区域内，企业之间的产品运输成本就会比之前大大减少，相对的区域集中也会使区域内的企业交易更加频繁与活跃，企业彼此间信任度也会相应提高，企业违约的情况随之减少，监督成本降低，企业的协作能力大大提高。②企业获得外部效应。产业的集群能够在很大程度上扩大承接地区的生产经营规模，市场打开以后需求量也随之大幅上升，逐渐形成规模经济，企业运营成本降低自然会吸引更多低成本劳动力，外地企业的成功迁入也会吸引当地的企业加入，外部经济效应就会不断扩大。③共享劳动力市场。产业形成集群后会形成一个共生的市场，在这个区域内，企业之间的劳动力市场得到共享，利用效率得到提高，增加了劳动力的有效供给，企业与劳动力之间的相互吸引有利于减少产业集群区域内人才外流。④增强企业的创新能力。产业在集群式转移的过程就是一个产业不断调整寻求更优的过程，不仅提高了企业的生产效率，同时也激励了企业的创新。在企业间相互“抱团”迁徙的过程中，企业的管理、制度、技术也在产业整合时不断得到创新与改善，产业集群为企业发展提供了更加广阔的创新环境，知识、资本、资源和技术的共享与扩散为企业大大降低了创新成本。

（二）产业集群式转移的主要特征

1. 企业之间形成了对合作环境的依赖

集群企业在共同的环境与界面里相互依存，表现为制度与环境的依存，集群企业之间联系紧密、相互合作、共享集群空间里的信息资源及知识技术和配套生产设施等，尤其处于同一生产链上的企业之间依存关系更为突出，处于上下游的企业之间、相互提供配套服务的集群之间的合作和依存度相对较高，相互合作、共同促进的需要逐渐形成了集群企业之间的相互依存，进而形成了对整个合作环境的依赖，最终实现整个集群区域内产业的发展共赢。

2. 关联企业“抱团”迁徙寻求更优共生环境

集群企业在寻求自身更好更快发展的过程中，会通过多种方式改变当前状况，部分企业选择在自身发展的基础上通过对产业生态的选择和调整，整合创新产业链条，提高整个集群产业的运行效率。现在企业更多的是选择以群体形式整体从一个区域转移到更有发展优势的区域，由于现阶段我国各区域之间经济发展不平衡，在一定程度上也激发了企业寻求更优发展空间的动力，在企业“抱团”迁徙的过程中，不仅容易形成新的共生环境，同时通过产业链上下游企业整体的迁入，在很大程度上也会吸引当地比较优质的企业加入，形成一种外部经济效应，加上本地人力、物力、知识技术等资源的共享，更容易形成一个新的优质集群产业，扩大产业的经营规模、提高产业的生存能力。

3. 转移初期集群网络的开放包容性

转移过程中的产业集群的包容性是由产业的发展周期和集群网络的发展程度决定的。产业刚刚进入集群式转移阶段时，正是寻求更优生存环境的时候，处于相对较弱的地位，各种生产设施都不完善，资源也不完备，此时正是需要广泛吸纳各方力量、吸引优质企业或是提供相关配套和服务的企业加入壮大自身实力的时候，于是转移初期的产业开放性较大，积极鼓励与各方企业展开合作。当产业集群发展到相当规模时，其本身潜在的排斥性就会显现出来，集群产业不再盲目或轻易与外来企业合作，甚至出现排外现象，因为前期与群外产业的合作和调整已经形成了稳定的产业集群网络，此时的产业集群已经形成一种发展共生的生存环境，企业之间联系紧密且相对稳定，群外企业的加入不再像初期那样能够促进集群的发展壮大，还可能打破当前的稳定环境。处于这个阶段的企业集群，更多的是以整体形式活动，以整个产业集群对外合作寻求发展。

三、产业集群式转移的类型

（一）嵌入新分工体系下的产业转移

对于产业转移，Vernon（1966）的产品生命周期理论认为，新产品的技术发展会经过新产品、成熟和标准化三个阶段，相应地会经历在发达国家创新、生产和出口，转移到发展中国家，再向发达国家出口的过程。[①] 小岛清（1987）的边际产业理论认为，一国应该向国外投资转移的是在本国失去比较优势的产业，而该产业在东道国却具有或潜在具有比较优势。这两种产业转移理论，重点在于转移什么产业。[②] Dunning（1988）的国际生产折中理论从微观层面对产业的跨国转移进行了解释。该理论认为，企业会依据所有权优势、内部化优势和区位优势的情况，采取不同的国际经济活动方式。[③] 赤松要从日本产业发展的经验出发，将日本的产业发展路径归纳为"进口→国内生产（进口替代）→出口"的飞雁模式。该模式对新兴的工业化国家和地区的产业发展有较好的解释力。这两种理论的侧重点在于解释产业如何转移和转往何处。总的来说，上述几种理论（或称传统产业转移理论）都是从产业层面或产品层面解释产业转移问题的，对第二次世界大战后的前两次产业转移进行了较好的解释。

在全球化背景下，产品趋向于通过全球的分工与协作在全球范围内进行生产。当代的国际产业转移已突破了国与国（或地区）之间产业整体性转移，并通过最终产品的国际交换实现国际分工的模式。新的产业转移以产品价值链为纽带，通过部分生产工序的转移，将生产过程的各个阶段和功能分散于各国（或地区）以充分利用各国（或地区）的比较优势，并通过中间产品的国际交换在各种不同层次国家间形成一种产品内国际分工新格局。发达国家也有劳动

---

① Vernon, "International Investment and International Trade in the Product Cycle", *Quarterly Journal of Economics*, Vol. 8, No. 4 (May 1966).

② ［日］小岛清：《对外贸易论》，南开大学出版社 1987 年版。

③ Dunning J H, "The Paradigm of international production", *Journal of International Business Studies*, Vol. 1, No. 19 (1988).

密集型产业，发展中的国家也有技术密集型产业。不同的是，发达国家进行的是劳动密集型产业中附加值高的分工环节，如从事服装、鞋帽业的创意设计与品牌营销环节。发展中国家虽然也有技术密集型产业，但做的是附加值低的环节，如从事个人电脑行业的外壳、光驱、扬声器等部件加工以及组装等附加值低的环节。传统产业转移理论大都研究最终产品，它们暗含一个基本假定，就是所有产品都在特定国家内部生产，因而没有考虑到产品生产过程发生工序层面的国际分工可能性与现实性。产业间分工是由要素结构和相对价格差异决定的国际分工，产业内分工则主要是由规模经济派生的国际分工，而产品内分工是产品价值链片段化所催生的国际分工。产品内全球分工背景下的产业转移，与其说是各国要素禀赋差异的结果，倒不如说是跨国公司根据各国体现于不同产品价值链片段上要素禀赋差异，为寻求全球竞争优势而进行国际一体化生产布局的体现。越来越多的事实表明，随着经济全球化、网络化和一体化的发展，任何国家都不可能在一个封闭的状态下生产，新一轮国际产业转移以跨越地理空间的方式，同时发生于多个不同层次的国家间，每个国家的生产都已经嵌入全球分工体系（赵张耀、汪斌，2005）。① 显然，产品内全球分工背景下产业如何转移，传统的产业转移理论很难解释，需要从产业链跨区域整合带来的价值链跨区域重组的角度来把握。

（二）产业集群式转移的主要类型

产业集群式转移的发生是由于各区域间经济发展水平的差异以及各地区间资源优势的变动和集群产业自身的发展变化引起的。原有的产业集群为寻求更优区位，相互关联的企业抱团式嵌入新的地域生产体系，通过与本地产业的融合与调整，充分利用当地人力资源与知识技术建立起一个更优质的集群网络，在当地形成新的产业优势。同时，企业迁出以后，会继续保持与原有集群产业中未迁移企业的合作，能够更好地促进区域间产业的协调发展。

根据产业集群式转移的诱因，可以划分为以下几种转移类型：

（1）成本降低型产业转移。由于高梯度地区与低梯度地区之间的土地、

① 赵张耀、汪斌：《网络型国际产业转移模式研究》，《中国工业经济》2005 年第 10 期。

资本、劳动力和技术等生产要素价格的变动，使得产业集群为寻找更优区位从一个地区整体转移至另一个地区。我国东中西部发展不平衡，生产要素的价格差异较大，改革开放以来东部地区的快速发展导致要素价格不断上升，一些资源密集型产业集群和劳动密集型产业集群转移至中西部地区以便降低生产成本。

（2）资源利用型产业转移。我国是一个资源分布极不均匀的国家，由此造成了地区间发展不平衡的现状，在原材料供应地布局资源加工型产业集群可以大大降低运输成本，资源利用效率也因为外来产业的转入大大提升，产业在市场竞争中将会更具优势。资源加工型产业集群正是在转移过程中寻求更具资源优势的区位，产业集群的整体迁入也使产业间实现资源共享。

（3）市场开拓型产业转移。合理有序的产业集群式转移，对于承接地与转出地双方来说是共赢的局面，产业集群式转移过程不仅优化了转出地自身的产业结构，同时由于转入地外部经济效应吸引当地优质的企业加入，市场得到扩大，需求量也跟着攀升，随着承接地与转出地企业间交易与协作频繁地增加，跨区域开拓市场将成为趋势。

根据产业集群式转移的主导方式，可以划分为以下几种类型：

（1）跨国公司带动型。产业集群的跨国转移是指集群内的企业通过对外贸易和对外投资，实现部分企业生产经营活动的跨国转移。其本质是在全球范围内，以一定的组织形式重新对资本、劳动力、技术、市场等资源进行配置。其主要形式为跨国公司在发展中国家或地区建立总部、投资建立子公司，带动大量的供应商、配件公司进行转移，进而与地方中小企业形成集群。[①] 在这种模式下，集群式迁移的企业之间仍存在网络关系，并且转移集群与本土原集群间依然存在一定的互动关系。

（2）龙头企业带动型。龙头企业带动型一般是指产业内某个主导型厂商充当产业集群式转移的“先锋军”，吸引带动产业链上的其他相关企业转移。

① 隋映辉、解学梅、赵琨：《全球产业转移：分散化、集群路径与规制》，《福建论坛（人文社会科学版）》2007 年第 8 期。

龙头企业带动型的集群式转移模式具有两方面优势：一方面，能为转移后的集群企业提供相应的配套，降低单个企业转移到目标地所要分担的基础设施成本①；另一方面，龙头企业的“领头羊”地位具有很强的号召力和谈判能力，能快速带领承接地企业“拧成一股绳”，通过与当地政府部门进行沟通、洽谈、合作，可以享受政府提供的更多优惠政策。

（3）产业链带动型。产业链带动型是指产业链中的核心企业凭借自身的先进技术、人力资源优势以及市场资源带动产业链条上的相关企业进行转移。由于产业链是分工深化的结果，明确的分工与合作是产业链上不同节点企业生产专业化、连续化的保证，因此，在转移企业落地后，核心企业能够凭借技术、规模以及信息优势吸引相关的中小型企业为其提供生产配套，正是由于这种产业链分工与合作的存在，产业链生产的连续性与专业性才能得以维持。

（4）工业园区带动型。工业园区带动型是指通过建立工业园区来吸引产业集群式转移。工业园区内完善的基础设施、便利的交通和较为稳定的上下游关系可以减少转移企业进行配套交易和适应环境的成本。此外，在园区内，企业间的联系从单一的生产合作发展到了生产技术、隐性知识的传播与交流，在园区内，无论是同一产业内的企业还是不同产业间的企业，彼此之间的关系都更为紧密。通过这种交流与融合，园区内的技术、知识溢出效应逐渐增大，最终使得转移企业的效益和创新能力得到提高。工业园区所展现出来的这些优势在很大程度上吸引了企业进行转移，进而带动了集群的形成和发展。

（5）生产外包带动型。生产外包带动型是指跨国公司通过将生产环节外包给供应商，从而实现产业集群式转移。一般而言，跨国公司会把非核心、附加值低的劳动力密集型生产环节外包给劳动力丰富、价格低廉的国家，由于一般进行外包的跨国公司在资金、技术支持、流通渠道等方面都具有较充分的基础，因此，跨国公司会对承接地供应商进行资金、技术方面的大力支持，加强了对当地的资本、人才吸附作用。随着产品生产的分解，价值链上各环节供应

① 刘友金、袁祖凤、周静：《基于 Logistic 模型的产业集群式转移条件研究》，《湖南财政经济学院学报》2011 年第 27 期。

商及其“吸附”的企业抱团转移到更具比较优势的区域，在当地通过继续吸引周边的资本、人力资源等，最终形成一批具有专业化特色的加工制造基地，从而达到相关配套生产的企业共同进行集群式迁移的效果。

第二节　区域产业链与产业链跨区域整合

产业链的整合实质上是相互关联的企业之间进行资源共享与整合的一种形式①，对于整个链条中的企业来说，共生的生存环境给其带来诸多优势，资源信息技术的共享、多元化的合作、规模经济与外部经济效应的优势，产业链的整合使得产业组织结构更合理、市场竞争力更强、运行效率更高。

一、新一轮产业转移与价值链跨区域重组

（一）区域分工向价值链分工深化

全球经济时代，国际分工格局也发生了极为深刻的变化。从分工的细化程度来看，国际分工格局正在越来越明显地发生着从以不同产业、同一产业内的不同部门、同一产业同一部门内的不同产品之间的分工为主的格局，向同一产业同一部门内的同一产品的价值链不同形成阶段的专业化分工为主的格局转变。从分工的价值链增值特性来看，发达国家更多地占有着技术开发、产品设计、关键（核心）零部件的生产，以及品牌和销售渠道等高增值性价值链环节，发展中国家则更多地处于外围零部件生产或组装加工等低增值性价值链环节。Garry Gereffi（1999），Arndt 和 Kierzowski（2001），Dickenm、Kelly、Olds 和 Yeung（2001）等的研究表明，由于全球分工，全球价值链中各个价值环节在形式上虽然可以看作一个连续的过程，不过在经济全球化过程中随着海外分包网络和海外直接投资等的发展，这一完整的价值链实际上是被一段段分开的

① 张莉莉：《产业链整合的影响因素》，《物流科技》2010 年第 12 期。

（片段化），在空间上离散地分布于全球各地，形成全球范围内的“空间分割”。[①] 按照各地（区域）资源禀赋参与全球经济活动增值能力的高低排列，各地的比较优势也存在一定的等级体系，区域分工向价值链分工深化。

全球价值链的价值等级体系与全球各地比较优势等级体系相匹配的过程，也是全球价值链各个价值环节在全球垂直分离和空间重构的过程。在这一过程中，当区域比较优势决定了整个价值链条各个环节在全球如何空间配置的时候，区域的比较优势就决定了其在全球价值链上的定位。换句话说，就是在全球化背景下，一国或地区的产业发展战略能否充分利用本地的比较优势将决定其长期绩效（林毅夫、刘明兴，2004）。[②] 由此可以看出，现实世界中同一价值链条上各个地方产业之间之所以存在等级体系，是由价值环节的等级体系所决定的，而且区域分工不断地向价值链分工深化，由价值链环节决定的区域分工等级谱系图越来越细密。笔记本电脑生产的全球区域分工与价值分配体系就是一个典型的案例（见表2－2）。众所周知，笔记本电脑生产是在全球范围内进行分工的，在笔记本电脑生产全球价值链中，系统产品的需求设计与规格整合、高中档芯片的设计加工、物流与供应的统筹管理、自有品牌的市场开拓和营销管理等环节处于价值链的高端，而普通零部件的制造、组装等环节处于价值链的低端。在笔记本电脑生产的全球区域分工与价值分配体系中，占价值比重约五成的价值链高端是发达国家，占价值比重约四成的价值链中端是发达国家与较发达的国家和地区，占价值比重仅一成的价值链低端则是发展中国家。

（二）产业转移方向由价值链跨区域重组主导

产品内分工背景下的产业转移，其目的不是获得分工本身，而是获得更多的价值增值，取得整体竞争优势。随着经济全球化的不断推进和科学技术的不断进步，特别是随着网络信息技术和现代物流技术的迅猛发展，制造业价值链

① Garry Gereffi, “International Trade and Industrial Upgrading in the Apparel Commodity Chain”, *Journal of International Economics*, Vol. 48, No. 1 (1999). Arndt S & Kierzowski H, *Fragmentation: New Production Patterns in the World Economy*, Oxford University Press, 2001. Dickenm P, Kelly P, Olds K & Yeung H W C, “Chains and Networks, Territories and Scales: Toward a Relational Framework for Analyzing the Global Economy”, *Global Networks*, Vol. 1, No. 2 (May 2001).

② 林毅夫、刘明兴：《经济发展战略与中国的工业化》，《经济研究》2004年第7期。

表 2-2　笔记本电脑生产的全球区域分工与价值分配体系

国家或地区	代表性企业	主要分工	价值比重
美国、日本	Microsoft、Intel	控制 PC 市场、主要产品具垄断性	约五成
	戴尔、惠普、东芝、宏碁等	品牌、市场营销、渠道	
日本、韩国、中国台湾	NEC、日立、东芝、三星、现代、明基	关键零组件、LCD、CRT、DRAM	约四成
	台积电、联电、英业达、神达、大同	ODM/OEM 生产制造、全球运筹	
中国大陆、中国台湾	建碁、源兴、台达、鸿海、宜得、富骅	外壳、鼠标、键盘、电池、连接器	约一成

资料来源：①张纪：《产品内国际分工：动因、机制与效应研究》，经济管理出版社 2009 年版。

②曾刚等：《上海浦东新区信息化产业集群的升级研究》//顾强：《中国产业集群（第 2 辑）》，机械工业出版社 2005 年版。

跨区域全球重组更趋广泛，制造业的空间组织形态发生着越来越深刻的变化：不仅生产工序在技术上的可分性越来越强以及产品价值链的增值环节越来越多，而且生产工序或价值链环节在空间上的分布越来越具有超越地区与国家范围的倾向。在这种空间组织形态中，可以按照产品的价值链或技术、工艺流程的不同环节将整个生产过程加以拆分，并在全球范围内寻求最优生产区位或寻求最有效的生产制造商进行专业化生产，这就使制造业的价值链更具全球性空间离散分布的特征。在寻求比较优势和尽可能获取最大经济收益的“内在冲动”作用下，发达国家的厂商往往不再注重对产品价值链的整体性占有，而是越来越注重对新产品、新工艺、新装备的设计开发和涉及产品核心技术的关键部位的制造，以及产品的销售等产品价值链中的“高位区”的重点性占有与控制。为了做到这一点，发达国家不仅将在生命周期中处于较后期阶段（如标准化产品阶段）的产品“整体性”地向其他国家转移，而且力求将某些在生命周期中处于较前期阶段的产品（除某些附加价值高、属于关键性核心技术的环节以外）、易于进行标准化生产、规模经济效益显著或对生产制造过程中的工资成本比较敏感的生产制造环节尽快向其他国家转移，呈现出“头脑”产业与“躯干”产业、品牌经营和加工制造的“产业空间分割”（李海舰、聂辉华，2002)。①

价值链的全球性空间重组推动了制造业的大规模国际转移。以价值链拆分和产业链重组整合为支撑的制造业全球生产体制的形成，使各国通过建立新的国际分工格局，以寻求进一步的比较优势和厂商在不同价值链环节寻求更大的经济收益成为可能。作为价值链上的主导厂商即链主企业，要么将生产过程进行分解，通过自己的全球生产体系或通过构建自己的全球生产体系，将不同生产环节空间分离到不同的国家和地区，并植入当地生产体系，获得各环节的价值创造优势；要么将非核心业务剥离，发包到世界各地具有生产比较优势的企业，通过全球配套、全球协作，整合全球价值链。这就形成了产品内分工条件下价值链重组主导的产业转移。制造业价值链空间重组有两种主要类型：一是生产者驱动，其行为主体主要是拥有某些关键性核心技术的大型跨国制造业企业，它们处于价值链“微笑曲线”的左上方，如 Intel 公司、波音公司和丰田公司等，其主要推动手段是通过跨国投资，在全球范围内建立垂直一体化的产业联系。二是采购者驱动，其行为主体主要是拥有强大品牌优势和销售渠道优势的大型跨国经销商，他们处于价值链“微笑曲线”的右上方，如沃尔玛、耐克、戴尔等，其主要推动手段是通过贸易，通过全球化采购，尤其是通过“贴牌制造”(OEM)，将有关国家众多的制造商纳入以水平一体化为主的产业联系网络之中。这就是说，不管是生产者驱动还是采购者驱动，都是通过价值链跨区域重组来高效利用全球资源，从而主导了新一轮产业转移的方向。

二、产业链跨区域整合的功能

（一）区域产业链的结构要素

产业链是具有相关关系的产业组织形成的一种功能性网链结构②，本质上是具有某种内在联系的企业群结构。产业链可以分解为供需链、产品链、价值链、技术链和空间链等结构维度，供需链反映满足的需求程度，产品链显示资

① 李海舰、聂辉华：《全球化时代的企业运营：从脑体合一走向脑体分离》，《中国工业经济》2002 年第 12 期。

② 郑大庆、张赞、于俊府：《产业链整合理论探讨》，《科技进步与对策》2011 年第 2 期。

源的加工深度，价值链传递产品价值，技术链是产业链的核心链条，空间链则显示产业的空间布局。

（1）供需链。产业链中企业之间的供需关系促成了供需链的形成，原则上，提供原材料的企业一般处在产业链条中上游位置，下游更多的则是制造加工商或是产品销售商，上游的企业不断向下游企业输送原材料或是产品和服务，上下游企业间由于大量的物质和信息交换以及企业间不断深化的分工与合作无形中加强了企业间的联系，供需关系也得到了满足。

（2）价值链。社会分工的深入发展使企业独立运营发展已经不具有优势，产业的分工和细化也促使企业寻求更高效的价值创造手段，于是传统产业的价值创造过程更多地表现为多个企业的活动。而产业链中从上游企业到下游企业的生产加工和服务过程就是从原材料加工为产品最终变为消费品的价值创造和实现的过程，而这种价值创造的表现形式正表现了产业链本身的价值属性。由于产业链条上企业的地位和能力差距悬殊，较大的价值一般体现在具有垄断地位的龙头企业中。

（3）产品链。产业链上的上游企业到下游企业其实是一个不断完善产品和服务的过程，从最初的原材料到半成品或配套产品最后到消费品，其中处于最上游的原材料供应商有多种选择机会，可以同时向不同生产企业提供配套服务，不同的上游供应商也可以选择同时向下游的生产商供应配套产品，在此过程中，产品的功能逐步增强。

（4）技术链。技术链作为产业链的核心链条，在整个产品的生产形成过程中起到支撑作用，技术上的不断创新能够促进产业快速发展，同时，产业的发展也能反作用于技术的进步中，产业的迅速发展同样能够推动技术的进步。任何一个产业想要长久地发展都离不开技术的支撑，由此也可看出技术链在产业链中所占的重要地位。

（5）空间链。空间链体现的是产业的空间布局，产业集群现象表现的则是这一空间区域特性，这种特性会随着分布空间的不同而有所变化，优质的空间分布状况有利于产业链的提升与发展，产业集群式转移至另一区域也是为了寻求一种更有优势的发展空间。

（二）产业链跨区域整合的功能

区域系统是由相互关联的要素形成的特定的经济系统，单个要素间相互合作、协调发展便会起到单个要素无法达成的效果，取得“1+1>2”的系统整体效应。同样，各区域链中的企业之间合理整合与配置资源，相互之间协调与合作，环环相扣，既能够有效克服单个企业本身无法解决的问题，又能有效利用不同类型企业的优势，同时，各个子区域之间则通过产业链条的衔接和整合而形成更高层次的区域系统，使整个区域产业链的功能得到最大程度的发挥和利用。

1. 能有效稳定供应链

供应链的发展始于西方制造企业的“横向一体化”思想，所谓供应链，是指企业把主要精力放在提升核心竞争力（Core Competence）上，其他非核心业务外包给合作企业完成，利用外部资源来快速应对市场需求的变化。当把所有相邻企业依次连接起来，“横向一体化”便形成了一条“供应商—生产商—分销商—零售商”的“供应链”。供应链以核心企业为主导和中心，从全局角度考虑产品的竞争力，协调链条上各节点企业，建立合作机制或战略伙伴关系，使之从运作性的竞争工具向管理性的方法体系改变。①

转移产业通过与承接地产业链的整合建立一条覆盖从原材料供应商、零部件供应商、产品制造商、分销商、零售商直至最终客户的完整供应链，或是只包含其中几个环节的一段供应链，通过链上各节点企业的协同合作，建立合作制造或战略伙伴关系，实现供应链管理。通过供应链管理，一方面能够降低信息费用和合约成本，另一方面能够使企业的分工协作得到进一步加强。

2. 能有效提升价值链

迈克尔·波特在《竞争优势》中从企业角度提出了价值链的概念，他认为，从某种程度上来说，每个企业都是进行产品设计、生产、分销和辅助等活动的集合体，这些活动可以用一个价值链来表明。在波特价值链理论的基础上，出现了产业价值链理论。在产业链上，产品的价值被分解到不同的节点去

① 何官燕：《现代农业产业链组织创新研究》，西南财经大学博士学位论文，2008年。

创造，产业链上的节点环环相扣，使产品价值的创造以“链式”的形态存在，从而形成产业价值链。

在产业集群式转移与区域产业链整合的初期，新形成的产业链处于价值链的低端环节，企业的产品生产是对原产业集群生产的产品的“复制”，不同的只是合作伙伴、为企业提供配套生产的企业主体等发生了变化，一般来说，产品并未实现任何创新。随着整合程度的加强，转移企业越来越多地与本地企业合作，龙头企业还会吸引来新的企业加入，转移企业与本地企业合作加深的同时，开始发生信息资源的交流、汇集，这样能够加快转移企业带来的生产工艺、技术和管理上的新知识的外溢。区内其他企业在对新知识和技术的学习和模仿的过程中，基于本企业生产或管理上的需要、客户的需求等因素，对外溢获取的知识或技术进行改良，导致渐进性的技术创新不断发生，原产品的功能得到拓宽或者创造出新的产品，实现产品创新。

3. 能有效形成技术链

技术链有两种含义：一是各种技术本身在获得方式以及使用过程中可能存在承接关系；二是由于产品之间存在上下游的连接关系，所以生产产品要使用的各种技术依据该链接关系形成了技术链条。①

在产业集群式转移与区域产业链整合的初期，企业家基于乡土商业文化、人脉关系等因素，又或是由于还未与承接地企业形成良好的互动关系，企业依旧与转出地的相关企业保持密切联系，接受甚至主动寻求原集群创新网络的技术支持。在这个过程中，转移企业通过接受原集群企业的技术、知识，进行学习和模仿，提高了劳动生产率。随着承接地物质、知识、信息、人才等要素的引入，以及转移企业逐渐嵌入社会结构、人际关系网络之中，转移企业与承载地其他主体之间开始频繁地互动，互相学习、分享知识并逐渐提高环境适应力。由于承接地大量人才、物质等要素的引入，以及各类企业的增多，转移企业开始与当地企业进行合作，对原集群创新网络的技术、知识的依赖减少。当

① 王发明、毛荐其：《技术链、产业技术链与产业升级研究——以我国半导体照明产业为例》，《研究与发展管理》2010 年第 3 期。

转移企业完全融入承接地并形成一定的地域根植性后，其与当地其他企业的合作进入长久的稳定阶段，企业可能会出于对交易成本的考量与当地企业达成准契约一体化，这个阶段的整合进入一个深层次的状态，转移企业与承接地其他企业之间不仅有显性知识的传递，还有隐性知识的传递，转移企业不再需要寻求原集群创新网络的技术、知识溢出，甚至企业能给予母企业一定的知识反哺，本地创新网络开始形成。

三、产业链跨区域整合的影响因素与模式

（一）产业链跨区域整合的影响因素

产业链的整合有利于企业相互之间合理配置资源，优化产业结构，提升产品综合竞争力。产业链跨区域整合的影响因素是多方面的。

1. 市场进入和退出的自由度

企业能否自由进入和退出市场，是市场达到均衡状态的决定性因素，当市场处于完全竞争状态时，整个行业处于稳定状态，此时市场上资源得到最优配置，竞争处于帕累托最优状态，企业没有动力去打破既有均衡。对于产业的整合也是一样，产业链上的企业能够自由进出市场时，链条会处于暂时的稳定均衡状态，此时的企业各自达到最优状态，没有再进行整合创新的激励。现实情况是，由于市场很难达到完全竞争状态，企业无法完全自由进入和退出市场，由于各种壁垒的存在，或许是企业的自身原因，也有可能是国家或地方政策等外在因素，产业链的暂时均衡状态会因外部企业进入或内部企业没有及时退出被打破，这种直接影响企业进出市场的壁垒决定了产业链整合难度的高低，壁垒越高，整合难度越大。

2. 产业技术的发展与变化

在产业链整合创新的过程中，技术的创新能起到核心作用，能够直接改变产业的分工方式，直接改变企业的运行成本与生产效率，技术的创新能够提高企业在同行中的市场竞争力，改变企业间的竞争格局。但是，企业技术的快速变化也会给企业形成相应的压力，增大企业内部化的风险和不确定性，高投入的技术研发与研究成果之间的不确定性会对企业财务形成压力，同时，随着人

力物力资本的引进，对企业相应管理能力的要求也随之提高，管理风险与费用也相应上升。总之，在产业链整合创新的过程中，技术的快速变化在给企业带来效益的同时也增加了相应风险。

3. 国家与区域的产业政策

产业政策对区域产业链整合创新既有正向影响又有负向影响。一方面，产业政策在合理调整产业结构、优化资源配置、促进产业健康稳定发展等方面有积极的促进作用。另一方面，政府的宏观调控和产业政策有时会对企业进出市场形成限制，而且政府的财税等政策都会对产业的结构调整产生影响，进而影响企业进行产业链整合创新。同时，政府在产业链整合创新的过程中也会起到引导和监督作用，合理的产业政策能够更好地规范企业行为，减少产业链整合创新过程中的风险因素。

（二）产业链跨区域整合的模式

产业链整合是指所有节点企业中的某个主导企业通过调整、优化上下游企业的关系使相关企业协同行动，以提高整个产业链的运作效能，最终提升企业竞争优势的过程。[①] 由此可见，产业链整合模式在一定程度上就取决于节点企业的行为模式。

1. 横向兼并收购模式

兼并收购是最主要的一种产业链横向整合模式。很多行业都处于获得最低经济规模的阶段，因此，企业只能通过自身扩大或横向兼并收购来扩大企业规模，这样才能达到获得规模经济的门槛，提升规模竞争优势。这种产业链整合的基本模式对行业的影响主要体现在两个方面：第一，兼并收购能够扩大企业规模，从而使企业获得对产业链的一定控制力，并且相应地提高行业进入壁垒；第二，兼并收购可以提高企业市场份额，提升企业的市场集中度，进而避免行业内部的过度竞争。

2. 纵向一体化模式

纵向一体化也称纵向并购，是指产业链的上游企业购买下游企业的部分或

① 王建军：《产业链整合与企业提升竞争优势研究——以钢铁企业为例》，《经济经纬》2007 年第 5 期。

全部股权，或者下游企业购买上游企业的部分或全部股权，从而达到纵向一体化的效果。从并购的方向来看，纵向一体化包括前向一体化和后向一体化两种。当下游需求存在不确定性，或是上游产品的供给有限、企业之间契约缔结的难度大、难以有效对厂商进行激励时，纵向一体化是一个有效的解决方法（Bolton & Whinston，1993）。此外，当内部生产成本大大低于外部交易成本时，企业也会倾向于通过纵向一体化的方式将活动置于组织内部来开展。

3. 战略联盟模式

战略联盟是指企业通过与上下游企业之间建立长期的合作关系进入新的业务领域，或与上下游企业合资建厂来获得战略性资源，以培育核心能力。随着产业内分工演变为产品内分工，社会分工逐渐细化，在多数情况下，大部分产品或服务都无法由一家企业完全提供。为了培育核心能力，企业必须以合适的方式将自身内在能力与外部有利条件组合起来，以便最大限度满足顾客需要、最快速度应对市场变化、最大把握保证企业盈利。当在外部环境变化较大、需要企业快速做出行动而企业自身条件没有绝对优势的情况下，企业会采取建立战略联盟的方式与其他企业共同开展活动，从而节约内部生产成本和外部交易成本。

4. 纵向约束模式

纵向约束是指厂商通过对链上的企业收取特许费、转售价格维持等纵向约束的办法，将外部性内部化，从而保障产业链的利润最大化。产业链上下游企业之间的供需信息不对称、产业链纵向上的外部性和横向上的外部性是企业进行纵向约束的三个主要原因。阿罗的研究表明，如果投入的生产要素、中间品的供应是随机的，并且在实际的供应方面，上游生产厂商较下游厂商信息更为完全，那么下游的生产厂商会存在进行后向一体化的倾向，以改善其有关投入品市场信息的质量。① 芮明杰和刘明宇（2006）认为，未一体化的企业面临被上游厂商和下游厂商分别加价的双重价格扭曲，这使整个产业链的利润下降，

① Arrow，Kenneth J，“Vertical Integration and Communication”，*Bell Journal of Economics*，Vol. 6，No. 1（1975）.

并低于一体化时的利润，因此存在纵向的外部性。①

第三节　产业转移中的企业集群行为与产业链整合

产业转移的主体是企业，产业转移是企业在市场激励或者政策激励下对产品和服务提供所需的各要素在空间的重新配置行为。在产品内分工背景下，企业的产业转移行为越来越表现为“抱团”迁徙，本节希冀运用社会网络理论和实地调研数据，从一个典型的案例实证研究产业转移进程中的企业集群行为。②

一、研究假设与研究设计

（一）研究假设

美国哈佛商学院教授波特认为，产业集群是指某一特定区域空间内，许多联系密切的生产企业、辅助性产品制造商以及提供相关支撑服务等组织机构集聚在一起，形成产业竞争优势的现象。③ 社会网络是指相互作用的社会个体成员之间相对稳定的关系体系，社会网络关注社会个体之间的互动和联系，这种互动和联系影响着个体的社会行为。产业集群内企业社会网络是指大量有联系的企业以及政府、科研机构、行业协会等相关支撑机构之间在业务合作、信息资源传递等活动中建立的各种关系的总和。社会网络分析，是国外于 20 世纪 30 年代末出现并在最近 20 多年得到快速发展和应用的一种全新的社会科学研究范式，为研究产业转移进程中的企业集群行为提供了重要的方法工具。

1. 网络联系密度与产业转移中的企业行为

Weber（1929）在阐述集聚经济时提出，将存在各种内外联系的企业按合

① 芮明杰、刘明宇：《产业链整合理论述评》，《产业经济研究》2006 年第 3 期。

② 刘友金、李彬：《社会网络视角下的产业转移集群行为研究——以湖南株洲栗雨工业园汽车产业为例》，《中国软科学》2015 年第 1 期。

③ Porter M E，“Clusters and Competition：New Agendas for Companies，Governments and Institutions”，*On Competition*（1998）.

理组合集中布局在生产和流通最节省的特定地点，使企业获得最大的成本节约程度，认为产业间的相关性和企业间的合作关系是产生集聚经济的必要条件。① 在社会网络理论中，网络密集性包括节点（个体）的密集性和边（连接节点之间的关系）的密集性两个含义。节点的密集性表示一定空间范围内群体中个体存在的密度，而边的密集性用于说明群体内个体间互动关系的频率和亲密度。由于产业集群内企业间的地理位置较为接近，所以产业集群社会网络一般具有较高的节点密集性。虽然节点密集性较高的网络一般更容易具有较高的关系密集性，但社会网络的关系密集性不仅受到节点密集性的影响，还受到个体间连接偏好、关系亲疏以及群体内联系交流氛围等因素的影响。实际上，长期以来被忽视的企业社会网络关系密集性对集群内企业“抱团”迁徙行为有直接的、内在的影响。

由于集群内企业之间存在共同的地区文化背景、亲缘关系并且有着高度的专业化分工与协作关系，在相互的交往中形成了共同的行为规范准则，相互间有着良好的信任基础，形成了交易性的内部依赖，可以降低交易费用。另外，根据重复博弈理论，保持长期合作关系的行动者之间存在长期收益，可以遏制机会主义行为，降低信息不对称程度和交易风险。② Sammarra 和 Belussi（2006）认为，在产业集群式转移过程中，企业倾向于与彼此信任的合作企业一同转移③，保持在以往合作中已经形成的企业间合作模式以及企业间重要隐性知识的传递。④ 基于以上分析，我们提出以下假设：

H1：企业社会网络密度越大，在产业转移中企业越倾向于采取集体行动。

2. 网络中心性与产业转移中的企业行为

在社会网络分析中，中心度是衡量个体行动者在网络中重要性和显著性的变量，可用来考察企业充当社会网络中心枢纽的程度和比其他个体更具有可见

① Weber A, *Theory of the Location of Industries*, Chicago: The University of Chicago Press, 1929.

② 周群力、陆铭：《拜年与择校》,《世界经济文汇》2009 年第 6 期。

③ Sammarra A, Belussi F, “Evolution and Relocation in Fashion - led Italian Districts: Evidence from Two Case - studies”, *Entrepreneurship & Regional Development*, Vol. 18, No. 6 (February 2006).

④ 符正平、曾素英：《集群产业转移中的转移模式与行动特征——基于企业社会网络视角的分析》,《管理世界》2008 年第 12 期。

性程度。[①] 相对于中心性弱的企业来说，网络中心性强的企业与更多的集群内企业有着直接联系，这种广泛联系使中心性强的企业比其他企业更具有可预见性，在集群中掌握更多的信息资源和控制更多的利益，议价能力也较高，企业成长也更快。

在面临产业转移决策时，中心性强的企业一般会根据自身的需求和所掌握的广泛资源单独进行转移选择决策（符正平等，2008）。而且企业社会网络中心性越强，企业越可能发展新的网络关系，越容易获取新信息与互补性资源，从而产生“强者愈强”的马太效应。[②] 相对于网络中心性较弱的企业来说，网络中心性强的企业决策行为会对它们产生示范效应，进而采取跟随和模仿策略。据此我们提出以下假设：

H2：企业社会网络中心性越强，在产业转移中企业越倾向于采取独立行动。

3. 网络异质性与产业转移中的企业行为

结构洞越多、与群体外部有越多弱联系的社会网络异质性越强。Burt（1993）指出，结构洞类似于电线线路中的绝缘体，用来描述非重复行动者之间的断裂，非重复行动者向处在结构洞位置的节点提供可累加而非重叠的异质信息资源。[③] 结构洞能够带来信息利益和控制利益，使处在结构洞位置的行动者占据优势。弱联系是指联系亲密程度弱和联系频率低的联系，是搭建与群体外部的非重复行动者之间的桥梁，从而获取信息利益。

网络异质性强的企业在社会网络中存在更多的结构洞和弱关系，这种企业也就更容易获取关键有用的信息利益和控制利益，进而在集群中处于优势地位。一方面，在变化快速、竞争激烈的市场环境中，企业需要从多渠道获得不同的信息资源来满足市场需求、应对市场竞争，这就凸显出企业社会网络异质

① 钱锡红、杨永福、徐万里：《企业网络位置、吸收能力与创新绩效——一个交互效应模型》，《管理世界》2010 年第 5 期。

② Koka B & Prescott J E，“Designing Alliance Networks：The Influence of Network Position，Environmental Change and Strategy on Firm Performance”，*Strategic Management Journal*，Vol. 29，No. 6（June 2008）.

③ Burt R S，*Structural Holes：The Social Structure of Competition*，Harvard University Press，1993.

性的重要性。另一方面，在新环境下，网络异质性强的企业也具备对新资源更强的资源整合能力。相比之下，处于同一集群内相互有联系、网络异质性较低的企业，容易产生集体行动思维模式，在产业转移决策时更倾向于采取集体行动（符正平等，2008）。基于以上分析，我们提出以下假设：

H3：企业的社会网络异质性程度越强，在产业转移中企业越倾向于采取独立行动。

4. 网络结构平衡与产业转移中的企业行为

Heider 是被公认为第一个系统地阐述结构平衡理论（Structural Balance Theory）的学者①，他提出了社会关系认知理论，并分析了 P－O－X 三元关系结构平衡。在社会网络中，结构平衡关注个体的集合或群组，要求在群组内个体之间的关系是可以被度量的，可以是带有符号的正关系（＋）或负关系（－），并且正关系的对立面是负关系，从而在判定一个特定网络的结构平衡度时，根据"负负为正，正正为正"的运算法则判断一个网络图的回路是否为正回路，正回路则表明该网络结构平衡。社会学家和社会心理学家用"结构平衡"这一术语来表示群组中的个体和情感所构成的关系基本上是"愉悦的"或者有利于减少个体之间的冲突。

同理，处在一个结构平衡的社会网络中的企业，一般对当前的社会网络环境比较满意，与其他企业相处和谐，容易达成共识。Tajfel 和 Turner（1986）提出的社会认同理论认为，社会成员的这种共同拥有的信仰、价值和行动取向，本质上是一种集体观念。② 与利益联系相比，注重归属感的社会认同更加具有稳定性。③ 在社会群体中，每个成员都逃离不了这种来自其他成员的社会影响。当这种影响为"正影响"时，该社会群体中的成员有共同的行动和价

① Heider F，"Attitudes and Cognitive Organization"，*Journal of Psychology Interdisciplinary & Applied*，Vol. 21，No. 1（January 1946）.

② Tajfel H & Turner J C，"The Social Identity Theory of Intergroup Behavior"，*Political Psychology*，Vol. 13，No. 3（March 1986）.

③ 李振鹏、唐锡晋：《外生变量和非正社会影响推动群体观点极化》，《管理科学学报》2013 年第 3 期。

值取向，群体决策容易达成共识[①]；反之，若为“负影响”，处于不同子群（特别是具有冲突和异质性明显的不同子群）内的个体面对群体决策时，则难以达成共识。根据以上分析，我们提出以下假设：

H4：企业所处社会网络的结构平衡，在产业转移过程中企业倾向于采取集体行动。

（二）研究设计

湖南省株洲市是“一五”“二五”期间国家重点布局建设的八个老工业基地城市之一，地处中部腹地湖南省东部，湘江下游，是贯穿南北、连接东西的重要交通枢纽，物流辐射能力强，现在已经成为我国沿海发达地区产业向中西部地区战略转移的重要桥头堡。株洲国家高新技术产业开发区是1992年湖南省首批经国务院批准的国家级高新技术产业开发区，栗雨工业园是位于株洲国家级高新技术产业开发区内的一个专业化产业园区。

在产品内分工背景下，以2007年12月北京汽车股份有限公司株洲分公司（以下简称“北汽”）落户株洲高新区栗雨工业园为契机，吸引、带动上下游众多汽车零部件企业和相关配套企业转移至株洲，形成了汽车产业链，并逐步发展成为产业集群。几年后该园区内共有汽车行业相关企业63家，其中，约有13家企业是从北京、天津等地区跟随北汽转移到栗雨工业园的，有6家株洲本土企业作为北汽的合作伙伴进驻了园区。湖南株洲栗雨工业园是一个典型的企业“抱团”迁徙形成的产业承接园，所以本书选取该园区为研究对象。

项目组在对株洲栗雨工业园汽车产业集群进行预调研的基础上，采访了株洲汽车工业协会、园区内汽车整车制造企业和几家重点汽车零配件生产企业，了解了该园区中汽车企业“抱团”迁徙的基本过程以及龙头企业与配套企业之间的关系，并根据预调研获取的信息，参考相关文献，拟定了项目研究测量问题（见表2-3），在此基础上设计正式调查问卷。

---

① Stanley Wasserman & Katherine Faust, *Social Network Analysis: Methods and Applications* (*Structural Analysis in the Social Sciences*), Cambridge University Press, 1995.

表 2－3　被访企业社会网络特征的测量问题设计

变量维度	测量问题	相关研究文献
网络联系强度	（1）企业与合作伙伴间的合作频率大小 （2）企业与重要合作伙伴间的相互信任程度 （3）重要合作伙伴对企业业务发展提供的帮助大小	Linton C. Freeman（1979）
网络中心性	（1）企业是否与园区内大量企业存在合作关系 （2）企业对园区内其他企业或组织的影响力大小 （3）企业通过园区内的企业或组织获取信息资源的速度快慢	Bavelas（1948）
网络异质性	（1）企业是否与大量园区外的企业保持合作 （2）企业是否与大量非企业组织机构（如研发机构、高等院校等）保持合作 （3）企业的合作对象中，园区外合作企业占所有直接合作企业的比例	Ronald Burt（1992）、Mark Granovetter（1973）
网络结构平衡	企业与园区内其他企业的合作意愿程度	William Lloyd Warner（1988）、S. F. Sampson（1968）

项目组成员采用问卷调查和访谈法对株洲市汽车产业集群进行实地调研，走访后也采用电话调查法进行补充。调查样本企业的选择依据以下规则：①调查样本以龙头企业及上下游配套关系为主线，以跟随迁徙企业为主体。②调查样本既要关注企业生产规模，也要兼顾企业业务特征。据此，项目组选取了24 家企业进行调研访谈①，相应得到 24 个样本数据，并且按照销售收入和业务特征将样本分为四种类型，如表 2－4 所示。

表 2－4　汽车产业集群被访企业的类型

类型	一类企业	二类企业	三类企业	四类企业
样本数量（家）	5	7	9	3
销售收入	<50000 万元	50000 万～10000 万元	10000 万～8000 万元	>8000 万元

① 事实上，由于栗雨工业园汽车产业集群不大，所有规模以上企业都已进行了调研，未调研的企业一般为小微企业，对本书研究结果影响小。另外，对株洲高新区管理委员会、株洲汽车工业协会等也进行了访谈，以此作为补充数据。

续表

类型	一类企业	二类企业	三类企业	四类企业
被访企业样本代码	A，B，D，L，N	C，F，G，M，Q，T，W	E，H，I，J，K，O，P，R，V	S，U，X

注：为了表述方便，将被访的24家样本企业分别以大写英文字母A～X表示，其顺序为企业在问卷表中的相应排列次序，下同。

二、社会网络特征分析及假设检验

为了将实证数据分析结果与研究假设相比较，我们采用Donald Campbell（1968）的“模式匹配”方法①，这一方法就是把数据与假设联系起来，比较数据的分析结果是否与假设模式相符。这是国外用以连接实证数据与假设、解释研究成果的一种典型假设检验方法。为了验证假设，我们结合研究样本的社会网络特征分析结果和调研获取的其他相关信息，验证实证结果是否符合假设。

（一）社会网络联系密度测度及假设检验

首先，借鉴前人的研究方法，从集群内成员间网络联系频率、信任程度和提供帮助程度三个指标测量网络联系密度，调查问卷中设计了“贵公司与重要合作伙伴间的相互信任程度如何”“贵企业的重要合作伙伴对贵企业业务发展提供的帮助多大”和“贵企业与合作伙伴间的合作频率如何”三类问题，并按合作次数多少依次填列出合作密切的合作伙伴企业名称，然后对调查访谈获得的信息进行整理。

关于社会网络联系密度的测度，本书采用刘军等学者的社会网络联系密度计算方法②：

（1）在整体网是无向关系网的情况下，若有 n 个行动者，那么理论上该

① Donald Campbell（1968）最早运用“模式匹配”方法分析美国康涅狄格州出台的《交通限速法》对交通事故死亡率的影响，Campbell首先描述了“有影响”和“无影响”两个相互矛盾的假设模式，然后看实证分析结果与哪种假设模式更匹配。著名学者Robert（2004）认为，案例研究中假设检验最值得提倡的方法就是“模式匹配”法。这一方法在国外很多案例研究中得到了广泛的应用。

② 刘军：《整体网分析讲义——UCINET软件实用指南》，格致出版社2009年版。

整体网中所包含的关系总数的最大可能值为$\frac{n(n-1)}{2}$，若该网络中包含的实际关系数量为 m，那么该网络的密度就是若该网络中包含的实际关系数量为 m，那么该网络的密度就是“实际关系数”除以“理论上的最大可能关系数”，即该网络的密度为：

$$\frac{2m}{n(n-1)} \tag{2-1}$$

（2）在整体网是有向关系网的情况下，若有 n 个行动者，那么其中包含的关系总数在理论上的最大可能值是$\frac{n}{n-1}$，该网络的密度为：

$$\frac{m}{n(n-1)} \tag{2-2}$$

将调查问卷整理后的数据输入 Ucinet 分析软件中，运行结果如表 2－5 所示。

表 2－5　社会网络密度计算结果

Block Densities or Averages
Relation：1
Density（matrix average） =0. 1449
Standard deviation = 0. 3520

从表 2－5 可知，整体的社会网络密度为 0. 1449，网络中关系的标准差为 0. 3520。由此可知，该社会网络密度数值并不大①，这是由于选取的研究样本为中心—卫星式（中卫式）产业集群的特征所致。社会网络密度测度只是“远镜头”观察并说明了汽车配套企业与作为该集群中心的汽车整车制造企业间存在密切联系，却忽略了配套企业间的弱联系和间接联系。所以，需要继续运用 Ucinet 软件计算整体网络内个体间的捷径距离，分析企业社会网络密度的强弱（见表 2－6）。

① 一般来说，整体网络密度的取值范围是 0 ~ 1，越靠近 1 表示密度越大。

表 2-6　整体网络中企业捷径距离

Average distance =1.855

Distance - based cohesion ("Compactness") =0.572

(range 0 to 1; larger values indicate greater cohesiveness)

Distance - weighted fragmentation ("Breadth") =0.428

Geodesic Distances

	A	B	C	D	E	F	G	H	I	J	K	L	M	N	O	P	Q	R	S	T	U	V	W	X
A	0	1	1	1	1	1	1	1	1	1	1	1	1	1	1	1	1	1	1	1	1	1	1	1
B	1	0	2	1	2	2	1	2	1	2	1	2	2	2	2	1	1	2	2	2	2	2	2	2
C	1	2	0	2	2	2	2	2	2	2	2	2	1	2	2	2	2	2	2	2	2	2	2	2
D	1	1	2	0	2	2	2	2	1	2	2	2	2	2	1	1	2	2	2	2	2	2	2	2
E	1	2	2	2	0	2	2	2	2	1	2	2	2	2	2	2	2	2	2	2	2	2	2	2
F	1	2	2	2	2	0	2	2	2	2	2	2	2	2	2	2	2	2	2	2	2	2	2	2
G	1	1	2	2	2	2	0	2	2	2	2	2	2	2	2	2	2	2	2	2	2	2	2	2
H	1	2	2	2	2	2	2	0	2	2	2	2	2	2	2	2	2	2	2	2	2	2	2	2
I	1	1	2	1	2	2	2	2	0	2	2	2	2	2	2	2	2	2	2	2	2	2	2	2
J	1	2	2	2	1	2	2	2	2	0	2	2	2	2	2	2	2	2	2	2	2	2	2	2
K	1	1	2	2	2	2	2	2	2	2	0	2	1	1	1	2	2	2	2	2	2	2	2	2
L	1	2	2	2	2	2	2	2	2	2	1	0	1	2	2	2	2	2	2	2	2	2	2	2
M	1	2	1	2	2	2	2	2	2	2	1	1	0	1	2	2	1	2	2	2	2	2	2	2
N	1	2	2	2	2	2	2	2	2	2	1	2	1	0	2	2	2	2	2	2	2	2	2	2
O	1	2	2	1	2	2	2	2	2	2	1	2	2	2	0	2	2	2	2	2	2	2	2	2
P	1	1	2	1	2	2	2	2	2	2	2	2	2	2	2	0	2	2	2	2	2	2	2	2
Q	1	2	2	2	2	2	2	2	2	2	2	2	1	2	2	2	0	2	2	2	2	2	2	2
R	1	2	2	2	2	2	2	2	2	2	2	2	2	2	2	2	2	0	2	2	2	2	2	2
S	1	2	2	2	2	2	2	2	2	2	2	2	2	2	2	2	2	2	0	2	2	2	2	2
T	1	2	2	2	2	2	2	2	2	2	2	2	2	2	2	2	2	2	2	0	2	2	2	2
U	1	2	2	2	2	2	2	2	2	2	2	2	2	2	2	2	2	2	2	2	0	2	2	2
V	1	2	2	2	2	2	2	2	2	2	2	2	2	2	2	2	2	2	2	2	2	0	2	2
W	1	2	2	2	2	2	2	2	2	2	2	2	2	2	2	2	2	2	2	2	2	2	0	2
X	1	2	2	2	2	2	2	2	2	2	2	2	2	2	2	2	2	2	2	2	2	2	2	0

说明

(1) 表中 0、1、2 表示网络内个体间的捷径距离，企业与自身间的捷径距离为“0”，存在密切联系的企业间捷径距离为“1”，存在弱联系以及间接联系的企业间捷径距离为“2”

(2) 凝聚力指数取值范围为 0～1，越靠近 1 表明越具有凝聚力

从表 2-6 计算结果可以看出：①汽车整车制造企业 A（龙头企业）与其他样本企业（配套企业）的捷径距离均为“1”，表明龙头企业 A 与其他样本企业的联系都非常密切。②大多数样本企业之间的捷径距离为“2”，表明大多数样本企业之间的直接联系较少，它们更多的是以龙头企业 A 或者少数几

个关键配套企业（如企业 M、K、B）作为“连接点”而形成间接联系。③尽管全部样本企业之间的平均捷径距离为 1.855，但建立在捷径距离基础上的凝聚力指数为 0.572，表明总体凝聚力较强。

综上所述，可以认为，24 家样本企业形成的整体社会网络联系较强，且从调研和访谈获取的信息可知，不管企业间捷径距离为“1”还是为“2”，只要存在社会网络密度较大的共同“连接点”，企业则倾向于跟随其联系密切的共同“连接点”而“抱团”迁徙。可见，社会网络联系越密切的企业，在产业转移中越倾向于采取“抱团”迁徙集体行动。假设 1 得到支持。

（二）社会网络中心性测度及假设检验

关于企业社会网络中心性的测量，结合株洲汽车产业实际情况，设计的问题是：“贵企业与园区内多少企业存在合作关系”“贵企业通过园区内的企业或组织获取信息资源的速度如何”和“贵企业对园区内其他企业或组织的影响力如何”三类问题并要求填列出受到指定调研企业转移决策影响的企业名称。

在社会网络分析方法中，中心度用来描述社会网络中任何一节点在网络中占据的中心性，而中心势则是用来刻画社会网络的整体中心性。其中，中心度又可以分为绝对中间中心度和相对中间中心度，分别用 $C_{AB\max}$ 与 $C_{RB\max}$ 表示。

点 i 的绝对中间中心度记为 C_{ABi}，可表示为：

$$C_{ABi} = \sum_{j}^{n} \sum_{k}^{n} b_{jk(i)}\ (\text{其中，} j \neq k \neq i \text{ 且 } j < k) \tag{2-3}$$

式中，$b_{jk(i)}$ 是指点 i 能够控制点 j 与点 k 之间交往的能力，即点 i 处于点 j 与点 k 之间捷径上的概率，用 g_{jk} 表示点 j 与点 k 之间存在的捷径数目，$g_{jk(i)}$ 表示点 j 与点 k 之间存在的经 i 的捷径数目，那么，$b_{jk(i)} = g_{jk(i)}/g_{jk}$。

点 i 的相对中间中心度记为 C_{RBi}，可表示为：

$$C_{RBi} = \frac{2C_{ABi}}{n^2 - 3n + 2} \tag{2-4}$$

社会网络图的中心势用 C_B 表示，C_B 的取值为 0 ~ 1，越趋向于 1，表明中心性越强。C_B 的计算公式为：

$$C_B = \frac{\sum_{i=1}^{n} (C_{AB\max} - C_{ABi})}{n^3 - 4n^2 + 5n - 2} = \frac{\sum_{i=1}^{n} (C_{RB\max} - C_{RBi})}{n - 1} \tag{2-5}$$

运用 Ucinet 软件对调研收集整理后的数据进行处理，运行结果如表 2 - 7 所示。

表 2 - 7　点的中心度与图的中间中心势

Un - normalized centralization：10184. 000			说明
	1	2	“Betweenness” 表示网络中个体的绝对中心度 C_{ABi}； “nBetweenness” 表示网络中个体的相对中心度 C_{RBi}； “Network Centralization Index” 表示整体网络的标准化中心势
	Betweenness	nBetweenness	
A	444. 000	87. 747	
B	9. 667	1. 910	
M	8. 167	1. 614	
K	5. 833	1. 153	
D	3. 333	0. 659	
O	0. 667	0. 132	
Q	0. 333	0. 066	
F	0. 000	0. 000	
I	0. 000	0. 000	
J	0. 000	0. 000	
H	0. 000	0. 000	
L	0. 000	0. 000	
C	0. 000	0. 000	
N	0. 000	0. 000	
E	0. 000	0. 000	
P	0. 000	0. 000	
G	0. 000	0. 000	
R	0. 000	0. 000	
S	0. 000	0. 000	
T	0. 000	0. 000	
U	0. 000	0. 000	
V	0. 000	0. 000	
W	0. 000	0. 000	
X	0. 000	0. 000	
Network Centralization Index = 87. 51%			

与此同时，在对收集到的信息进行反复甄别及交叉重叠比对的基础上，运用 Ucinet 软件对整理后的调研数据进行可视化分析，获得集群内企业间社会网络结构，如图 2－1 所示。

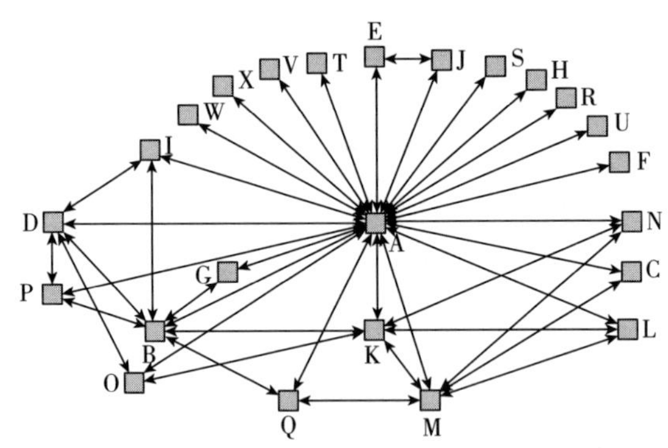

图 2－1　集群内企业间社会网络结构

结合表 2－7、图 2－1 以及调研问卷信息，可得：①企业 A（汽车整车制造企业）中心度最高，为 87.747，调研发现，该企业是整个园区内汽车产业集群的龙头企业，也正是该企业独立做出了落户栗雨工业园的转移决策。②除企业 A 之外，企业 B（另一个较小汽车整车制造企业）、企业 M（企业 A 的配套物流公司）、企业 K（专业活塞销制造企业）的中心度也分别达到 9.667、8.167 和 5.833，表明具有相对较高的中心度。调查同时发现，中心度较高的企业 B 和企业 K 都是独立做出转移决策的，只有企业 M 例外。之所以出现这种现象，是因为尽管物流企业 M 与园区内其他企业合作较多，具有较大的中心度，但企业 M 与中心度最高的企业 A 属于同一集团，因此是作为其配套物流公司一起转移到园区的。③整个网络的标准化中心势为 87.51%，这个值是比较大的，说明整体网络中心势较强。

综上所述，社会网络中心性较高的企业更倾向于采取独立行动，假设 2 得到了证明。

（三）社会网络异质性测度及假设检验

关于企业社会网络异质性测量，调查问卷设计的问题是“企业是否与多家园区外的企业组织或非企业组织机构（如研发机构、高等院校）保持合作”“园区内企业是否能快速通过园区外的其他企业或组织获取信息”“直接合作企业有哪些”“与园区外哪些企业存在合作关系”。同时，在被调研企业的帮助和引介下，也对其园区外合作企业进行访谈调研，然后整理调研数据。

关于社会网络异质性的测度，本书采用方壮志（1995）的研究成果①，将社会网络中个体的异质性规模表示为 H_i，其变化范围为 0 ~ 1。H_i 的计算公式为：

$$H_i = 1 - \sum_{i=1}^{m} (y_i p_{ji}^2) \tag{2-6}$$

其中，p_{ji}表示“行动者”与不同群体成员之间关系占“行动者”在整个网络中的关系比例，y_i 表示网络成员间是否有联系和交往关系，如有则取值为 1，否则为 0。关于 p_{ji}的测量，则是分别计算各企业主体与园区外企业合作关系总数占企业所有合作关系总数的比例。关于 y_i 的测量可以运用调研中获得的关于社会网络联系密度的数据、集群内实际合作关系总数占在理论上集群内最大可能包含的关系总数的比例，运用 Ucinet 计算出个体网络密度，从而得出交往企业之间的紧密连接程度。若社会网络异质性规模 H_i 为 1，表示企业所有合作关系均是异质性合作关系；若 H_i 为 0，则表示企业的所有合作伙伴都在园区内部，从合作伙伴获取的网络资源与企业自身资源同质。H_i 值越靠近 1 则异质性越大，H_i 值越靠近 0 则异质性越小。将调查问卷整理后所得到的数据代入式（2－6），得到如表 2－8 所示的企业社会网络异质性测量结果。

表 2－8　企业社会网络异质性测量结果

企业	A	B	C	D	E	F	G	H	I	J	K	L
H_i	0.93	0.72	0.93	0.76	0.92	0.96	0.92	0.96	0.90	0.9	0.76	0.80
企业	M	N	O	P	Q	R	S	T	U	V	W	X
H_i	0.84	0.86	0.87	0.91	0.90	0.91	0.90	0.88	0.91	0.90	0.87	0.91

① 方壮志：《社会网研究的基本概念和方法》，《华中科技大学学报（社会科学版）》1995 年第 3 期。

从表2－8可以看出，整体上这24家企业的社会网络异质性都比较大。其中，个体异质性规模最大的是企业F（冲压件和车身厂外协件生产企业）和企业H（汽车内饰件生产企业），两者的社会网络异质性规模分别为0.9620、0.9593。从问卷及访谈了解到，之所以这两家中心性弱的企业异质性很大，是因为两者通过其大股东或母公司与“群体外部有较多弱联系”：持有企业F 40%股份的大股东，是一家目前国内最大、世界一流的汽车模具企业，为国内外众多整车企业提供高品质的模具；企业H的母公司是从事汽车内饰件生产的企业集团，主要为国内多家整车制造厂提供系统化、模块化的产品配套服务。

而中心性最强的企业A（汽车整车制造企业北汽）的社会网络异质性规模为0.9301，相比之下异质性只是处于中上水平。这一现象可以从两个方面来解释：一方面，较高的社会网络中心度是一把“双刃剑”，在为企业带来“强者愈强”马太效应的同时，也存在着负面锁定效应，可能把企业锁定于重复性高、同质性强的关系网络中，受到资源有限的制约，在一定程度上阻止企业寻求更具有异质性、能带来新的信息资源的合作伙伴。[①] 也就是说，网络结构具有过高的集聚系数可能会导致网络结构的僵化，阻碍了集群网络与外来资源和信息的交流。另一方面，由于中心性强的社会网络往往对于其成员有着忠诚性的要求，使中心性强的社会网络内存在大量的信息冗余，缺少新信息的获取。[②]

从调研获取的信息可知，异质性高的企业（如企业F和企业H）是跟随企业A（汽车整车制造企业）转移到园区的，并不是采取独立行动。综上所述，网络异质性对企业转移行动选择的影响不太明显，假设3没能得到证明。

（四）社会网络结构平衡检验及假设检验

一个结构平衡的社会网络，可以被分类为两个或多个子集，在子集内部都

① Uzzi B，“Errata：Social Structure and Competition in Interfirm Networks：The Paradox of Embeddedness”，*Administrative Science Quarterly*，Vol. 42，No. 1（March 1997）.

② 蔡宁、吴结兵：《产业集群组织间关系密集性的社会网络分析》，《浙江大学学报（人文社会科学版）》2006年第4期。

是正关系，而子集间都是负关系。当该正负关系网络不能达到结构平衡时，可以用团体分类算法找出使该社会网络达到最佳结构平衡时的子集分类。所以，对于寻找最佳平衡结构问题，实际上就是通过划分小团体的结构来寻找最小不平衡的网络结构。①

为了保证对于假设测度的正确性、可靠性，本书参考国外社会学家 Sampson S F② 以及国内学者刘军③、耿晓鹏和李庆军④的相关研究成果，设计了社会网络结构平衡测量尺度：让企业之间互相打分，为了表示一个企业对另外一个企业的合作意愿，由强到弱依次排列，“2”代表合作意愿很强，“1”代表较强，“0”代表一般，“-1”代表较弱，“-2”代表很弱，如果企业之间在打分时没有给出上述的任何数值，则用“0”表示。将整理后的数据输入 Ucinet 软件，运用 CONCOR 方法⑤，获得清晰的、概括性认识的分块矩阵，可以明确哪些企业组成一个结构平衡团体，结果如表 2-9 所示。

表 2-9　CONCOR 分析后的社会网络关系分块矩阵

	A	N	O	K	J	F	G	H	U	V	E	L	M	T	C	S	Q	R	W	X	B	D	P	I
A		2	2	2	1	2	2	2	2	2	2	2	2	2	1	2	2	2	2	2		1		2
N	2			2									1											
O	2			2																		1		
K	2	2	2									1	1								1			
J	2										1													
F	2																							
G	2																				1			

① 耿晓鹏、李庆军：《基于结构平衡理论的企业正负关系网络及实例研究》，《统计与信息论坛》2012 年第 9 期。

② Sampson S F, *A Novitiate in a Period of Change: An Experimental and Case Study of Social Relationships*, Cornell University, 1968.

③ 刘军：《整体网分析讲义——UCINET 软件实用指南》，格致出版社 2009 年版。

④ 耿晓鹏、李庆军：《基于结构平衡理论的企业正负关系网络及实例研究》，《统计与信息论坛》2012 年第 9 期。

⑤ CONCOR 方法是一种迭代相关收敛法，研究的是行动者 a 的相似性向量与行动者 b 的相似性向量在多大程度上相似。

续表

	A	N	O	K	J	F	G	H	U	V	E	L	M	T	C	S	Q	R	W	X	B	D	P	I
H	2																							
U	2																							
V	2																							
E	2				1																			
L	2			1								1	1											
M	2	1		1								1			1		1							
T	2																							
C	2												1											
S																								
Q													1											
R																								
W																								
X	2																							
B	1			1			1										1					1	1	1
D	2		1																		2		1	1
P	1																				1	1		
I	2																				1	1		

在表2－9所示的分块矩阵中，对初始数据的行和列都自动进行了重新排列，并加入了一些分块线，从而把在同一块（组）的企业放在一起。表2－9得出4个组块：（A，N，O，K）；（J，F，G，H，U，V，E，L，M，N，C，S，Q，R，W，X）；（B）；（D，P，I）。为了明晰各组间的合作意愿强度，运用Ucinet软件可以获得如表2－10所示的分块后的密度矩阵。

表2－10　CONCOR分析后的社会网络关系密度矩阵

	1	2	3	4
1	1.667	0.531	0.250	0.333
2	0.547	0.033	0.063	0.000
3	0.500	0.125		1.000
4	0.500	0.000	1.333	0.667
R－squared＝0.321				

为了进一步从整体上刻画整个网络的分组情况以及各分组之间的关系，笔者把上述密度矩阵中大于社会网络整体密度 0.1449（表 2 -5 已计算出该社会网络的整体密度）的项目都改写为 1，小于整体密度 0.1449 的项目都改写为 0，从而将上述密度矩阵变为该密度矩阵的"像"，称为像矩阵，如表 2 -11 所示。

表 2 -11　像矩阵

	1	2	3	4
1	1	1	1	1
2	1	0	0	0
3	1	0	0	1
4	1	0	1	1

从分块矩阵（见表 2 -9）以及像矩阵（见表 2 -11）可以看出：①第 1 组由四家企业（A，N，O，K）组成，并且第一组内企业间的联系最多、彼此间合作意愿强、相似程度最高，这是因为企业 A（汽车整车制造企业）、企业 K（成立时间早、专业制造活塞销）以及企业 O（专业生产汽车灯具，集团公司的子公司）都在该集群内中心度较高，而企业 N 是另一汽车整车制造集团公司下的活塞分公司，这四家企业之间可以存在良好的市场信息、技术信息共享氛围。②第 4 组内部的企业之间相似认同度高、合作意愿强，这是由于第 4 组内企业经营范围相同，彼此间存在更多的信息技术交流以及协作。③第 3 组只有企业 B（一家较小的汽车整车制造企业），由于企业 B 主要生产轨道交通装备与客车等定制化产品，是根据客户的需求定制生产产品，大部分零配件是从外地厂商购入，目前在当地没有形成以企业 B 为龙头的配套产业链。④第 2 组和第 4 组之间的关系比较疏远，这是由于两组间没有配套关系，也不存在技术信息共享等协作关系，合作意愿很弱。第 4 组中的企业主要是护板、护盖等材料生产企业，而第 2 组主要是汽车内饰、冲压件等生产企业，所以两组间需要的技术信息不同，合作需求小，合作意愿弱。⑤第 1 组企业 A（汽车整车制造企业）和其他三组内的企业之间也关系和睦，可以明显地看出第 1 组的企

业 A 处于连接各子群、维持整个网络结构平衡的中心位置。

从调研访谈获取的信息可知，组群内企业大多数是“抱团”迁徙至园区的，其中个别株洲本土企业是采取了拓宽和变更生产范围等方式融入各组群的。综上所述，假设 3 得到证明。

三、研究结论及启示

（一）研究结论

通过上述分析，可以得到以下结论：①在整体社会网络联系较强的集群中，只要存在社会网络密度较大的共同“连接点”，企业则倾向于跟随其联系密切的“连接点”采取集体行动，形成“抱团”迁徙。②社会网络中心性较强的企业倾向于采取独立行动，龙头企业的社会网络中心性最强，更倾向于做出独立转移决策。③网络异质性的大小对于企业选择独立行动还是集体行动并没有明显的影响。④结构平衡的社会网络内，企业间相似认同度高，合作意愿强，更倾向于集体行动。

（二）研究启示

上述结论，对于引导企业集群行为推进产业转移集群式承接具有以下重要的政策启示：①地方政府引资工作重点是，创造条件引进网络中心性强的龙头企业和社会网络密度较大的关键“连接点”企业，通过这些企业的引进，带动产业链上下游企业和相关配套服务机构“抱团”迁徙，进而实现“以商引商”“产业链招商”，节约招商成本，提高招商效率，变承接企业为承接产业集群。②政府应当通过环境建设和政策引导，促进企业间的协作，强化企业间的相似认同度，提升整体网络结构平衡，使园区企业借助社会网络强关系迅速获取和共享网络资源，以寻求网络化成长，增强企业集体行动取向。③尽管网络异质性大小对于企业是否选择集体行动没有明显的影响，但提高社会网络的异质性水平有助于资源和信息交流，增强企业的动态竞争能力。因此，政府方面可以举办多种投资洽谈、业务合作交流活动，促进当地的企业与外地的企业以及机构之间的交流与合作来优化网络结构、提高企业的社会网络异质性程度、拓宽资源和信息的来源渠道。

第三章　产业集群式转移与产业链跨区域整合的机理

揭示产业集群式转移与产业链跨区域整合的内在关系，探讨产业集群式转移与产业链跨区域整合的作用机理，为构建产业集群式转移驱动产业链跨区域整合分析框架提供理论依据。本章将主要讨论以下三个问题：①产业集群式转移与区域产业链的“响应—整合”关系；②产业集群式转移与产业链跨区域整合作用机理；③产业集群式转移与产业链跨区域整合的共生演进过程。

第一节　产业集群式转移与区域产业链的“响应—整合”关系

产业链是指产品从原材料到中间产品一直到最终产品到达消费者手中各个环节所构成的整个纵向生产服务链条。产业链的演化具体表现为产业节点数量的增减、链条长短的伸缩和产业节点上企业分布的聚散情况。因为不同的产业链对应着不同的产业上下游关系，所以各个不相关的产业链之间通常不存在直接的竞争，只会相互替代。在同一条产业链条内部，会形成许多企业链条，这些企业链条之间会不断竞争，从而推动产业链的演化。[①] 另外，企业的分工变化不仅能促成产业链的形成，也能改变产业链的最终形态。如随着科技进步，

① 邵昶、李健：《产业链“波粒二象性”研究——产业链的特性、结构及其整合》，《中国工业经济》2007 年第 9 期。

市场需求的日趋多样化，企业职能呈现专业化特点，中间服务、中间产品的出现使企业的纵向联系更加紧密。而且随着产业中分工不断细化和演化，企业之间的关系也不断演变，原有的合作竞争关系也会发生变化，产业链形态也就会随着企业的变化而呈现为一种新的状态。① 由此可见，产业集群式转移带来的企业数量与类别的增加，将会获得产业链的响应，区域产业形态与结构将在一个更高层次上整合。

一、区域产业链结构对产业集群式转移的响应机制

区域产业链结构会在空间、规模、密度等几个方面对产业集群式转移产生响应，其响应过程和响应形式也将呈现不同的特点。

（一）区域产业链对产业集群式转移的空间响应机制

1. 区域产业组织关系的空间响应

由于城市发展与功能分工的需要，沿海城市面临着城市功能的转化和自身产业结构的优化升级，使部分产业优势逐渐丧失，迫于竞争压力，这些产业向外转移。而承接地的选择往往遵循一定的经济规律，从地理因素分析，中部地区是沿海经济的腹地，地理空间联系程度高，这两个地区生产要素结合成本和地区间交易成本较为低廉，能极大地提高生产要素的使用效率，减少产业结构调整和转移的成本，从而能最大限度地保留集群间的网络合作关系。这种网络合作关系可以直接引起承接地的产业组织的嵌入，改变并完善承接地的产业组织关系。

2. 区域产业链企业的空间响应

众所周知，集群企业之间的集群网络合作关系是产业集群竞争优势的重要来源，集群企业在产业链之间的上下互动是产业集群发展的重要依据，因此产业集群式转移往往保留了原先集群的企业结构。转移后，这种集群在一定程度上依然可以保持和产业链的上下游互动，同时也能对承接地经济发展产生溢出

① 杨蕙馨、纪玉俊、吕萍：《产业链纵向关系与分工制度安排的选择及整合》，《中国工业经济》2007 年第 9 期。

效应，如本地企业会根据新集群的特点，加大产品和产量的响应力度，逐渐与转移集群企业实现相互融合，相互配合，最终形成新的区域产业企业结构。

3. 区域产业要素的空间响应

产业承接地的大量高素质劳动力往往都是流入经济较为发达的地区，相当一部分高素质人才在经济较为发达地区安家落户，从而造成本地人才的净流失，不利于本地经济的长远发展。当承接地承接了经济发达地区产业集群时，也会形成本地高素质人才的回流，这一方面解决了承接产业后人才的问题，另一方面也有利于留住本地人才，极大地推动承接地经济可持续发展。另外，产业集群式转移往往会带来资本、技术的转移，这种转移会引起承接地政府对资本相关配套以及对技术的政策鼓励和引导。

（二）区域产业链对产业集群式转移的规模响应机制

区域产业链对产业集群式转移的影响还体现在产业链规模响应上。我们知道，一条相对完整的产业链一般可以分为“龙头企业”环、“七寸企业”环和“配套企业”环。在产业转移过程中，“龙头企业”的转移是各地政府普遍欢迎并致力实现的经济行为，特别是区域产业规模较大，产业链较为完整的地区，通常倾向于承接产业链缺失的环节，特别是承接“龙头企业”。“龙头企业”引入后，承接地其他产业和配套企业将会围绕“龙头企业”补齐或延长产业链。实际上，“龙头企业”成为区域产业链成长的“发动机”，不断能推动区域产业加速发展，提高区域产业的规模。另外，对“七寸企业”的承接也能带动区域产业规模的增加。“七寸企业”往往是产业链中技术含量最高的环节，通常位于产业链的中下游部分，对这些企业的引进既能最大限度地带动区域产业技术水平的提高，也能带动区域产业规模的增加。

（三）区域产业链对产业集群式转移的企业密度响应机制

企业密度的增加是企业成长与地方经济增长的重要外部指标之一。企业密度的高低在一定程度上决定着地方经济的成长潜力。企业密度从小变大的过程通常就是区域经济由弱到强的过程，企业密度的变化也是产业集群式转移的客观结果。

集群的波动受到密度因素的影响，产业集群扩张到某一地区的可能性和企业密度之间存在倒“U”形关系，企业在一个地理单元经历“单个企业—低密度—高密度—转移降低密度”四个阶段，与此同时，企业之间也经历了“基本无联系—产业链单向延伸—产业链多向关联—相关联产业集群”转移阶段。随着产业集群式转移的不断深入，区域间一体化程度提高，产业集聚会显著地发生改变，使扩散效应、极化效应出现此消彼长的情况，最终企业密度、产业集群式转移和产业关联之间会形成相对稳定的三角关系。①

二、区域产业链形态对产业集群式转移的响应机制

区域产业链对集群式转移的响应与区域产业形态密切相关，产业链形态反映了产业链的横向联系和纵向关联，具体体现在产品、价值、技术等方面。

（一）区域产业链对集群式转移的产品响应机制

1. 产品生命周期对集群式转移和区域产业链响应的影响机制

从产品的生命周期来看，产品形成期，很多产业部门都是从无到有、从小到大，急需资金、技术支持和稳定的资源供应。新产品在市场上容易获得垄断利润，因此集群产业的主要目标是打开自身所处的消费市场，进一步完善产品功能，提高生产技术与生产效率。由于能获得较高的利润，此时产业集群式转移的动力低，集群企业不会迁移。同样，对承接地而言，一般属于经济次发达地区，创新能力较为薄弱，无法满足新产品的创新需求，抗风险能力较弱，新产品技术不够完善，市场容量较低，还未完全经过市场考验，存在较大的风险，因此承接地对新产品的承接响应程度低。产品的成熟期，随着技术垄断和市场寡占地位打破，产品进入标准化生产，市场生产同类产品的企业急剧增加，竞争加剧，这时候集群企业的主要目标不再是技术创新而是降低生产成本，企业依赖资本和管理获利，产业集群有足够的动力转移到生产成本较低的地区。对于经济次发达地区而言，成熟期的产品获利稳定，集约化程度较高，生产技术外溢程度高，能较大程度地促进本地就业水平是其承接产业转移的首

① 毛广雄、周文清、蔡安宁：《企业密度、产业关联与产业集群化转移》，《淮阴师范学院学报（自然科学版）》2015 年第 12 期。

选，对产业集群式转移响应程度最高。在产品的衰退期，产品的市场萎缩，消费者数量下降，产品失去了竞争优势，工资“L”形曲线使资本的相对价格不断上涨，产业集群式转移动力充足，产业集群式转移程度最高。同样对于经济次发达地区而言，发达地区衰退期的产品在本地区还有一定的市场，在一定程度上会对本地区产业形成技术外溢，带动地区的就业水平，会对地区发展起到推动作用，但衰退期产品技术水平相当落后，发展前景有限，不利于承接地经济的持续发展，这在一定程度上打击了承接地承接产业集群式转移的积极性，如表3-1所示。

表3-1　产品生命周期对产业集群式转移与承接的影响

产品生命周期	产品特征	产业集群式转移动力	承接地响应程度
产品形成期	厂商数量少，竞争程度低 技术创新水平高	低	低
产品成熟期	技术成熟，进入标准化生产 厂商数量多，竞争激烈	中	高
产品衰退期	市场萎缩，利润较低 产品失去竞争优势	高	中

2. 产品种类对集群式转移和区域产业链响应的影响机制

在集群式转移和区域产业链响应过程中，对产品种类的选择会依据依托资源禀赋和比较优势来进行。从产业集群式转移企业的角度来看，产业转移的目的更多的是寻找发展前景更广阔的地区，降低自身的生产成本，因此产业转移目的地的选择更多的是结合自身的产品，从资源禀赋和比较优势的角度考量，这样可降低产业转移风险，提高产业生存能力。对于承接地，承接产业转移更多的是考虑自身的资源和条件，对能充分发挥自身比较优势的产品生产企业的转移响应程度高，通过承接这类产业，能发挥比较优势形成独特的竞争力，同时对本地区产业的发展产生极大的推动作用。

以中国中部地区为例，中部地区是我国重要的农产品生产加工基地、能源矿产资源基地、人力资源储备基地，这些优势为承接相应产业的集群式转移奠定了良好的基础，同时，由于这些地区具有较多的禀赋优势，区域产业链对集群式转移的响应就会很快，也能使新的集群产业融入现有的产业链，延长或者补齐原有产业链。①

（二）区域产业链对集群式转移的价值响应机制

价值链是指产品在全球范围内的一系列活动，包括从产品最初概念的设计、产品的使用直到报废的全部生命周期中所有创造价值的活动，涉及对产品的设计、生产、销售以及对最终用户的支持与服务等。经济学理论认为，在价值链中所处的位置不同，对生产要素的需求也会存在较大的差异，因此，依托价值链转移也是产业集群式转移的重要特点。我们认为，一条完整的价值链并不是集中在某一个区域，而是呈片段分布在不同区域。产业承接地区一般会积极创造条件承接高附加值环节，以图通过高附加值环节的外溢性特点，促使低端环节和高端环节相互协调、相互补充，促使本地区域产业链得到完善和提高，实现本地集群从价值链的低端向价值链的高端升级。②

（三）区域产业链对集群式转移的技术响应机制

当前，技术外溢性成为承接地承接产业集群式转移的重要动力之一，但技术溢出受到多方面的影响，技术转移也有不同的路径与方式，也与自身的产业链形态息息相关，总体来说技术进步分为三种形式，即技术自主型、技术模仿型、技术共享型。以技术自主型为主的产业链因为技术基本靠自主，自身具备一定的行业优势，因此对外来技术进步依赖性不强，对产业集群式转移的响应程度不高。以技术模仿型为主的本地产业链，对外部集群式转移的技术外溢依赖较高，会积极响应产业集群向本地区转移，通过模仿其较为先进的技术，转化吸收，并在此基础上进行一系列的技术创新，推动本地产业的技术升级。以技术共享型为主的本地产业链，由于技术不是同一主体所有，而是不同主体共享技术，各个主体之间可以实现优势互补，技术更新周期比较快，但总体来说

① 李新安：《制造业承接产业转移实施产业链整合的优势行业选择》，《经济经纬》2013 年第 2 期。

② 胡汉辉、赵红英、陈金丹：《基于价值链分割的产业集群不完全转移及升级研究——以南京大明路汽车销售与服务产业集群为例》，《科学学与科学技术管理》2013 年第 3 期。

整个产业链技术趋同，也会在一定程度上影响产业链的发展，本地产业链会积极响应承接技术较为先进的产业集群，通过合作的方式提高自身产业技术的提高。

三、产业集群式转移与产业链跨区域整合的一般机理

产业集群式转移分为三个基本过程，即产业集群式转移、区域产业链响应与区域产业链整合，区域产业链整合是产业集群成功转移的重要环节。产业集群式转移的具体方式，从规模来看，可以分为产业链整体式转移和产业链某些环节转移；从目的来看，可以分为成本控制型、市场扩张型和资源利用型。[①]因此，产业集群式转移与区域产业链整合可以从转移方式和转移目的两个方面来探讨。

（一）不同转移方式与区域产业链规模整合的机制

1. 产业链整体转移与区域产业链整合的机制

产业链整体转移就是整个产业链从某一地区迁移到另一地区，包括产业链上下游环节相关的人员、技术、管理方法、装备等一系列要素。迁移的产业链在新的地区形成新的生产生态网络，这种转移方式大多是经济发达地区失去比较优势的劳动密集型或资源密集型产业转移到经济欠发达地区。由于是产业链的整体迁入，会带来大量的生产设备和较先进的管理模式及人才，一条完整的产业链，上下游企业相互配套，分工合理，能大幅降低经营风险，企业效益也会大幅提高；同时，完整的产业链有强大的吸附能力，可以吸引产业承接地及周边地区大量的企业加入，从而创造更大的商业效益，并促进承接地产业技术进步，带动经济快速发展。对于这种产业转移方式的产业链整合，通常采用纵向整合和横向整合相结合的方式：一方面，通过纵向整合延伸产业链的长度，使大量本地企业参与其中，加速迁移产业链本地化进程。另一方面，通过横向整合，提高各产业链生产环节的规模，使之具有更强的竞争力，通过兼并重组本地产业，促使本地产业链的生产加工技术得以升级，管理方法更加进步。具

① 宋旭琴、蓝海林：《产业链整合战略与组织结构变革研究》，《商业研究》2012 年第 7 期。

体的整合策略更多的是建立配套的工业园或开发区，使产业链上下游能够集中布局，加强产业链与本地产业的分工合作，实现规模经济。[①]

2. 产业链环节转移与区域产业链整合的机制

产业链的某些环节“抱团”转移，即产业链的不完全转移。[②] 这类集群式转移往往会在一定程度上与转移地企业形成配套和协作关系，会对承接地产业升级起到一定的推动作用，基于此类集群式转移的产业链整合方式，基本采用产业链的纵向整合，通过完善和不同产业链，促进产业上下游联通，实现转移企业和当地企业在目标上趋同、结构上互补，实现承接地产业的结构升级。

（二）不同转移目的与区域产业链整合的机制

1. 成本控制型集群式转移与区域产业链整合的机制

由于土地、劳动力价格，贸易机制在空间上呈现差异性分布，使产业和要素在地区间梯度转移，尤其是制造业从高梯度地区转移到低梯度地区非常普遍，产业集群式转移的目的是控制成本，提高自身产品的竞争力。集群式转移往往会给承接地带来大量的就业机会，会对承接地经济产生快速推动作用，从产业链整合的角度来看，集群式转移的产业大多为劳动密集型产业，自身产业链不完整，主要的缺陷在于物流、金融、信息通信、销售网络等的不完善，产业链重点进行侧向整合，承接地相关联产业通过合作、合并、产业同盟等方式构建完整的产业链条。同时，相关产业链相互合作，产业链向多功能化、网络化方面拓展，通过与本地产业链整合完善物流、金融、信息交互、销售等网络，实现转移集群产业的本地化，提升本地产业的竞争优势。

2. 市场扩张型集群式转移与区域产业链整合的机制

产业集群为了开拓新的市场，选择转移到市场需求比较大的地区。这样不仅可以扩大自身产品市场，增加产品的市场占有率，扩大产业集群的品牌效应，还可以缩短产品与消费者需求之间的距离，降低运营成本，同时还能增强市场的信息反馈，有利于自身产品的升级换代。这类集群产业一般属于产业链

① 庄晋财、吴碧波：《西部地区产业链整合的承接产业转移模式研究》，《求索》2008 年第10 期。

② 胡汉辉、赵红英、陈金丹：《基于价值链分割的产业集群不完全转移及升级研究——以南京大明路汽车销售与服务产业集群为例》，《科学学与科学技术管理》2013 年第 3 期。

的成熟期，主要目的是扩大市场需求，开拓市场，产业链自身具有很强的竞争力，产业技术水平较为先进，能够给承接地带来较强的经济外溢和技术外溢。但由于是市场开拓型，使产业链转移是片段性的，即只有产业链链条上的某些环节进行转移，转移的产业集群处于产业链的中后期，通常是生产环节和销售环节，技术创新与研发部门一般不会进行配套转移。产业链整合的方式更多倾向于横向整合，承接地以承接的产业集群为核心，进行产业配套并深化分工，通过技术转让或共享提升本地产业链的生产技术水平，完善相关配套环节。

3. 资源利用型集群式转移与区域产业链整合的机制

资源在空间的差异化分布，进而引起要素收益的差异，资源密集型地区通过要素禀赋形成各自的比较优势，资源型产业集群式转移到具有资源比较优势的地区形成自己的竞争优势。一方面提高资源的配置效率，另一方面资源的可获取性是提高竞争力的重要手段之一。转移企业一般处于产业链的后半段，属于资源深加工的环节，会对资源富集地区的产业链起到补充作用，引导资源粗放式生产向集约生产转型，使资源利用从低附加值到高附加值转变。承接地可以发挥劳动力、原材料等资源上的优势，吸引生产加工环节企业入驻，通过扩散效应和极化效应，形成合理的产业链分工，使资源从原始开采利用到深加工形成一条完整的产业链，提升产业价值链，实现资源合理开发利用和地区产业升级，最终实现产业集群式转移与整合效益的最大化。

第二节　产业集群式转移与产业链跨区域整合过程的机理

通过对区域产业链和产业集群式转移的关系研究，构建产业集群式转移与区域产业链创新的理论模型，分析产业集群式转移的区域产业链整合的阶段性特征。

一、产业集群式转移与区域产业链整合三齿轮模型

产业分工的进一步深化，使产业价值链呈现片段化，使产业集群式转移存在自主性，由于经济联系的日益紧密，产业转移不再是单独的行为。可以将产业集群式转移的完整过程分解为产业集群式转移、区域产业链响应和区域产业链整合相互咬合三个阶段，构建产业集群式转移驱动产业链跨区域整合的三齿轮模型（见图 3－1）①，分析产业集群式转移与产业链跨区域整合过程机理。

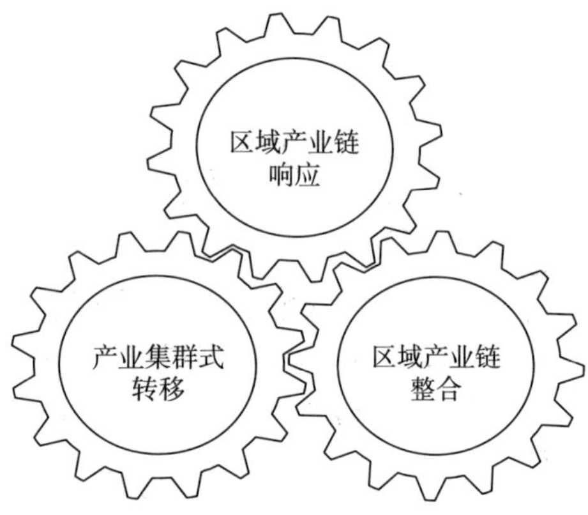

图 3－1　产业集群式转移产业链跨区域整合的三齿轮模型

在图 3－1 描述的产业集群式转移产业链跨区域整合的三齿轮模型中，需要说明的是：①“产业集群式转移—区域产业链响应”整合过程中通常有一个主动发起者和从动跟随者，而齿轮的转动也通常分为主动轮和从动轮，主动轮是产业集群式转移，从动轮是区域产业链响应和区域产业链整合，这正好可以描述“转移—响应—整合”过程中的主动与从动关系。②齿轮在运动过程中存在方向一致性，或者说三个齿轮同方向运动，即“转移—响应—整合”一般遵循一定的价值规律，产业集群式转移、区域产业链响应、区域产业链整

① 刘小灿、滕思：《产业集群式转移与区域产业链整合创新的机理研究——基于齿轮式三螺旋模型》，《管理工程师》2018 年第 2 期。

合三者相互协调、相互促进，否则无法有序运行。③齿轮在运行过程中，若是齿面有损坏，不仅齿轮无法正常工作，而且还会引起机器震动产生噪声。在产业集群式转移过程中，如果主体间的沟通和接触发生问题，产业集群式转移、区域产业链响应与整合也无法正常进行，甚至会影响转出地和承接地产业的正常发展。④齿轮是机器中广泛采用的传动零件之一，它既可以传递动力，又可以改变转速。在集群式转移过程中，各个主体之间不仅存在产品上的合作，而且还有技术的传递，价值的变化，产品、价值、技术相互协调可以加快齿轮的运转速度，加速“转移—响应—整合”过程。⑤齿轮的转速不仅和自身的动力系统有关，还与自身负荷有关，与运行的环境有关。即“转移—响应—整合”过程的速度，与集群产业的规模和区域产业链发展水平及配套环境有关。[①]

二、产业集群式转移与区域产业链整合的运行机理

（一）集群式转移——“主动轮”的启动

1. 势能的积累

借鉴物理学的思想，在集群式转移中引入“集群式转移势能”的概念，研究集群式转移的动力机制。影响产业集群式转移势能的因素有很多，重点有以下几个方面：

（1）竞争因素。随着全球分工的发展与深化，地区间的竞争已经从简单的企业间竞争上升到产业集群间的竞争，产业集群所处的竞争位置越低，其转移势能就越高，就越可能进行空间转移，重新获得更高的竞争位置。

（2）密度因素。当地区集群密度逐渐增大，原先的规模经济会逐渐走向规模不经济，同时也会产生一系列的拥堵成本，会使聚群产业支付更高的环境成本，当密度高过合理的聚集点时，产业集群式转移势能就会逐渐升高，寻求区域产业转移的动力就会越大。

① 杨翠兰、吴绍波：《基于齿轮式四螺旋模型的产业集群知识转移路径研究》，《情报杂志》2012年第8期。

（3）结构因素。产业结构又称国民经济部门结构，由各产业之间以及产业内部环节构成。在产业结构逐渐升级过程中，一部分产业集群功能边缘化，集群式转移的势能也逐渐升高，当产业结构调整得越剧烈时，产业集群式转移的势能就会越高。

（4）市场因素。市场的需求会影响产业集群式转移的势能，当地区市场需求逐渐收缩，新区域市场需求增大时，产业集群的势能会升高。两者的需求差越大，产业集群式转移的势能就越高。

2. 能量的转化

基于模型的设定可知，从集群式转移到整合的整个过程中，三个齿轮主体是相互影响的，集群式转移是整个模型运行的前提条件，集群式转移主体充当三齿轮模型中的“主动轮”。牵一发而动全身，由产业集群式转移带动区域产业链响应和区域产业链整合，而产业集群从势能转换为动能是模型运行的关键。产业集群式转移势能向动能转化初始阶段由于处于静止阶段，需要较大的能量才能使整个模型运转起来，当势能升高到超过模型的负荷阻力时，会使整个模型开始运转，势能向动能转化。也就是说，在集群式转移初期，由于产业集群式转移成本较高，集群式转移的风险很大，使产业集群式转移较为谨慎，只有当产业集群动力增加，即成本进一步升高，市场生产环境进一步恶化，同时“从动轮”负荷减少，即区域产业链响应产业集群式转移，进一步完善了区域配套的基础设施和承接产业转移的政策体系时，集群产业才开始逐渐转移，转移势能向转移动能转化。

（二）区域产业链响应与整合——“从动轮”的配合

区域产业链响应与产业链跨区域整合两个环节是同步进行的，区域产业链响应一方面是基于区域产业链结构的空间、规模、密度等角度，另一方面是基于区域产业链形态，从产品、技术、价值等几个方面对产业集群式转移进行响应。在“主动轮”的带动下，区域产业链响应和区域产业链整合两个“从动轮”同时开始运转，响应产业集群式转移，本地产业链通过产品与转移产业进行分工合作，提高本地产业链的生产技术，两者通过产业链的链式互补，形成新的产业链，实现本地产业链的价值升级。

三、产业集群式转移与产业链跨区域整合的过程分析

（一）产业集群式转移与区域产业链整合创新的基本过程

产业集群的“转移—响应—整合”机制，由产业集群式转移开始，再到区域产业链的响应与整合，主要通过产品、技术、价值三个方面进行，区域产业链通过产品、技术、价值三个维度对集群式转移产业进行响应，最终转移的产业集群与区域产业链重构整合，实现产业价值链的升级，其过程如图3－2所示。

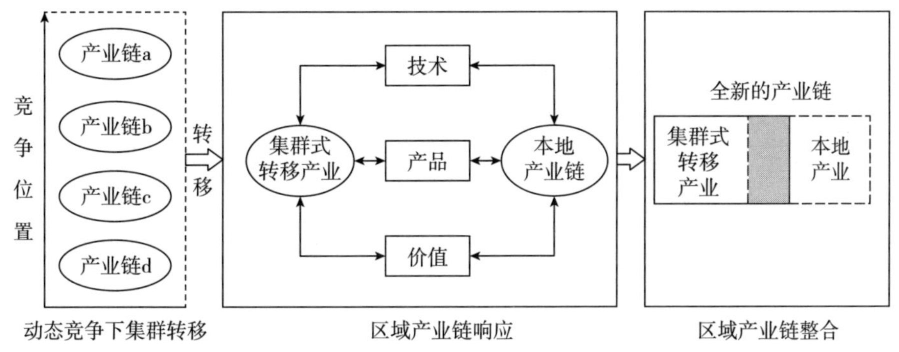

图3－2　“产业集群式转移—区域产业链响应—区域产业链整合”机制

从三齿轮模型可以看出，“产业集群式转移—区域产业链响应—区域产业链整合”模型基本可以分成三个阶段：初步接触阶段、局部整合阶段、完全整合阶段（见图3－3和图3－4）。

（二）产业集群式转移与区域产业链整合创新的阶段性特征

1. 初步接触阶段

（1）初步接触阶段的基本特征。集群式转移呈现为速度慢、接触少、转移发生在特定产业、集群间生产关系网络逐步建立。基于模型设定，初步接触阶段模型开始运行，整个运转还处于低速期，各个齿轮有着各自的特点，同时齿轮间的负荷也存在着一定的差异，可能会出现一定的“机械故障”，这个时

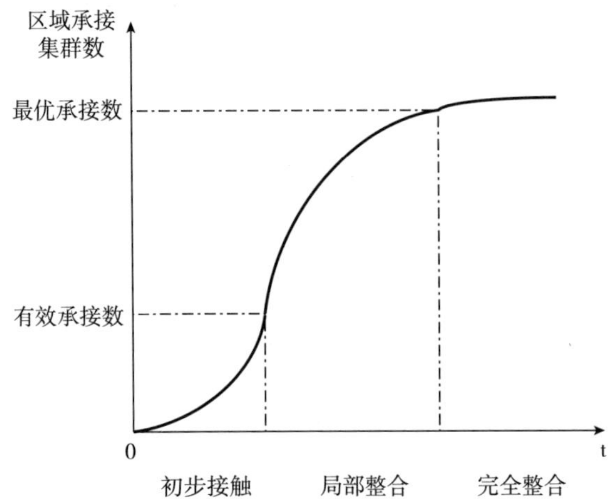

图 3－3 “集群式转移—区域响应—区域整合”的三个阶段

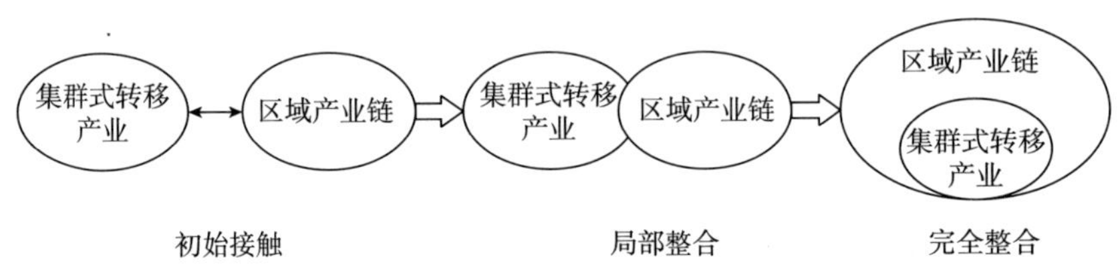

图 3－4 基于三个阶段产业链的演化

期整个模型以磨合为主。这个时期对集群式转移而言，承接地产业链的响应和产业链的整合还处于探索阶段，产业密度低，无法形成规模效益，对集群式转移来说还存在较大的风险，集群转移的热情不高，集群式转移呈现较为缓慢的特征，最先转移的产业集群通常是转移势能最高的产业，这部分产业集群属于“被转移”，它们对市场的依赖度不高，通常生产的都是低附加值的产品，其主要目的在于降低生产成本。转移的产业集群和承接地产业链进行纵向响应和纵向整合，通过相互联系、相互合作形成一条相对完整的产业价值链，这类产业集群式转移和区域产业链响应与整合会建立起一个生产网络，生产网络的逐渐建立会产生一定的集聚引力，使更多产业集群向承接地区域进行转移，在逐渐转移的过程中，区域产业链响应能力和区域产业链整合能力会进一步加强，随着区域承接集群式转移数量的增加，当承接数到达有效承接点时，区域产业链网络达到规模效应的起点阶段，区域产业链响应机制和区域产业链整合机制逐渐完善，整个承接地呈现一定的经济外部性，对集群式转移产业的吸引力急速增加。

（2）初步接触阶段的基本动力。降成本是产业转移的动力之一。当地区间生产经营成本的差异越大，产业转移的动力就越高，转移也就越迅速。在此，主要从生产成本和环境成本两个角度进行分析。[①] 如表 3－2 所示。

表 3－2　影响产业集群式转移的主要因素

生产成本	（1）原材料成本：原材料的价格和获得难易程度 （2）劳动力成本：劳动力的工资与社会保险 （3）土地成本：土地转让价格和土地租金
环境成本	（1）销售成本：包括运费、市场开发费用、产品宣传费用 （2）汇率：汇率的提高造成出口企业的直接或间接经济损失 （3）政策因素：各种优惠政策 （4）拥堵成本：由于过度竞争、过度集聚导致的环境成本

中国处在“微笑曲线”的中低端，在生产中主要扮演着制造者的角色。[②] 就人力资源成本而言，东部地区较中部地区存在较大的劣势（见表 3－3），这也刚好符合产业从高梯度地区向低梯度地区转移的要求。

表 3－3　2015 年中东部部分地区年均工资　　单位：元

		私营单位年均工资	非私营单位年均工资
东部地区	广东	44838	65788
	福建		57628
	浙江	41272	66668
	江苏	43689	66196

① 戴景萌：《沿海地区产业集群式转移动因研究——一个成本分析的视角》，《现代经济信息》2008 年第 8 期。

② 蔡坚：《中西部承接东部产业转移的模式选择》，《当代经济》2011 年第 11 期。

续表

		私营单位年均工资	非私营单位年均工资
中部地区	安徽	37148	55139
	湖南	33033	52357
	湖北	37148	54367
	山西	30195	51830
	河南	30546	45403

资料来源：各地方统计年鉴。通过比较可以发现，东部的工资水平基本都超过了中部地区，尤其在私营单位最为明显。

销售成本上升，使产业集群会寻找更低成本的地理区位。人民币持续的升值提高了外向型产业的出口难度，导致许多外贸企业收益下降，甚至出现亏损。而近些年中国出口增速的进一步放缓，压缩了出口企业的成长空间，由于出口受阻，导致东部许多行业从出口型企业转向国内，从外需拉动转为内需拉动，目标市场发生了改变，而东部地区市场已经基本饱和，出口企业的产品进入东部地区市场面临极大的竞争压力，为了获得竞争优势，只能通过加大销售投入、降低产品价格等方式来实现，这会使企业的利润空间进一步被压缩。而部分企业把目标市场定位到中西部地区，虽然会减少一部分竞争压力，但由于东部地区与中西部地区空间距离大，物流成本也会随距离的增加而进一步加大，为了获得更大利润，这就使产业集群会从东部向中西部地区转移。与此同时，东部土地资源进一步收紧，土地成本快速上升，使一些产业成本增加，利润大大降低。为了获得高的利润，产业纷纷尝试在空间上寻找成本洼地，产业链上下游相互协作的企业通常会“抱团”转移，在新的地理区位上建立产业关系网络。

以上是从成本分析的角度讨论推动产业集群式转移的动因，其转移的路径机制如图 3－5 所示。

集群式转移的方向从高生产成本地区和高环境成本地区向低生产成本地区和低环境成本地区转移，随着这个过程的进行，产业集群积累的转移势能也不断朝着集群式转移动能转化，使产业集群式转移速度随之加快。

（3）初步接触阶段的影响因素。一是资源因素。资源因素主要分为自然

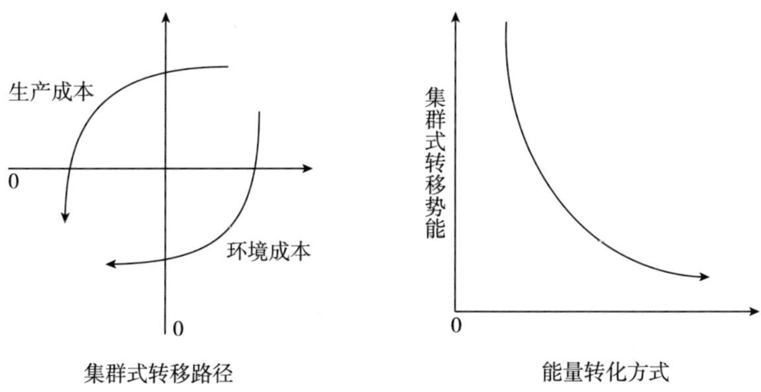

图 3-5　集群式转移路径与动力转化机制

资源和人力资源，相比于发达地区，次发达地区在劳动力、水电能源和土地资源方面具有明显的优势，是资源密集型产业和劳动密集型产业转移的最重要的影响因素。[①] 同时，通过承接产业转移，促使承接地交通设施的改善和人才的培养方式的改变，会在一定程度上加快集群式转移产业与区域产业链的响应整合。二是政策因素。政策因素也是集群式转移考虑的重要方面，由于初始接触阶段转移的集群都是竞争力较为弱势的集群，产业政策对集群的转移具有极大的导向性，有针对性的产业政策往往对转移企业具有较强的吸引力。

2. 局部整合阶段

（1）局部整合阶段的基本特征。集群式转移速度快，接触频繁，集群式转移不局限在特定产业，区域产业链与产业集群式转移之间多重联动，企业间社会关系网络逐渐建立。在这个阶段，“齿轮”之间的相互磨合已经完成，“齿轮”在运动惯性和内在动力的带动下快速运转，转移势能向转移动能快速转化。具体表现为，产业集群式转移与区域产业链响应及整合在初期阶段的基础上，已经初步形成了产业规模经济，区域产业链响应与整合能力明显提高，相关配套设施也不断完善，产业集群式转移风险大大降低，区域经济环境对集群产业吸引力加大，这个阶段转移的产业集群不全是“被转移”的产业，开

① 瞿商晔：《沿海地区产业集群式转移效应及其影响因素分析》，《改革与开放》2014 年第11 期。

始出现为主动转移的产业集群，集群式转移与承接进入高速发展的“蜜月”期。在此期间，区域产业链与集群式转移产业之间通过兼并，上下游互补实现多层次互动，形成产业链局部整合，区域产业链响应从纵向整合逐步转向横向整合，集群企业间的生产关系与社会关系不断交汇融合，区域产业的社会网络逐步建立。区域的文化、人际关系网络、法律制度等无形的要素，不断和产业集群发展相融合，也在一定程度上影响着产业集群的发展方向，逐步形成具有区域特色的产业集群网络。①

（2）局部整合阶段的基本动力。首先，寻求资源禀赋。以中国东西部为例，资源在空间分布的不均衡是造成处在不同区位其要素收益不同的重要因素之一，要素的收益差异是产业集群式转移的重要动力，企业为了获取更高的收益，降低运输交易成本，产业集群式转移到产业链的上游位置，最大化自己的利润。同时，一些资源的稀缺性以及不可再生性，使企业掌控这些资源成为其保持竞争力的重要手段。人力资源禀赋也是产业转移的动力之一，随着东部一些地区陆续出现用工荒，一些企业的招工也出现了危机，当现有的工资水平无法吸引足够多的劳动力时，把产业链转移到人力资源丰富的地区成为解决这一问题的重要手段，这样不仅可以降低部分成本，还可以保证企业生产的连续性。承接地的政策资源也是产业集群式转移考虑的重要因素。随着东部地区一些优惠政策的逐渐减弱，而中西部地区优惠政策的不断增加，优惠力度的不断加大，中西部产业承接地对东部产业的吸引力逐渐增加，推动东部产业集群加速向中西部地区转移。其次，为了获得规模经济和经济外部性。产业不断在空间上集聚，产业聚集到一定程度会使产业聚集区域非贸易品的价格居高不下、污染成本上升、同级产业链过度竞争等一系列的拥挤成本②，产业集群区域从规模经济、外部经济逐渐变为规模不经济、外部不经济。同时，集群的知识外溢性大大减弱，技术创新出现大量的“搭便车”者，严重地损害了科技创新的积极性，使相关产业集群中的链主企业或者核心企业去寻找新的地理

① 余雷：《产业集群式转移中的网络化动态过程与承接地政府行为——以安徽省郎溪县承接产业集群式转移为例》，《科技与产业》2015 年第 7 期。

② 毛广雄：《产业集群化转移：理论述评及启示》，《统计与决策》2010 年第 6 期。

区位。

（3）局部整合阶段的影响因素。进入和退出壁垒。由于承接地区经历了初级阶段的集群式转移，这些集群在承接地形成了新的产业结构，同时也形成了一定的转入壁垒，加大了产业集群转入困难，在一定程度上承接地对转入产业进行初次筛选。这个阶段由于已经存在一部分“主动”转移的集群企业，这部分集群企业转出时还面临着退出的壁垒，一方面转出地政府会对退出企业设置障碍，另一方面集群企业的转出意味着会破坏原先的社会网络与生产网络，因而增加转移成本，同时原先的固定资产投资回收比较困难，这些都加大了集群式转移的难度。从区域产业链的角度出发，在这个阶段，产业链的响应整合受到自身条件的约束，响应和整合的产业集群要和本地产业链在产品、技术、价值上有一定的关联度，响应整合才能正常进行。

3. 完全整合阶段

（1）完全整合阶段的基本特征。集群式转移速度逐渐放缓，呈现高价值化，呈现以转移为辅、整合为主的特点，区域产业链与集群产业深度融合，集群式转移产业本地化明显，产业文化本地化，创新网络建立。在这个阶段，转移势能完全消耗，整个“齿轮模型”因为惯性依然会保持一定的速度运转，只是速度会逐渐减缓，“齿轮模型”的重心也从集群式转移过渡到区域产业链响应和整合。在这个阶段，区域承接产业集群式转移在最优承接数上下波动，转移的产业集群基本是主动转移集群，集群式转移产业呈现高价值化、高技术化的特点，此时产业集群式转移已经不是主要方面，承接地区主要面临的是区域产业链的整合问题，由于有了初始阶段和加速阶段的基础，集群式转移产业和区域产业链已经在产品、技术、价值等方面进行深度融合，区域产业链整合有了较好的现实基础，这个阶段集群式转移产业在生产网络和社会网络的基础上，开始主动学习地区的企业文化，使企业文化、企业管理呈现本地化，同时区域产业的创新网络开始逐步建立，知识在产业集群的各个主体间传播，逐步形成了知识的传播网络，而知识传播网络的形成，使创新机制逐步建立，创新知识的广泛传播，带动了产业链的产品创新、技术创新、价值链的提升，区域产业整合进入价值提升的高级阶段，集群式转移产业与区域产业链通过纵向整合和横向整合，形成完整的产业网络，区域产业链的整合升级正式完成。

（2）完全整合阶段的基本动力。完全整合阶段的基本动力主要表现在两个方面：一是开拓市场。由于集群承接地已经有了相当雄厚的产业基础，配套设施不断完善，地区经济发展快速，消费能力快速增加，市场规模日益增大，为了开拓市场，提高集群产业的生存空间和自身产品的市场占有率，产业集群选择向新兴市场进行转移。二是区域产业链响应与整合动力。提升区域产业链价值，提高区域产业链竞争力。这个阶段转移集群基本是处在价值链的较高位置，集群产业具备相当大的竞争优势，集群式转移会带来先进的技术和管理模式，对这类产业集群的响应和整合，无疑会提高区域产业链的技术水平和管理水平。同时整合也会带来大量的产业先进知识，这对区域产业链的创新能力会有极大的提高，通过区域产业链的整合使外部产品与技术内部化、本地化，最终促进区域产业链升级。

（3）完全整合阶段的影响因素。首先，产业分工。这个阶段的产业集群专业化分工明确、集群生产效率高、产业链环节的资金专用程度高、集群的规模大，集群很难做到行动一致，降低了产业集群式转移的效率。其次，社会文化网络。产业集群式转移与区域产业链整合最终会实现集群文化的整合，通过转移产业与区域产业之间相互冲突合作，最终相互融合实现产业链的跨区域整合，形成集群共同的价值理念，产生了具有鲜明地域特征的管理模式和行为规则，保证了地方产业集群持续的发展。但是，这种独特地域文化有自我强化的机制，也在一定程度上固化了产业集群的竞争优势，当外部环境发生改变时，这种社会网络关系会影响产业承接能力，从而阻碍地区产业集群转型升级。[①]

---

① 刘瀑：《中部地区承接产业转移推进集群升级的机理分析》，《求实》2016 年第 1 期。

第三节　产业集群式转移与产业链跨区域整合的共生演进

一、共生理论及集群企业共生特征

集群企业之间的共生关系与生物种群之间的共生关系极其相似，因此我们引入共生理论，构建集群式产业转移进化博弈模型，探讨产业集群式转移与产业链跨区域整合的共生演进过程。①

（一）共生理论内涵

“共生”一词最初来源于生物学概念，指不同生物种属按某种物质联系而共同生活在一起，是由德国生物学家 Anton Debary 于 1879 年提出，后经 Famintsim、Prototaxis 发展完善，20 世纪中叶以来开始应用于社会经济领域。国内学者袁纯清（1998）率先将共生理论引入小型经济的研究中，开始了共生理论在经济、社会、政治等学科的应用。② 共生理论的内涵相当丰富，共生三要素与共生能量是其中最重要的两个内容。共生三要素包括共生单元、共生模式、共生环境，它是共生发展与进化最基本的内容；共生能量是生物共生的原动力。共生单元是构成共生体最基本的能量生产和能量交换单位；共生模式既反映共生单元间信息与能量的交流关系，也反映共生单元之间的作用强度，基于组织行为视角，寄生、偏利共生、非对称互惠共生、对称互惠共生是共生体共生的主要模式；共生环境是共生关系发展的土壤，正的共生环境可以促进共生关系的强化，而负的则不利于共生关系的强化。共生能量受主质参量、共生界面、共生度、共生环境等多因素的影响。主质参量 Z 是指共生单元之间用来交流与相互表示的质参量，如企业产品、信息、能量等，主质参量的质量越

① 刘友金、袁祖凤、易秋平：《共生理论视角下集群式产业转移进化博弈分析》，《系统工程》2012 年第 2 期。

② 袁纯清：《共生理论——兼论小型经济》，经济科学出版社 1998 年版。

高、数量越大，生成的共生能量也就越大；共生界面由其特征值 λ 来衡量，共生界面越多，接触面越大，接触介质越好，则交流阻力越小，λ 越小，反之，则 λ 越大；ρ 反映同类共生单元的密度，η 反映异类共生单元的多少，ρ 和 η 要适度才能促进共生能量的生成，ρ 和 η 过大或过小都易形成集群企业之间过度竞争或产业链的部分环节缺失；共生度 θ，共生度的大小与共生单元中质参量的个数及关联度密切相关，共生度越大，共生能量越大。

（二）集群共生特征

集群共生存在许多与生物共生相似的特征，表现最突出的就是依存特征、共进化特征、开放性特征，正是集群共生的这些特征促使产业集群进行集群式转移。一是依存特征。集群式企业之间的依存特征主要包括集群共生单元之间的相互依存以及集群企业对共生环境与共生界面的依存。共生单元之间依存表现为上下游企业之间、龙头企业与配套服务企业之间产品、信息、能量的高度依存关系。共生单元与共生环境及界面依存表现为企业与集群内部的合作与竞争机制、信息传递机制、奖惩机制、技术扩散传播机制、商业环境、产业环境、配套环境等制度与环境之间的依存。二是共进化特征。共进化特征是指处在同一个地理位置，形成某种关系的生物群为适应环境的生存而进行的共生进化，在产业集群里主要表现为处于同一集群里形成链状、网状或伞状关联的企业之间的集群式创新、集群式产业升级、集群式产业转移。三是开放性特征。开放性特征是指群落形成过程中对内开放程度由小到大，对外开放程度由大变小，在产业集群的形成过程中，集群企业一方面吸引群外企业入群，另一方面与群外企业进行合作，随着集群网络的形成，集群内单个企业对群内企业依赖程度越来越大，单个企业对内开放程度增大，对外开放程度减小，对外开放主要表现为集群整体的对外开放。

二、产业集群式转移进化博弈模型构建

（一）进化博弈模型方法引入

进化博弈模型是用来研究生物种群共生进化的模型，由于集群共生关系与生物种群的共生非常相似，所以进化博弈模型可用来对集群共生进化，即集群

式产业转移条件进行研究。进化博弈论源于生物进化论，是以个体有限理性作为博弈分析的基础，对博弈群体成员的策略、策略调整和稳定性进行研究①，而集群式产业转移实质上是有限理性个体企业采取集体行动的行为，集群企业决定是否采取集体行动的过程就是群体成员决策、决策调整以及决策稳定的过程，所以引入进化博弈模型将更有利于对集群式产业转移条件进行深入研究。进化博弈是在非完全信息条件下、在参与人有限理性假设下实现的，而不像传统的博弈，必须在完全理性与完全信息条件下进行②，这一点正好符合我们的现实经济与现实社会生活。进化博弈模型有两个非常重要的概念：进化稳定策略与进化博弈复制动态方程。进化稳定策略是指在成员的决策与决策调整过后群体中所有博弈方都会选择的策略。如果占群体绝大多数的个体选择进化稳定策略，那么小的变异群体就不可能侵入这个群体③；进化博弈复制动态方程是用来描述在一个群体中采取某一特定策略群体所占比例的动态微分方程。④ 由进化原理可知，一个策略的收益比群体的平均收益高时，那么这个策略就会在群体中被模仿、学习和发展，因而，群体中选择不同策略博弈方所占比例会随时间而发生变化，其变化速度与选择该策略博弈方的比例、选择该策略收益超过平均收益的幅度成正比。

（二）集群式产业转移进化博弈模型构建

企业之间的共生关系有四种：寄生、偏利共生、非对称互惠共生、对称性互惠共生。寄生是企业之间一种特殊的共生形式，表现为价值或物质从寄主企业流向寄生企业；偏利共生是指共生能量只流向一方，而对另一方无利也无害；非对称互惠共生是指共生对共生双方都有利，但双方获利不均；对称性互惠共生对共生双方都有利且双方获利均等。⑤ 然而，在经过了一定的发展期之后的产业集群不存在寄生与偏利共生两种共生模式，因为在这两种共生模式

① 余孝军：《节能减排的进化博弈分析》，《生态经济》2011 年第 4 期。

② 邓君：《产业集群的演进及其若干动力的进化博弈过程》，重庆大学硕士学位论文，2006 年。

③ 刘维奇、高超：《中小企业贷款问题的进化博弈分析》，《中国软科学》2006 年第 12 期。

④ Maynard Smith J, *Evolution and the Theory of Games*, Cambridge University Press, 1982.

⑤ 沈运红、王恒山：《中小企业网络组织共生模式及其特性分析》，《商业研究》2006 年第21 期。

下，有一方根本不能获取共生能量，长期不能获取共生能量的企业就会通过离开共生伙伴或改变能量分配来打破这种共生关系。因此，对于集群式产业转移条件的研究，也只有对非对称互惠共生与对称互惠共生两种共生模式下的产业转移进行分析。进化博弈的研究一般是从两种情况进行分析的，即对称情况与非对称情况，对称情况是指博弈双方策略与得益均相同，而非对称情况是指博弈双方策略与利益均不相同。所以，可以分别用对称情况下的进化博弈与非对称情况下的进化博弈进行分析与研究。

1. 集群式产业转移进化博弈假设

为了方便建模与分析，根据共生理论与进化博弈模型，结合集群式产业转移的特点，做如下假设：

假设 1：产业集群共生体中只有企业 A 和企业 B，转出地为生境 1、转入地为生境 2，企业 A 与企业 B 是否转移到生境 2 的策略为｛转移，不转移｝，当企业 A 与企业 B 同时转移到生境 2 时，集群式产业转移就形成了。

假设 2：对称互惠共生模式下的产业集群博弈参与人赢利相当，参与人企业 A 和企业 B 得益均等、选择策略的概率相同，π表示不转移前企业本身的赢利；$\Delta\pi$表示两个企业同时转移到生境 2 所产生的合作收益，即合作转移所形成的新增共生能量。$\Delta\pi$大于 0，这符合实际情况，因为在产业转移过程中，如果转移到生境 2 而不能增加企业的能量，企业是不会转移到生境 2 的；r 表示当一方不转移，转移企业在生境 2 的作用下增加的收益，c 表示转移企业因共生伙伴不转移而遭受的损失；π表示不转移企业由于缺少合作伙伴而减少的赢利，π大于 0，这也符合现实情况，长期合作伙伴的离开必定给企业带来一定的搜寻成本与运输费用等交易费用构成的损失。依据以上假设，对称互惠共生模式下博弈支付矩阵如图 3－6 所示。

		企业 B	
		转移	不转移
企业 A	转移	$\pi+(\Delta\pi/2)$，$\pi+(\Delta\pi/2)$	$\pi+r-c$，$\pi-\pi_0$
	不转移	$\pi-\pi_0$，$\pi+r-c$	π，π

图 3－6　对称互惠共生模式下博弈支付矩阵

假设 3：非对称互惠共生模式下的产业集群博弈参与人赢利不同，参与人企业 A 和企业 B 对于共生能量的分配比例不同、选择转移的概率也不同。$\Delta\pi$ 表示两个企业同时转移到生境 2 所产生的合作收益，即合作转移所形成的新增共生能量，$\Delta\pi$ 大于 0；a、$1-a$ 表示共生能量在不对称企业 A 与企业 B 之间的分配比例；π_1、π_2 分别表示企业 A、企业 B 不转移时的赢利；c_1、c_2 分别表示合作伙伴不转移情况下企业 A、企业 B 的损失；π_{01}、π_{02} 分别表示合作伙伴转移情况下不转移企业 A、企业 B 所受到的损失，π_{01}、π_{02} 都大于 0，这也符合现实情况，长期合作伙伴的离开必定给企业带来一些损失。依据以上假设，非对称互惠共生模式下博弈支付矩阵如图 3－7 所示。

		企业 B	
		转移	不转移
企业 A	转移	$\pi_1+a\Delta\pi$，$\pi_2+(1-a)\Delta\pi$	π_1+r-c_1，$\pi_2-\pi_{02}$
	不转移	$\pi_1-\pi_{02}$，π_2+r-c_2	π_1，π_2

图 3－7　非对称互惠共生模式下博弈支付矩阵

2. 集群式产业转移的进化博弈模型构建

产业集群能否形成集群式转移，实质上是集群企业之间是否同时转移到生境 2 的博弈结果，是否能形成合作转移的博弈结果。由于博弈参与人的有限理性与信息不完全性，集群企业很难确定参与合作转移能否使自身利益最大化，在这种情况下，集群企业既可能选择“转移”策略也可能选择“不转移”，企业在什么样的条件下会选择“转移”策略呢？下面根据假设分别在对称互惠共生模式与非对称互惠共生模式下构建集群式产业转移进化博弈模型。

（1）对称互惠共生模式下集群式转移进化博弈模型构建。在对称情况下，令企业 A、企业 B 选择合作的概率均为 x，则企业 A、企业 B 选择不合作的概率均为 $1-x$。对任何一个企业，其选择“转移”的期望收益 u_1 与选择“不转移”的期望收益 u_2 分别是：

$$u_1=x(\pi+\Delta\pi/2)+(1-x)(\pi+r-c)=(\Delta\pi/2-r+c)x+\pi+r-c \tag{3-1}$$

$$u_2 = x(\pi - \pi_0) + (1 - x)\pi = \pi - x\pi_0 \tag{3-2}$$

由于博弈具有对称性，群体平均收益为：

$$\bar{u} = xu_1 + (1 - x)u_2 \tag{3-3}$$

把式（3－1）、式（3－2）代入式（3－3）得：

$$\bar{u} = (\Delta\pi/2 - r + c + \pi_0)x^2 + (r - c - \pi_0)x + \pi \tag{3-4}$$

集群中共生单元采取“转移”策略还是“不转移”策略都不是固定的，而是随时根据博弈另一方策略或收益情况进行改变的，到最后达到双方选择“不转移”、“转移”或以一定概率选择“转移”的某个稳定状态。① 这个达到进化稳定状态的过程就是企业之间的动态复制过程，即如果不转移方企业认识到转移更有利于自身利益最大化时，它会转而做出转移的决策；而当转移方发现转移并不能使自身利益最大化的时候，企业又会选择“不转移”，集群共生单元之间的复制动态方程为：

$$dx/dt = x(u_1 - \bar{u}) \tag{3-5}$$

把式（3－1）、式（3－4）代入式（3－5）得：

$$dx/dt = x(1 - x)[(\Delta\pi/(-r + c + \pi_0)x + (r - c)]$$

令 $F(x) = dx/dt = x(1 - x)[\Delta\pi/(-r + c + \pi_0) + (r - c)]$ （3－6）

令式(3－6)等于0，得到 $x = 1$，$x = (c - r)/(\Delta\pi/2 - r + c + \pi_0)$，$x = 0$ 均为对称情况下稳定状态，但不一定都是进化稳定策略。

（2）非对称互惠共生模式下集群式产业转移进化博弈构建。令企业 A 选择“转移”的概率是 x，则选择“不转移”的概率是 $1 - x$；企业 B 选择“转移”的概率是 y，则选择“不转移”的概率是 $1 - y$。企业 A 选择“转移”的期望收益 u_{1A} 与企业 A 选择“不转移”的期望收益 u_{2A} 分别为：

$$u_{1A} = y(\pi_1 + a\Delta\pi) + (1 - y)(\pi_1 + r - c_1) \tag{3-7}$$

$$u_{2A} = y(\pi_1 - \pi_{01}) + (1 - y)\pi_1 \tag{3-8}$$

则企业 A 的收益均值：

$$\bar{u}_A = x \cdot u_{1A} + (1 - x) \cdot u_{2A} \tag{3-9}$$

① 杜晓君、马大明、张吉：《基于进化博弈的专利联盟形成研究》，《管理科学》2010 年第 4 期。

把式（3－7）、式（3－8）代入式（3－9）得：

$$\bar{u}_A=(a\Delta\pi-r+c_1+\pi_{01})xy+(r-c_1)x+\pi_1-\pi_{01}y \quad (3-10)$$

群体复制动态方程：

$$dx/dt=x(u_{1A}-\bar{u}_A) \quad (3-11)$$

把式（3－7）、式（3－10）代入式（3－11）得：

$$dx/dt=x(1-x)[(a\Delta\pi-r+c_1-\pi_{01})y-(c_1-r)] \quad (3-12)$$

令式（3－12）$dx/dt=F(x)=0$

当 $y=(c_1-r)/(a\Delta\pi+c_1-r+\pi_{01})$ 时，恒有 $dx/dt=0$，则所有 $x\in[0,1]$ 均为稳定状态。当 $y\neq(c_1-r)/(a\Delta\pi+c_1-r+\pi_{01})$ 时，$x=0$，$x=1$ 是两个稳定状态。

同理，可以算出企业B选择转移与不转移的期望收益 u_{1B}、u_{2B} 以及收益均值 $\bar{u}_B$，通过建造复制动态方程求出：

当 $x=(c_2-r)/[(1-a)\Delta\pi+c_2-r+\pi_{02}]$ 时，恒有 $dy/dt=0$，则所有 $y\in[0,1]$ 均为稳定状态。当 $x\neq(c_2-r)/[(1-a)\Delta\pi+c_2-r+\pi_{02}]$ 时，$y=0$、$y=1$ 是两个稳定状态。

所以，企业A、企业B非对称互惠共生模式下博弈动态系统的五个稳定状态分别为G(0，0)、E(0，1)、F(1，1)、H(1，0)、D($(c_2-r)/[(1-a)\Delta\pi+c_2-r+\pi_{02}]$，$(c_1-r)/(a\Delta\pi+c_1-r+\pi_{01})$)。

三、产业集群式转移的进化稳定性分析

（一）对称互惠共生模式下策略的进化稳定性分析

进化稳定策略具有抗扰动的能力（当绝大多数企业选择进化稳定策略，其余少数企业也会选择进化稳定策略）①，在三个稳定状态中满足 $F'(x)$ 小于0的才可以称得上是进化稳定策略，式（3－6）对 x 求导得：

$$F'(x)=-3(\Delta\pi-r+c+\pi_0)x^2+2(-2r+2c+\pi_0+\Delta\pi/2)x+r-c \quad (3-13)$$

① Chen Y, Sudhir K, *When Shopbots Meet Emails: Implications for Price Competition on the Internet*, New York: New York University, 2001.

把 $x=0$，$x=1$，$x=(c-r)/(\Delta\pi/2-r+c+\pi_0)$ 代入式(3-13)得：

$F'(0)=r-c$

$F'(1)=-\Delta\pi/2-\pi_0<0$

$F'[(c-r)/(\Delta\pi/2-r+c+\pi_0)]=[(c-r)(\pi_0+\Delta\pi/2)/(\Delta\pi/2-r+c+\pi_0)]$

在以下分析中令 $(c-r)/(\Delta\pi/2-r+c+\pi_0)=z$

(1)当 $r<c$ 时，$0<z<1$，$F'(0)<0$、$F'(1)<0$、$F'[(c-r)/(\Delta\pi/2-r+c+\pi_0)]>0$，相位图如图3-8所示，当博弈开始时，若博弈方以大于 $(c-r)/(\Delta\pi/2-r+c+\pi_0)$ 的概率选择转移，则初始状态将落在x轴上方，由 $F'(1)<0$ 可知 $x=1$ 是该博弈的进化稳定策略；若博弈方以小于 $(c-r)/(\Delta\pi/2-r+c+\pi_0)$ 的概率选择转移，则初始状态落在x轴下方，由 $F'(1)<0$ 可知 $x=0$ 就是该博弈的进化稳定策略。因此可知，博弈开始时博弈方选择合作概率的大小直接决定着博弈的结果，$(c-r)/(\Delta\pi/2-r+c+\pi_0)$ 越小，则博弈两个进化策略点的分界点越向左移动，博弈方不转移的可能性变小，转移的可能性变大。因此，可以通过使企业转移的净损失减小、企业合作转移的共生能量变大或不跟随转移企业的损失变大来促进对称互惠共生产业集群的集群式转移。

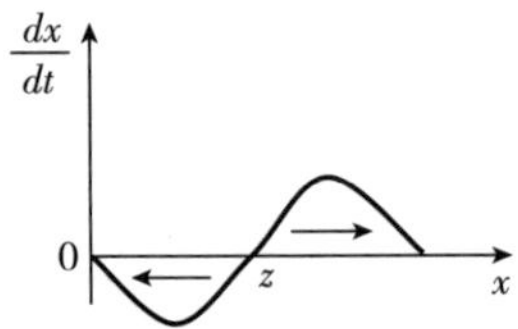

图3-8　$r<c$ 时的复制动态相位图

(2) 当 $r-c>\pi_0+\Delta\pi/2$ 时，$z>1$，$F'(0)>0$，$F'(1)<0$，$F'[(c-r)/(\Delta\pi/2-r+c+\pi_0)]<0$，相位图如图3-9所示，即当企业A或企业B转移的净收益大于企业不转移的损失与一个正数之和时，企业A或企业B转移的净收益远远大于企业A与企业B不转移的收益，所以有限理性的企业A与企业B都会选择“转移”策略，从而形成企业A与企业B向生境2的集群式转移。

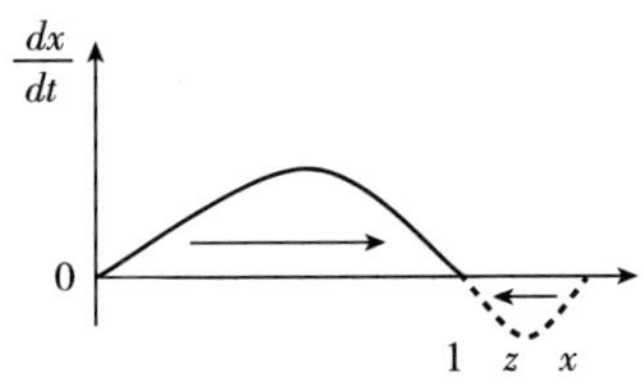

图 3-9　$r-c>\pi_0+\Delta\pi/2$ 时的复制动态相位图

（3）当 $0<r-c<\pi_0+\Delta\pi/2$ 时，$z<0$，$F'(0)>0$、$F'(1)<0$、$F'[(c-r)/(\Delta\pi/2-r+c+\pi_0)]>0$，相位图如图 3-10 所示，即当企业 A 或企业 B 转移的收益净收益大于 0 时，有限理性的企业 A 或企业 B 都会选择"转移"策略，从而形成企业 A 与企业 B 同时向生境 2 的集群式转移。

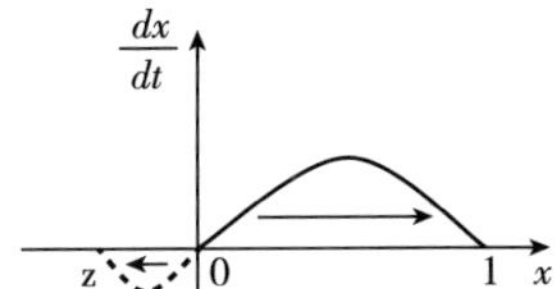

图 3-10　$0<r-c<\pi_0+\Delta\pi/2$ 时的复制动态相位图

（二）非对称互惠共生模式下策略的进化稳定性分析

非对称情况下博弈的稳定状态不一定是该博弈的进化稳定策略，根据微分方程的定理与进化稳定策略的性质①，$F'(x)$ 小于 0 时，x 才可以称得上是进化稳定策略。对 $F(x)$ 求导得：

$$F'(x)=(1-2x)[(a\Delta\pi-r+c_1+\pi_{01})y-(c_1-r)] \tag{3-14}$$

同理，可得到 $F(y)$ 的求导结果：

$$F'(y)=(1-2y)[(\Delta\pi-a\Delta\pi-r+c_2+\pi_{02})x-(c_2-r)] \tag{3-15}$$

1. 企业 A 策略的进化稳定性分析

令 $(c_1-r)/(a\Delta\pi+c_1-r+\pi_{01})=z_y$，若 $y=z_y$，式(3-12)为 0，所有 x 都

---

① 谢识予：《经济博弈论（第 2 版）》，复旦大学出版社 2002 年版。

为稳定状态，相位图如图 3－11 所示。

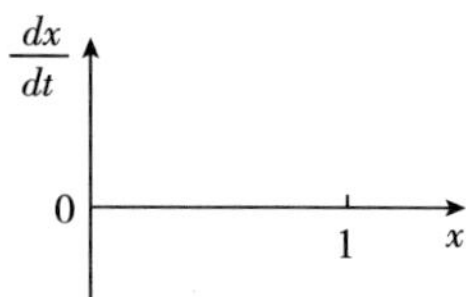

图 3－11　$y=z_y$ 时的复制动态相位图

第一，当 $r-c_1<0$ 时，$0<(c_1-r)/(a\Delta\pi+c_1-r+\pi_{01})=z_y<1$，这时企业单独转移的净收益小于 0，这符合我国产业转移的现实状况：在产业转移过程中，虽然中西部地区为转移企业提供了优惠政策、配套环境等，但是可能在企业转移过程中合作伙伴没有跟随转移而导致交易费用增加、失去沿海地区的集聚效应而导致规模效应减小，当新环境的促进作用小于原共生环境的集聚作用时就会导致单独转移企业的净收益小于 0，即 $r-c_1<0$。

若 $y<z_y$，则 $F'(0)<0$、$F'(1)>0$、$F(x)<0$，所以 $x=0$ 为进化稳定策略，即当企业 B 选择“转移”的概率小于 z_y 时，有限理性的企业 A 为了降低失去合作伙伴的损失而宁愿选择“不转移”策略，相位图如图 3－12 所示。

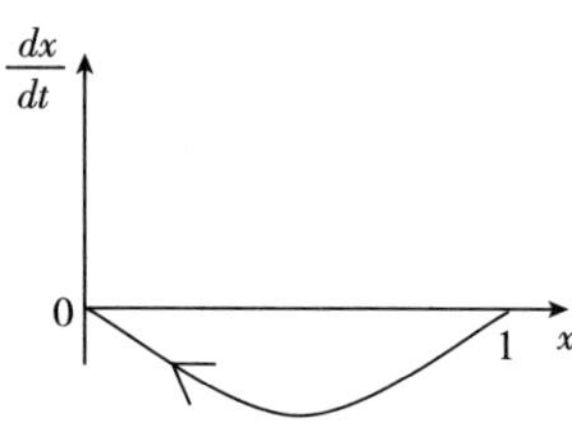

图 3－12　$0<z_y<1$，$y<z_y$ 时的复制动态相位图

若 $y>z_y$，则 $F'(1)<0$、$F'(0)>0$、$F(x)>0$，所以 $x=1$ 为进化稳定策略，即企业 B 选择“转移”的概率大于 z_y 时，有限理性的企业 A 为了追求共生能量 $a\Delta\pi$ 最终会复制企业 B 的转移行为而选择“转移”策略，相位图如图 3－13 所示。

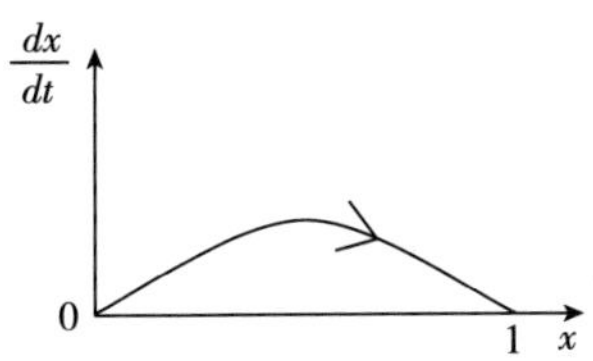

图 3－13　$0<z_y<1$，$y>z_y$ 时的复制动态相位图

第二，$r-c_1>\pi_{01}+a\Delta\pi$时，$(c_1-r)/(a\Delta\pi+c_1-r-\pi_{01})=z_y<0$，即当企业 A 转移的净收益大于一定值时，由于这个值是企业 A 不转移时的损失与企业合作转移时企业 A 所得共生能量之和，所以有限理性的企业 A 为了获取正的超额收益一定会选择“转移”策略。此时 $z_y<0$，不需要考虑 D 点的稳定性，总有 $F'(1)<0$，于是 $x=1$ 为进化稳定策略，相位图如图 3－14 所示。

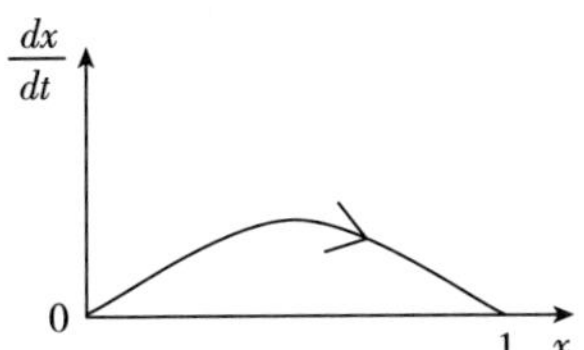

图 3－14　$r-c_1>\pi_{01}+a\Delta\pi$时的复制动态相位图

第三，当 $a\Delta\pi+\pi_{01}>r-c_1>0$ 时，$(c_1-r)/(a\Delta\pi+c_1-r-\pi_{01})=z_y>1$，即当企业 A 转移的净收益大于 0 小于一定值时，有限理性的企业 A 会选择“转移”策略。此时 $z_y>1$，不需要考虑 D 点的稳定性，总有 $F'(1)<0$，于是 $x=1$ 为进化稳定策略，相位图如图 3－15 所示。

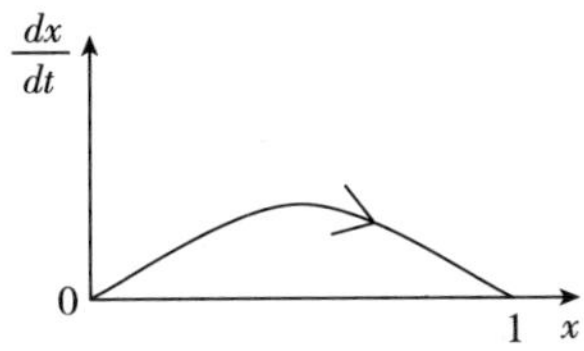

图 3－15　$\pi_{01}+a\Delta\pi>r-c_1>0$ 时的复制动态相位图

2. 企业 B 策略的进化稳定性分析

令$(c_2-r)/[(1-a)\Delta\pi+c_2-r-\pi_{02}]=z_x$，若 $x=z_x$，式 $F'(y)=0$，所有 x 都为稳定状态。相位图如图 3－16 所示。

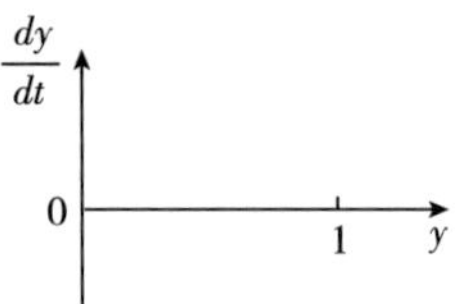

图 3－16　$x=z_x$ 时的复制动态相位图

第一，当 $r-c_2<0$ 时，$0<(c_2-r)/(\Delta\pi-a\Delta\pi+c_2-r-\pi_{02})=z_x<1$。

若 $x<z_x$ 时，$F'(0)<0$、$F'(1)>0$、$F(y)<0$，所以 $x=0$ 为进化稳定策略，当企业 A 选择“转移”的概率小于 z_x 时，有限理性的企业 B 为了避免失去共生伙伴而受到损失，最终选择“不转移”策略，相位图如图 3－17 所示。

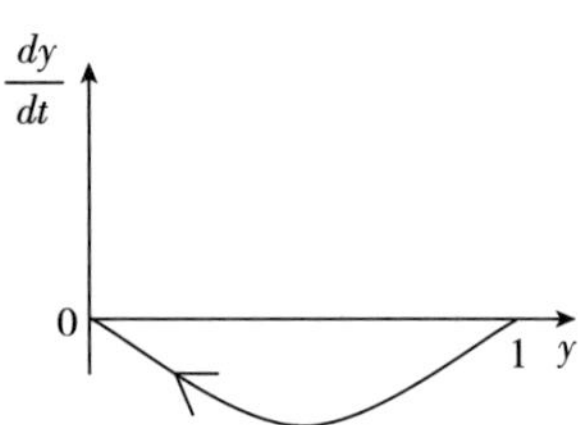

图 3－17　$0<z_x<1$，$x<z_x$ 时的复制动态相位图

若 $x>z_x$ 时，$F'(1)<0$、$F'(0)>0$、$F(y)>0$，所以 $x=1$ 为进化稳定策略，即企业 A 选择“转移”的概率大于 z_x 时，有限理性的企业 B 为了获取合作转移的共生能量而忽略共生伙伴不转移的小概率事件带来的损失，最终会通过复制企业 A 的转移行为选择“转移”策略，相位图如图 3－18 所示。

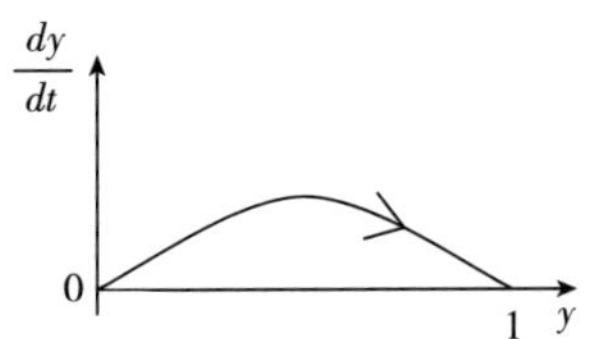

图 3－18　$0<z_x<1$，$x>z_x$ 时的复制动态相位图

第二，当 $r-c_2>\pi_{02}+(1-a)\Delta\pi$ 时，$(c_2-r)/(\Delta\pi-a\Delta\pi+c_2-r-\pi_{02})=z_x<0$，即当企业 B 的转移的净收益大于一定值时，这个值是企业 B 不转移时的损失与合作转移时企业 B 所得共生能量之和，有限理性的企业 B 为了获取大于 0 的净收益一定会选择“转移”策略，此时 $z_x<0$，不用考虑 D 点的稳定性，总有 $F'(1)<0$，于是 $y=1$ 为进化稳定策略，相位图如图 3－19 所示。

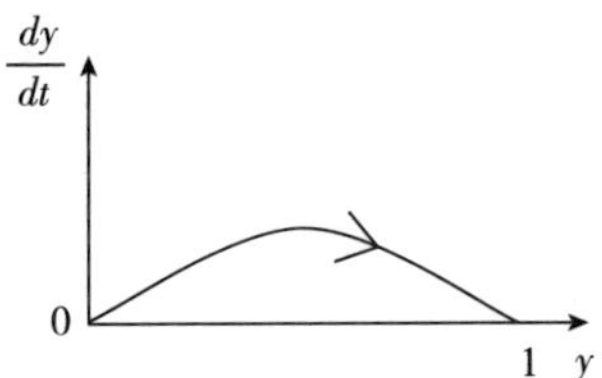

图 3－19　$r-c_2>\pi_{01}+(1-a)\Delta\pi$ 时的复制动态相位图

第三，当 $(1-a)\Delta\pi+\pi_{02}>r-c_2>0$ 时，$(c_2-r)/(\Delta\pi-a\Delta\pi+c_2-r-\pi_{02})=z_x>1$，即当企业 B 转移的净收益大于 0 小于一定值时，有限理性企业 B 会选择“转移”策略，此时 $z_x>1$，不用考虑 D 点的稳定性，总有 $F'(1)<0$，于是 $y=1$ 为进化稳定策略，相位图如图 3－20 所示。

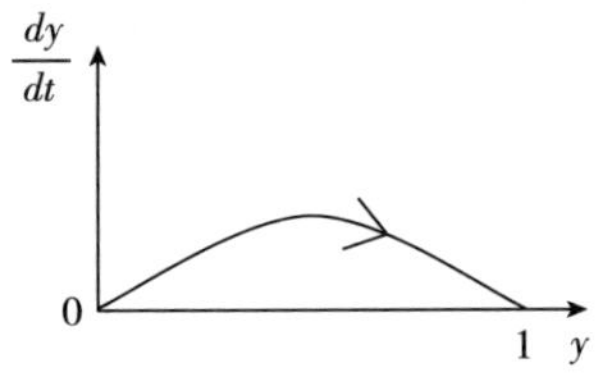

图 3－20　$\pi_{02}+(1-a)\Delta\pi>r-c_2>0$ 时的复制动态相位图

将图3－11、图3－12、图3－13、图3－16、图3－17、图3－18放入一个坐标平面图中，如图3－21所示，我们可以很明显地看出，当博弈初始状态位于Ⅲ区，双方选择转移的概率都小于一定值，博弈收敛于进化稳定策略 $x=0$、$y=0$，即当企业A与企业B均没有意向进行转移的时候，集群式转移最终也不能形成，这可以解释为两个企业在沿海地区或通过集群升级或通过改变经营内容可以继续保持上下游企业之间、龙头企业与配套企业之间的依存关系，以及集群企业和集群内外共生环境与共生界面的依存关系的情况下，两个企业最终都会选择“不转移”策略，从而也不可能形成集群式转移；当博弈初始状态位于Ⅱ区和Ⅳ区时，则博弈有可能收敛于进化稳定策略 $x=1$、$y=1$，也有可能收敛于 $x=0$、$y=0$，即集群企业有可能形成集群式转移，也可能不能形成集群式转移，这主要取决于博弈中一方的成功程度与另一方的学习模仿速度。[①] 在产业集群企业的转移过程中，当一方以大于一定概率选择“转移”策略，而另一方以小于一定概率选择“转移”策略时，如果转移企业是集群企业共生的核心企业或关键企业且转移企业在生境2成长与发展得非常好，则学习能力较强的配套、服务企业为了获取集聚效应会跟随核心企业进行转移；如果具有影响力的配套企业转移获得了成功，则核心企业也会为了寻求配套而跟随配套企业转移，从而形成集群式转移。反之，若选择“转移”策略的只是集群中一个没有影响力的小企业或转移企业在生境2发展并不顺利，结果刚好相反，即不仅其他企业不会跟随转移，甚至转移企业也还会迁回原地继续与原共生伙伴进行共生；当博弈初始状态位于Ⅰ区，则企业A、企业B均以大于一定概率选择“转移”策略的情况下，最终企业A与企业B都会进行转移，从而形成集群式转移。在产业转移过程中，当生境2提供的生存环境同时能满足企业A与企业B的发展需求时，企业A与企业B都将以大于一定值的概率选择“转移”，从而在对方选择转移概率很大时，博弈方为了获取共生能量也会选择“转移”策略，从而形成集群式产业转移。

① 郭晓林、贺盛瑜、潘立亚：《物流联盟中合作伙伴间信任的进化博弈模型》，《统计与决策》2007年第6期。

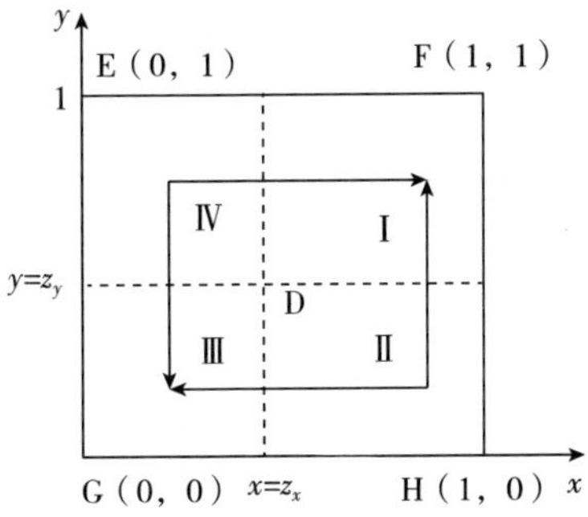

图 3－21　非对称互惠共生模式下博弈中企业 A 与企业 B 的复制动态和稳定性

从以上分析与图 3－21 可知，要使集群式转移形成的可能性增大，就要使Ⅰ区的面积最大，Ⅰ区的面积 S 可用式（3－16）表示，对式（3－16）变形得到式（3－17），从式（3－17）可以直接看出，S 是 c_1-r、c_2-r 的减函数，是 $\Delta\pi$、π_{01}、π_{02} 的增函数，而对于 a 既不是增函数也不是减函数。

$$S=\frac{a\Delta\pi+\pi_{01}}{(a\Delta\pi+c_1-r+\pi_{01})}\cdot\frac{(1-a)\Delta\pi+\pi_{01}}{[(1-a)\Delta\pi+c_1-r+\pi_{01}]} \tag{3-16}$$

$$S=\frac{1}{(1+\frac{c_1-r}{a\Delta\pi+\pi_{01}})}\cdot\frac{1}{[1+\frac{c_1-r}{(1-a)\Delta\pi+\pi_{01}}]} \tag{3-17}$$

分别把图 3－14、图 3－19 以及图 3－15、图 3－20 用一个坐标平面图表示，都可以表示为图 3－22。在 $r-c_2>0$ 的作用下，由图 3－22 可知，点 G 为不稳定源出发点，点 E 和点 H 为鞍点，点 F 为进化稳定策略，企业 A 与企业 B 都会选择“转移”策略，即当集群企业转移到生境 2 可以获取正的净收益时，为了减少失去以前形成的重要隐性知识和体现在技术工人和管理者身上的能力积累的风险，它们倾向于与供应商和所信任的合作伙伴一起转移，从而形成集群式转移。①

① Sammarra，Belussi，“Evolution and relocation in fashion－led Italian districts”，*Entrepreneurship & Regional Development*，Vol. 18，No. 11（February 2006）.

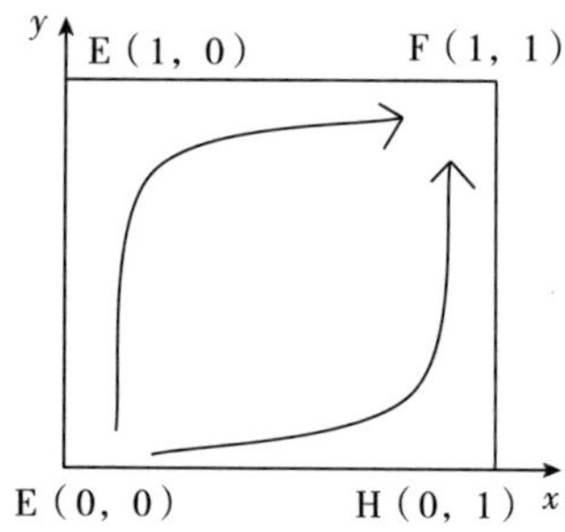

图 3－22　非对称互惠共生模式下博弈中企业 A 与企业 B 的复制动态和稳定性

（三）几点结论性判断

本节基于共生理论视角利用进化博弈模型对称互惠共生模式下与非对称互惠共生模式下的集群式产业转移条件进行研究，研究表明：

（1）在企业转移的净收益大于 0 的条件下，无论是对称互惠共生模式还是非对称互惠共生模式下产业集群都可以形成集群式转移。因为共生的集群企业之间有着高度的专业化分工与协作网络，交易费用不断降低，形成了交易性内部依赖；共同的文化背景、地缘、亲缘、同事、同学关系，网络成员之间的信任程度不断提高，形成了集群企业彼此间的非交易性相互依赖①，所以只要企业转移就可以获取正的净收益，有限理性企业会选择“转移”策略。

（2）在对称互惠共生模式下，当博弈方转移的净收益小于 0 时，只要博弈一方以大于$(c-r)/(\Delta\pi/2-r+c+\pi_0)$的概率选择“转移”，就能形成集群式转移。在这种情况下，可以通过减小企业转移净损失、增加企业合作转移所得共生能量分配、增加集群企业由于不跟随转移所受损失使$(c-r)/(\Delta\pi/2-r+c+\pi_0)$小到一定程度，从而增加形成集群式转移可能性。承接地可以通过建立原材料市场、产品市场、对外贸易市场以及加强区域供应链的管理降低运输费用；通过适当的制度创新，提高政府办事效率，建立信息共享与交流平台降低转移企业的交易费用；引进大批相关企业的进入形成规模效应从而降低生

① 符正平、曾素英：《集群产业转移中的转移模式与行动特征——基于企业社会网络视角的分析》，《管理世界》2008 年第 12 期。

产费用等一系列措施使企业转移净损失尽量减小。承接地可以通过产业园区、承接相关产业集群或产业链企业优化产业配套环境；通过为产业集群建立如行业协会、商会，开办产品展销会等内部外部交流介质优化企业共生界面；通过对劳动力进行培训，鼓励产品、品牌升级提高企业之间用来共享与交流的资源与产品，从而使合作转移的共生能量增加；再通过主动引进集群共生中发挥作用最大的、生存能力最强的核心企业与关键企业，使不跟随核心企业转移的企业由于失去强共生伙伴而遭受的损失增加，从而使$(c-r)/(\Delta\pi/2-r+c+\pi_0)$变小。

（3）在非对称互惠共生模式下，当企业单独转移的净收益小于0时，集群式转移要在一定的条件下才能形成，即企业A、企业B分别以大于$(c_2-r)/(\Delta\pi-a\Delta\pi+c_2-r-\pi_{02})$、$(c_1-r)/(a\Delta\pi+c_1-r-\pi_{01})$的概率选择“转移”或只有一方以大于该定值的概率选择“转移”时，这个转移方一定要取得成功且跟随转移企业对其信任度要非常高。根据图3－22的分析我们还可知：在承接集群式转移时，对于不同特点的企业要给予不同的支持，即促进非互惠共生模式下的共生能量分配系数a趋向合理性，如建立企业排污标准、企业技术创新奖惩标准、企业招商奖惩标准等措施。另外，如对称互惠共生模式下一样，承接地可采取同样的措施，如通过降低运输费用、交易费用及生产费用使企业A或企业B转移的净损失减小，通过优化产业配套环境、企业共生界面、企业质参量等使企业因合作转移而获取共生能量增加，通过引进集群的核心企业与关键企业，使不愿跟随转移的配套服务企业损失变大，从而增加集群式转移的可能性。

第四章　产业集群式转移与产业链跨区域整合的模式

如何进行产业链跨区域整合是产业集群式转移成功的关键，这种整合能对区域产业链的重构与完善发挥重要作用。本章将主要讨论以下三个问题：①产业关联与产业集群式转移效应；②产业集群式转移驱动产业链跨区域整合基本模式；③产业链跨区域整合中的模块化集群发展。

第一节　产业关联与产业集群式转移效应

一、产业转移背景下的产业关联

产业关联是德国发展经济学家 Hirschman（1998）提出的概念，是指某一产业的投入产出变化能够通过产业之间相互影响的关系波及其他产业。[①] Hirschman 提出产业关联的目的是通过分析产业间彼此依赖和相互联系程度的大小来选择需要重点扶持的产业。产业关联效应较高的产业通过前向关联、旁侧关联及后向关联机制对其他产业会产生很强的关联带动作用，然后再通过扩散机制及加速机制波及整个区域经济体系，进而促进区域经济发展。

借鉴 Hirschman 的产业关联思想，学者们大多认为产业转移之所以能对承

① Hirschman A O, "A Propensity to Self - Subversion Cambridge", *Economic Development and Cultural Change*, Vol. 46, No. 2 (January 1998).

接地经济社会发展产生巨大的影响，关键在于产业间普遍存在的产业关联，即承接产业转移会激化承接地产业间的关联机制，它是其他产业转移效应发生作用的基础。王夏阳（2001）认为，在产业转移背景下，产业关联的作用机制是指某一产业由转出地转移到承接地并融入当地生产系统后，由于产业自身的发展而引起的承接地其他相关产业发展的作用效果。[①] 这里的产业发展不局限于 Hirschman 所指的投入产出水平变化，也包括承接地产业技术水平的提高、市场结构、就业结构的变化等。曾巧生（2002）认为，国际产业转移对承接地产生的动态效应之一就是激化产业关联。[②] 他进而指出转入企业特别是转入的跨国公司是从全球范围来进行价值链的分工与整合的，产品的设计、生产、销售等各个环节乃至各个环节中的不同工序都推行的是全球化的专业化生产与协作，因而具有较高的生产率，同时通过对承接地价值链重组，也就把承接地的生产网络纳入了全球生产网络中，从而提高承接地的全要素生产率和企业竞争力、产生较强的产业关联。在有的文献中，产业转移所导致的“产业关联”也被称为“产业链接”，并且认为转入企业通过与承接地企业上下游产业的链接效应可以带动当地企业的技术进步。方慧等（2012）认为，若产业转移不引起承接地相关产业劳动投入与生产技术水平系数的变动，而只导致承接地资本的投入增加，则在这种情况下所产生的效应是由于高质量的产业进入带动了承接地关联产业的发展，从而拉动了投资和产出的增长。[③]

按照列昂惕夫的观点，只要一个产业部门将其产出的一部分销售给另一个产业部门，或者只要一个产业部门从另外一个产业部门购买其投入的一部分，那么这两个产业部门就被认为具备某种功能联系，即产业间的产业关联。这种关联关系本质上是产业间的相互依赖和制约关系，也即投入—产出关系。产业之间这种关系是靠供给和需求所维系的，然而维系的方式却因各产业在产业链中的位置不同而不同。产业通过中间产品的供给与其他产业发生的关系叫作前

① 王夏阳：《跨国公司对华投资的产业关联效应研究》，《经济师》2001 年第 4 期。

② 曾巧生：《试析外商直接投资的动态效应》，《江西财税与会计》2002 年第 11 期。

③ 方慧、吕静、段国蕊：《中国承接服务业国际转移产业结构升级效应的实证研究》，《世界经济研究》2012 年第 6 期。

向关联关系，通过中间产品的需求与其他产业发生的关系则称为后向关联关系，而对其周围地区的社会经济所产生的联系称为旁侧关系。在产业转移背景下，产业关联指转入企业与承接地企业之间通过市场关系长期形成的一种供需的契约，它在引起该产业变化的同时，对其上下游产业也产生影响。这种影响主要包括产业投入产出水平的变化、产业市场结构的变化、产业技术水平的变化等。

二、产业关联的产业链整合效应

转移产业的进入，不仅可以促进承接地该产业的发展，还可以通过移入产业的产业关联机制，促进承接地产业乃至经济社会的互动演进，其基本的过程机制如图 4 – 1 所示。①

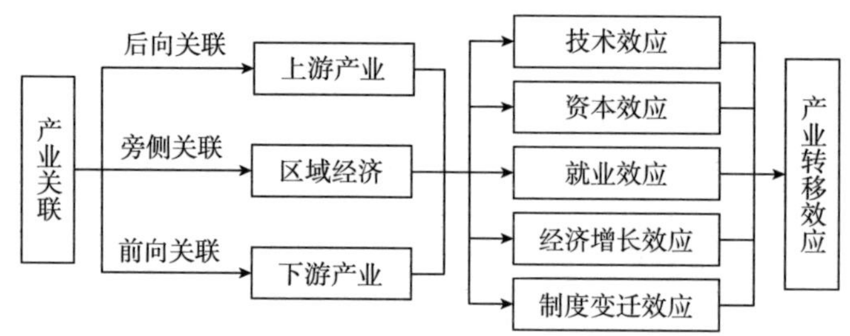

图 4 – 1　产业关联与产业转移效应

产业关联作用于产业转移可以通过三个途径来实现：一是通过前向关联机制发挥作用，它是指产业转移到承接地后，通过其自身的生产活动可以削减下游产业的投入成本，从而促进承接地下游产业的发展，或者客观上造成承接地产业间结构失衡而使原有的瓶颈问题得以解决，从而为承接地的生产系统完善创造条件。二是通过后向关联机制发挥作用，它是指产业转移到承接地后为当地其他产业的发展提供了市场条件，也就是说，转移产业的生产以承接地其他

① 这里所指的产业转移效应仅是从承接方来说的，即承接产业转移的效应。

产业生产的产品为中间投入品。三是通过旁侧关联机制发挥作用，它是指产业转移到承接地后通过劳动力市场、金融市场等对承接地的社会经济发展所起的作用。总之，对于承接地来说，不论是前向关联、后向关联还是旁侧关联的产业和部门，在产业转移到该地区后，都会通过改变当地的产品市场、金融市场及劳动力市场来影响其他产业的资本、技术及劳动投入，形成产业转移的技术效应、资本效应、就业效应、经济增长效应及制度变迁效应，从而最终对承接地的经济社会发展产生深刻的影响。

第二节 产业集群式转移驱动产业链跨区域整合的基本模式

一、基于产业链分工特征的三种典型整合模式

在对产业集群式转移的模式、产业链整合的模式进行梳理归纳的基础上，我们进一步分析归纳产业集群式转移与区域产业链整合的一般模式，即如何将转移过来的产业链的某个或部分环节与当地已有的产业链整合，或者如何将转移过来的企业群整合进当地的产业链，保持产业链的平稳健康发展，最终实现产业链高端攀升。一般来说，主要有以下三种模式：①

（一）全产业链网络重塑模式

完整产业链上企业的集体转移，即包括龙头环节企业、产业链的核心增值部分对应的企业以及产业链的配套环节企业的“抱团”迁徙。对于承接地来说，引入一条完整产业链的优势显而易见：首先，能够较大幅度地降低转移企业的生产成本、适应成本和经营风险，也更容易在承接地获得效益；其次，完整的产业链由于其稳定的上下游供应链关系，对群外企业的吸引力强，能够不断地吸聚外部企业入群。无论承接地是否具有与转移产业链相同的产业，完整

① 罗莹：《产业集群式转移促进区域产业链整合创新的一般模式》，《对外经贸》2017 年第 1 期。

产业链的引入都将使承接地产业结构发生改变，导致承接地形成产业新布局。对于一条新产业链的引入，能够填补区域原有产业结构的空白，促进产业结构的多元化，甚至导致承接地主导产业发生变化。而对于承接地已有相同产业链的情况，转移产业链必然拥有更为高效的供应链管理、产品分销渠道，或是更为先进的技术、管理经验等，通过知识、信息、技术的溢出效应，促进承接地其他相关产业的发展。产业链由不同的环节组成，每个环节都由许多企业组成，一个企业可能只处于一条产业链上，也可能处于多条不同的产业链上，以节点企业为切入点对不同产业链进行整合，推进全产业链网络重塑。

（二）关键环节链式吸引模式

对于高技术产业或者先进制造业来说，能够被称为产业“七寸环节”的要么是价值增值或附加价值最大的环节，要么是技术或知识含量最高的环节，或者二者兼具。而对资源性产业而言，资源的储量和品质决定了资源本身的优劣，其“七寸环节”往往在于资源本身，因此，控制资源是提高对资源性产业控制能力的关键。如果从价值链的视角来看，虽然每一个产业链环节的活动都会创造价值，但创造的价值并不相等，只有一些特定的环节才能产生更高的价值增值，一般来说，价值增值高的环节就是产业链上的关键环节。产业关键环节具有强大的吸引力，能吸引众多中小企业向其周边集聚，为其供应零部件或提供配套生产。同时，通过与承接地的上下游厂商进行纵向整合，形成符合区域空间地域特色、交易习惯等的供应链管理体系，通过供应链管理体系，促进区域产业链的平稳发展。产业关键环节在与承接地产业链融合的过程中促进后者的进一步整合，并在整合中实现创新。

（三）配套环节横向聚合模式

产业链中的配套环节附加值低，所从事的生产活动只是简单的生产制造，因此承接地承接配套环节企业的“抱团”转移，应积极培育本地的核心企业。配套环节的企业之所以会转移，或是由于原区域的劳动力价格失去优势，或是由于承接地的政策优惠等，无论具体是由于哪种原因，都可归结为原区域的“离心力”和承接地的吸引力，并且转移企业在原区域已不再具有比较优势。在原区域长期的生产活动，使转移企业的生产技艺较为娴熟，而企业在原区域

失去比较优势时，还会选择转移到其他区域继续开展生产活动，而不是被“淘汰”，退出这一行业。因此，从承接地来看，虽然转移企业属于产业配套环节，创造的价值低，但其对本区域仍然具有两点帮助：第一，本区域工人在熟悉了配套环节的加工、制造工艺后，便能为区域将来的产业升级做好准备；第二，配套环节大多属于劳动密集型产业，因此引入配套环节能够提升本地区的就业率，增加本地居民的收入。

二、三种典型模式的多维度综合比较

（一）基于实现路径角度的比较

1. 全产业链网络重塑模式的实现路径

首先要寻找转移产业链与本地原有产业链相关联的节点企业，如生产同类产品的企业、能够提供原材料或零部件的中间供应商，以这些企业为切入点，积极开展各种能够促进企业互动交流的活动，以促成转移企业与本地企业的生产合作和知识交流等。通过节点企业的互动合作，转移产业链与承接地原有产业链形成相互交织状态，并且在承接地内部形成了链式网状结构，通过链式网状结构，转移产业链的技术及知识溢出效应得到进一步扩大，如图 4－2 所示。

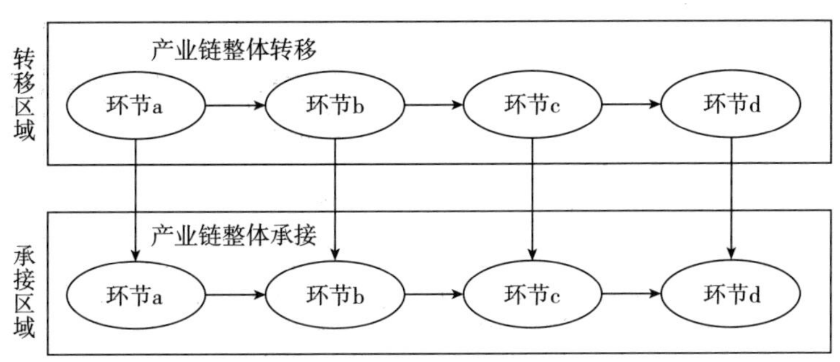

图 4－2　全产业链网络重塑模式

2. 关键环节链式吸引模式的实现路径

关键环节链式吸引模式，首先要促进关键环节企业与本地上下游企业长期稳定的合作，建立一条无阻碍、高效率的供应链，使关键环节实现软着陆，同时通过供应链管理体系的示范效应促进区域其他产业链的模仿与学习，进而实现全区域高效率的供应链管理。若承接地没有该环节的上下游企业，则应积极鼓励本地企业进行多元化投资生产，或者吸引其他区域的企业前来投资办厂，填补产业链的空缺环节，以此方式在本区域构建一条包含转移企业的完整产业链。若承接地已存在相应的上下游企业，则应创造便利的条件、提供互动交流的平台，促成企业之间稳定、深层次的合作，形成并完善产业链的供应链机制，使上下游企业的中间品供应、价值传递高效顺畅地进行。若转移企业与本地企业之间缺乏信任，则转移企业可以通过对本地上下游企业施加纵向约束，如对本地上下游企业收取特许费，让企业做出转售价格持平的承诺等方式，直接或间接地使上下游做出本企业所期望的行动。若是转移企业在转入后，内部生产成本远远低于外部交易成本，对于自身具有绝对优势的企业，可以通过纵向一体化将外部交易活动转变为内部生产活动。若是转移企业自身不具有绝对优势，当外部环境变化较大、未来市场不确定性较大时，转移企业可与上下游企业建立战略联盟，如图4－3所示。

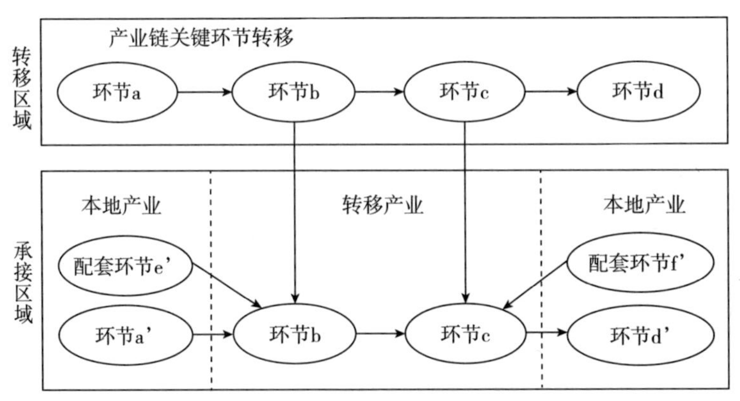

图4－3　关键环节链式吸引模式

3. 配套环节横向聚合模式的实现路径

产业配套环节能够对承接地的就业、产业升级等发挥作用，承接产业配套

环节转移的目的不在于引进低端的加工制造，而在于为进一步培育本地核心企业夯实基础，实现产业链再造。配套环节横向聚合一般是采取横向兼并收购方式与本区域产业链进行整合，扩大企业的生产规模，提升规模竞争优势：当转移企业自身条件较强时，则可通过兼并收购本地原有企业来扩大规模；当本地原有企业具有比较优势时，则可兼并收购转移企业来达到扩大规模的目的。配套企业通过横向整合，形成了具有竞争力的规模优势，行业集中度得到提高，为承接地培育本地核心企业打下更为坚实的基础，在承接配套环节企业的基础上，通过培育核心企业，再造一条产业链，如图 4－4 所示。

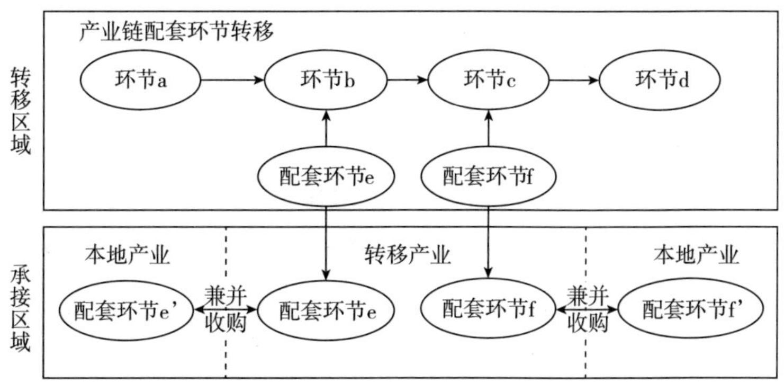

图 4－4　配套环节横向聚合模式

（二）基于实现条件角度的比较

1. 全产业链网络重塑模式的实现条件

基于对全产业链网络重塑模式实现路径的分析，全产业链网络重塑模式的实现条件在于本区域存在与转移产业链节点企业生产同样产品的企业。换言之，本区域存在能够为转移产业链节点企业供应中间产品的企业，或是转移产业链存在能够为本地已有产业链供应中间产品的企业。

2. 关键环节链式吸引模式的实现条件

基于对关键环节链式吸引模式实现路径的分析，关键环节的链式吸引模式的实现条件在于，本区域的上下游企业或是存在被纵向一体化的需要，如生产效率渐渐下降、企业难以取得竞争优势等，或是接受纵向约束能够提升自身竞争优势，或是上下游企业本身也有建立战略联盟的需要。

3. 配套环节横向聚合模式的实现条件

基于对配套环节横向聚合模式实现路径的分析，配套环节的横向聚合模式的实现条件在于：第一，若转移的配套环节企业比本地企业条件强，则转移企业具有兼并或收购本地企业的“有效需求”，即转移企业有兼并收购企业的意愿，同时还有足够的资本来进行兼并收购活动；若本地企业比转移企业强，则本地企业也需具有兼并或收购转移企业的“有效需求”。第二，需要本区域拥有能够培育核心企业的资源，或者能够直接吸引资源，该种资源包括资本、专业人才、拥有企业家才能的经理人等。

（三）基于整合效应角度的比较

1. 全产业链网络重塑模式的整合效应

全产业链网络重塑模式的整合效应不仅在于能够让上下游的产业得到配套，进而企业能够有效降低经营风险和生产成本，还在于能够对其他区域的企业、资本、人才等具有强劲的吸引力，吸引相关企业加入本地集群网络。此外，一条完整产业链的转入有助于打造以稳定的产业链为基础的产业园区，能够体现地区的核心竞争力，对地区的产业、经济的发展具有重要作用。

2. 关键环节链式吸引模式的整合效应

关键环节的链式吸引模式的整合效应在于对本区域的 GDP、经济发展等贡献率大。原因在于，产业关键环节一般都是高附加值的环节，而高附加值的生产一般都是精细加工、设备总成，甚至技术研发、产品开发。同时，由于关键环节的价值增值大，所以引进产业关键环节对本地的产业结构优化、产业升级等有巨大的推动作用。除此之外，由于知识、技术的溢出效应，关键环节的链式吸引模式能够使本区域企业学习到更先进的技术或管理方法，为下一步的区域产业升级打下良好的基础。

3. 配套环节的横向聚合模式的整合效应

配套环节横向聚合模式的整合效应在于能够增大本地区的就业，提高本地居民收入。原因在于，配套环节大多是劳动密集型产业，需要大量劳动生产要

素的投入。同时，配套环节企业的转入通过与本地企业之间的横向兼并收购，能为下一步培育核心企业打下坚实的基础。除此之外，本地工人通过岗前培训、技术进修等掌握配套环节的制造工艺，还能为将来的产业升级做好提供人力资源的准备。

三、不同模式下区域产业结构升级过程及组织特征

（一）不同整合创新模式的区域产业结构升级过程

1. 全产业链网络重塑模式下产业结构升级过程

在全产业链网络重塑模式下，如果通过产业链转移建立了一个新的产业，承接地原有产业之间的各种联系都会发生变化，相应的产业结构也将发生变化。这种由新产业形成带来的变化有助于形成新的主导产业，而主导产业的形成又能进一步使区域产业结构得到调整，从而推动产业升级。另外，整条产业链的引进可以提高承接地原有产业的技术水平、设备水平、管理水平，由于产业链上不同节点企业的纵横交错，很多企业属于多条产业链上的节点，参与不同产业链上的生产环节，对区域内关联产业的技术、装备水平能够得到明显提高，再加上产业之间往往存在着广泛、复杂的联系，即使对于生产关联性不大的产业，由于工艺、管理等方面的溢出效应以及前向和后向关联效应，也能够在一定程度上带动承接地其他产业的生产与管理水平的提升，带动前向、后向联系的相关产业发展，助推区域产业结构的升级。

2. 关键环节链式吸引模式下产业结构升级过程

在关键环节链式吸引模式下，区域产业转移往往伴随着生产要素的跨地区流动。一般情况下，相对于转出地，承接地往往在土地、劳动力、原材料等要素方面具有比较优势，但缺乏资本、技术、知识等要素。产业关键环节一般都是附加值高的产业，一般拥有核心技术或者技术含量较高，承接地通过吸引关键环节企业的转移，与本地企业整合、连接，可以获取资本、技术、知识等要素，提升产业链的生产技术、产品设计、品牌运营等能力，推进产业结构的升级。因此，承接地要立足本地的实际情况，充分利用现有的产业基础和要素禀赋，创造局部综合比较优势，吸引关键零部件制造、研发能力强的头部企业转

入，带动配套企业转移，吸收产业转移带来的资金、技术等稀缺要素，形成集成、关键部件制造以及研发创新能力，优化产业结构。

3. 配套环节横向聚合模式下产业结构升级过程

在配套环节横向聚合模式下，虽然不能像关键环节的引入那样为区域快速建立竞争优势，带来较大的价值增值，但配套环节的引入及其横向聚合仍然有利于承接地产业结构升级。产业配套环节大多是劳动密集型产业，引进配套环节能够扩大转入地的就业，并且转入地工人在熟悉配套环节的加工制造工艺后，能够减少从劳动报酬率低的产业转向劳动报酬率较高的产业的阻碍，为将来的产业结构升级做准备。另外，通过与转入地企业之间的横向整合，配套企业可以扩大生产规模，提升规模竞争优势，为承接地培育本地核心企业做好准备。因此，产业配套环节转移与区域产业链的整合对区域产业结构升级形成推动力，可以间接地导致区域产业结构的变化。

（二）不同整合创新模式的区域产业结构组织特征

1. 全产业链网络重塑模式的组织特征

在全产业链网络重塑模式下，一条完整产业链的引进本身就带来了一个新的产业，或是比承接地已有产业的技术水平、管理水平、设备水平更高的产业，产业组织结构发生巨大变化。若是前者，则完整产业链的转移本身就导致区域产业结构发生变化，新的产业会带来新的需求，进而使生产要素流向该产业，促进产业的发展，推动产业结构升级；若是后者，则促进承接地已有的产业进行一定程度的创新，如开发新的产品、拓宽已有产品的功能、提高生产效率等，以提高自身的竞争力，或者被转移进来的具有竞争优势的产业链逐渐替代，最后退出本区域，同样导致区域的产业结构升级。

2. 关键环节链式吸引模式的组织特征

在关键环节链式吸引模式下，其本身没有直接导致区域产业结构的变化，而是通过对承接区域已有的上下游企业施加纵向约束，或是进行前向或后向一体化，或是与本区域企业进行战略联盟等方式与区域产业链进行整合。不同的整合方式对应着不同的结果：或是实现一体化生产，或是与上下游企业衔接更密切、供应链更高效，或是与本地企业合作生产。无论是哪一种整合方式，都实现了转移企业与本地企业共同参与到产业的分工与合作。另外，由于产业关键环节一般附加值高，关键环节企业的引进并与本地企业的整合，能够拉动区域向价值链高端攀升，带动区域产业升级。除了高附加值企业的引进整合推动产业结构升级外，承接区域还可以在吸收、学习产业转移带来的资金、知识、技术等稀缺要素的基础上进行一定的创新，以创新促进原有组织结构发生较大变化，带动产业结构升级。

3. 配套环节横向聚合模式的组织特征

在配套环节横向聚合模式下，产业配套环节作为低附加值环节，无法推动或带动整个产业向价值链的高端攀升，但是其作为配套辅助的环节，仍然可以助推改变原有的组织结构，转移的配套环节企业与区域产业链实现整合后，能够为将来的产业结构升级做好准备。因此，相比于模式一和模式二，配套环节的横向聚合模式对于产业结构升级发挥的是一种辅助作用。

第三节　产业链跨区域整合中的模块化集群发展

一、模块化集群发展的依据

随着信息链网、交通链网的发展，投资、生产、消费等经济行为不再局限于某一区域或国家，而是可以涉及全球范围的。但是，在经济全球一体化不断发展的情况下，一些产业并没有在全球范围内均匀地分布，而是具有区域集聚特征。特别是随着新国际分工网络体系的形成，产品内分工进一步深化，“模块”和“模块化”的广泛应用使企业的竞争模式、创新模式和生产模式等发生了极大的改变，进而促使产业集群的发展进入一个新的形态——模块化产业集群，模块化产业集群成了新国际分工网络体系发展下的必然产物。[①]

① 易秋平、刘友金、向国成：《基于超边际分析的产品模块化及其集群内生演进机理研究》，《湖南科技大学学报（社会科学版）》2016 年第 1 期。

20世纪60年代以来，流水线技术逐步被模块化技术替代，继而模块化技术成了一种新的主导范式。随着模块化在实践中的迅速发展，国内外有关模块化的研究也不断兴起。国外学者逐步从产品层面向企业层面和网络层面对模块化理论进行了研究。[①] 产品模块化是模块化理论在应用中最广的：Kusiak 和 Huang 按照一定规则变换，并运用部件相关性矩阵，构建了产品模块化的通用理论[②]；Henderson 和 Clark（1990）对产品部件创新和技术架构之间的关系进行了研究[③]；Jiao 和 Tseng（1999）对产品架构的模块化设计和产品的规模生产进行了研究[④]；Wang 和 Tsai（1999）对模块化产品的敏捷制造系统进行了探讨[⑤]。随后，Dess 等（1995）将模块化理论引入到了企业层面[⑥]；Schilling（2000）从管理学的视角提出了模块系统通用理论，这也开创了模块化管理基础性研究的先河[⑦]；Magnusson 等（2003）对模块创新和架构创新进行了探讨，认为新技术的革命是模块化创新的特点，而对产品模块配置的变换是架构创新的特质[⑧]；Worren 等（2002）利用家电行业的数据，对产品模块化、市场环境对企业绩效所产生的影响做了实证研究，实证研究表明，模块化产品架构和市

---

① 蔡勇志：《国际分工下我国模块化企业集群研究》，福建师范大学博士学位论文，2009年。

② 董科：《模块化生产方式下中国制造业产业集群升级研究》，华中科技大学博士学位论文，2011年。

③ Henderson R M, Clark K B, "Architectural Innovation: The Reconfiguration of Existing Product Technologies and the Failure of Established Firms", *Science Quarterly*, Vol. 29, No. 1 (1990).

④ Jianxin Jiao, Mitchell M. Tseng, "A Methodology of Developing Product Family Architecture for Mass Customization", *Journal of Intelligent Manufacturing*, Vol. 10, No. 1 (March 1999). Salhieh M, Kamrani K, "Macro Level Product Development Using Design for Modularity", *Robotics and Computer Intergrated – Manufacturing*, Vol. 15, No. 4 (August 1999).

⑤ K S Wang, Y T Tsai, "The Development of Modular – based Design in Considering Technology Complexity", *European Journal of Operational Research*, Vol. 119, No. 3 (December 1999).

⑥ Dess G G, Rasheed A, McLaughlin K & Priem R, "The New Corporate Architecture", *Academy of Management Executive*, Vol. 9, No. 3 (August 1995).

⑦ Melissa A Schilling, "Toward a General Modular Systems Theory and Its Application to Inter – firm Product Modularity", *Academic of Management Review*, Vol. 25, No. 2 (April 2000).

⑧ Magnusson T, Lindstrom G & Berggren C, "Architectural or Modular Innovation? Managing Discontinuous Product Development in Response to Challenging Environmental Performance Targets", *International Journal of Innovational Journal*, Vol. 7, No. 1 (2003).

场环境的变化存在较强的相关性①。继而，模块化制造网络成了经济学界和管理学界新兴的研究热点：Gangues 和 Assche（2004）探讨了产品模块化对组织生产运作的作用，以及模块化经营的基本构成要素②；Sturgeon（2002）通过对美国电子产业模块化制造网络这一新的产业组织模式与其他关系型网络模式在绩效、特点等方面的对比研究发现，模块化的制造网络实质上是价值链的模块化③。

随着西方学者对模块化理论的关注，我国学者也相继开展了相关的研究，分别从生产设计原理、组织原理、产业发展、模块企业网络、产业集群等视角开展了相关研究。④ 把模块化理论与产业集群结合起来研究的主要有：丁瑜（2011）应用模块化理论对江苏省产业集群的转型升级进行了系统的探讨⑤；王海杰（2011）认为模块化集群具有较高的组织效率⑥；孙金水（2013）以郑州航空港经济综合实验区为例，从模块化视角对产业集群创新机理的模式选择进行了研究⑦；姚苏秦和孙锐（2010）对产业集群的模块化升级路径的依据进行了探讨⑧；张虎（2014）从模块化视角对常州邹区灯具产业集群的升级进行了案例研究⑨；孙锐等（2012）对产业集群模块化主体设计以及生产的各模块组件的优化组合进行了研究⑩；张强（2013）从模块化角度开发设计了一套集

① Nicolay Worren, Karl Moore & Pablo Cardona, "Modularity, Strategic Flexibility, and Firm Performance: A Study of the Home Appliance Industry", *Strategic Management Journal*, Vol. 23, No. 12 (September 2002).

② Byron Gangues, AriVan Assche, "Modular Production Networks in Electronics: The Nexus between Management and Economics Research", *Working Papers* (September 2004).

③ Sturgeon T J, "Modular Production Networks: A New American Model of Industrial Organization", *Industrial and Corporate Change*, Vol. 11, No. 3 (June 2002).

④ 蔡勇志：《国际分工下我国模块化企业集群研究》，福建师范大学博士学位论文，2009 年。

⑤ 丁瑜：《全球化与中国经济发展》，南京财经大学博士学位论文，2011 年。

⑥ 王海杰：《模块化产业集群及其组织效率分析》，《工业技术经济》2011 年第 2 期。

⑦ 孙金水：《基于模块化视角下产业集群创新机理的模式选择——以郑州航空港经济综合实验区为例》，《中州大学学报》2013 年第 6 期。

⑧ 姚苏秦、孙锐：《产业集群模块化升级路径的依据》，《决策咨询通讯》2010 年第 1 期。

⑨ 张虎：《基于模块化分工的产业集群升级》，《郑州航空工业管理学院学报》2014 年第 3 期。

⑩ 孙锐、姚苏秦、刘闲月：《产业集群模块化制造中组件选择的多目标决策模型研究》，《科技管理研究》2012 年第 18 期。

群 NAS 存储系统[①]；陈建军（2013）从模块化与集群式创新的融合出发对企业可持续创新能力的培育路径进行了研究[②]；张小凤（2012）对创意产业集群模块化发展的理论基础、动力及运行机理等问题进行了研究；[③] 董秋霞和高长春（2012）对创意产业集群知识创新系统的运行机制及协同发展问题进行了探讨[④]；吴芳（2012）就模块化组织的形成途径以及我国产业集群所处的模块化阶段等问题进行了探讨[⑤]；韦晓菡（2011）以广西北部湾经济区港口产业集群为例，对模块化产业网络形成与演进进行了探析[⑥]；蔡敏玲（2015）应用模块化理论研究设计了产业集群协同知识管理的机制，并提出提升产业集群协同创新能力和知识协同效率的有效途径[⑦]。

有关模块化集群的研究主要集中在模块化集群的竞争优势、抗风险能力、组织效率、治理模式等问题的分析，而对模块化集群形成机理的研究文献却很少，李恒（2006）应用进化博弈理论探讨了模块化集群的形成机理，研究认为“鹰—鹰”对局是群内企业的进化稳定策略，但其是从生态学视角分析的，并没有分析模块化集群形成的经济学机理[⑧]；吴正刚等（2007）应用分工理论和整合理论对模块化企业集群的分工和整合过程进行了分析[⑨]，确切地说，该分析就是模块化的一个描述和分析过程，并没有深入分析模块化集群的形成机理，而且也没有建立相应的理论模型来进行论证，其说服力也是非常有限的。那么模块化集群形成的经济学机理到底是什么，又如何通过理论模型来进行论证？我们认为要解释模块化产业集群的形成机理，关键要解释两个问题：①产业集群的形成机理是什么，即产业为什么会“集群”。而有关这个问题的研究

① 张强：《基于模块化的集群 NAS 存储系统的研究与实现》，山东大学硕士学位论文，2013 年。

② 陈建军：《基于模块化和集群式创新融合的企业持续创新能力培育研究》，《科技进步与对策》2013 年第 15 期。

③ 张小凤：《基于模块化理论的创意产业集群研究》，福建师范大学硕士学位论文，2012 年。

④ 董秋霞、高长春：《基于模块化理论的创意产业集群知识创新系统运行机制及协同发展评价研究》，《科技进步与对策》2012 年第 29 期。

⑤ 吴芳：《基于模块化组织的产业集群发展研究》，湖南师范大学硕士学位论文，2012 年。

⑥ 韦晓菡：《模块化产业网络形成与演进研究》，广西大学硕士学位论文，2011 年。

⑦ 蔡敏玲：《基于模块化理论的设计集群协同知识管理方式研究》，《中国商贸》2015 年第 4 期。

⑧ 李恒：《模块集群的组织特性与进化稳态均衡》，《上海经济研究》2006 年第 8 期。

⑨ 吴正刚、石春生、孟大鹏：《模块化企业群的分工与整合》，《统计与决策》2007 年第 12 期。

很多，而且理论也很成熟，其主要代表性流派有路径依赖说、合作竞争说、社会网络说、生命周期说等①，因此，我们就不再对这个问题重复论证。②产品模块化的内在演进机理是什么。因为产业集群这一产业组织的模块化是伴随产品模块化到产业模块化的演进而产生的。然而，有关产品模块化的形成机理研究文献极少，胡晓鹏（2007）认为对网络经济效应的追逐是产品模块化的基本形成动因②，并通过对不实施产品模块化、实施产品模块化但不具有网络经济效应、实施产品模块化且具有网络经济效应三种情况下企业收益和消费者效用的比较证明了其观点。

综上所述，要解释模块化集群的形成机理现在重点就是解释产品模块化的内在演进机理。而产品的模块化过程其实质就是产品内分工不断演进的过程，而产品内分工其本质就是内生专业化问题，所以，分析模块化集群内在演进机理可以从内生专业化角度切入。

二、产品模块化的超边际模型建立

我们拟在前人研究的基础上，运用新兴古典经济学思想，构建普遍意义上的内生专业化一般均衡模型，对产品模块化及其集群的形成机理进行深入分析，以揭示模块化集群形成和发展的经济学机理，为促进模块化集群的发展提供理论依据。

（一）基本假设

（1）假设有一个有 M 个事前完全相同的“生产—消费”经济体，M 是一个连续统。

（2）最终消费品 x 由两个工序组成，其中工序Ⅰ生产半成品 x_1，工序Ⅱ生产半成品 x_2。对每个经济体来说，消费品 x 和中间半成品的自给量为 x、x_1、x_2，供给量分别为 x^s、x_1^s、x_2^s，需求量分别为 x^d、x_1^d、x_2^d，生产量分别为 x^p、x_1^p、x_2^p；P_x、P_1 和 P_2 分别为 x、x_1 和 x_2 的价格，且假定 P_1 和 P_2 等于 1，即

---

① 张国臣：《产业集群内生演进超边际模型分析——基于迂回生产视角》，《华东经济管理》2014 年第 3 期。

② 胡晓鹏：《产品模块化：动因、机理与系统创新》，《中国工业经济》2007 年第 12 期。

用半成品的价格作为计价标准；M_x、M_{x_1}、M_{x_2}是供给产品 x、x_1 和 x_2 的人数，w 为工资率，假定工资率 $w=1$，s 为劳动贸易的交易系数，$1-s$ 则为劳动贸易交易成本系数，包括企业内部的监督费用和劳动力市场的交易成本。

（3）每个个体用劳动和两种中间产品投入集合来生产消费品 x，K 为最终产品 x 的交易系数，t 为工序Ⅰ半成品 x_1 和工序Ⅱ半成品 x_2 的交易系数（为了计算方便，这里我们假定两种半成品交易系数相等），产品 x 根据 Cobb - Douglas 效用函数来生产。

（二）超边际模型建立

根据上述假设条件以及新兴古典经济学的超边际分析思想，我们可以建立如下生产—消费者的最优决策模型①：

$$U=x+Kx^d \quad \text{（效用函数）} \tag{4-1}$$

$$x^P=x+x^S=[(x_1+tx_1^d)^\rho+(x_2+tx_2^d)^\rho]^{\frac{\beta}{\rho}}(l_x-R)^\alpha \quad \text{（最终产品 } x \text{ 的生产函数）} \tag{4-2}$$

$$x_1^p=x_1+x_1^s=(l_{x_1}-R)^\alpha \tag{4-3}$$

当 $l_{x_1}\leqslant R$ 时，$x_1^p=0$ （工序Ⅰ半成品 x_1 的生产函数）

$$x_2^p=x_2+x_2^s=(l_{x_2}-R)^\alpha \tag{4-4}$$

当 $l_{x_2}\leqslant R$ 时，$x_2^p=0$ （工序Ⅱ半成品 x_2 的生产函数）

$$l_x+l_{x_1}+l_{x_2}=1 \quad l_x、l_{x_1}、l_{x_2}\in[0,1] \quad \text{（劳动禀赋约束条件）} \tag{4-5}$$

$$P_xx^s+x_1^s+x_2^s=P_xx^d+x_1^d+x_2^d \quad \text{（预算约束条件）} \tag{4-6}$$

其中，x^p、x_1^p、x_2^p分别为生产量，ρ 为替代弹性系数，则工序Ⅰ半成品 x_1 和工序Ⅱ半成品 x_2 之间的互补经济程度可以用$\frac{1}{\rho}$表示，该值越大，互补经济程度越高，说明这两个工序的半成品在技术上联系非常紧密，分离的难度越高，同时还说明这两个半成品对最终产品的贡献越大；R 为固定学习费用，即为了生产最终产品 x，可以用两个工序半成品 x_1 和 x_2，或至少其中一种，再配

① 在这里，我们借鉴何雄浪和李国平的研究，对杨小凯的内生专业化模型进行了修改，引入了固定学习费用参数，这样更符合现实情形。参见杨小凯、张定胜、张永生、李利明译：《经济学——新兴古典与新古典框架》，社会科学文献出版社 2003 年版。

合专业化劳动水平 l_x；β 代表半成品 x_1 和 x_2 复合而成中间产品的产出弹性，$\beta \in (0, 1)$；l_x、l_{x_1}、l_{x_2}为专业化劳动水平，α 为专业化劳动程度（$\alpha \geq 1$）。

三、模块化集群内生演进的超边际分析

引理：一个人至多卖一种产品，不买和卖或自给同一种产品。如果他不自给最终产品，他就不自给中间产品。①

根据引理及上述的条件约束，企业有如下分工结构和决策模式。

（一）决策 A：自给自足结构

该决策下有三种分工结构模式：$A(xx_1x_2)$ 模式、$A(xx_1)$ 模式和 $A(xx_2)$ 模式。

（1）$A(xx_1x_2)$ 模式。该模式表示，每个无差别的个体既生产 x_1 和 x_2，又生产最终产品 x，并自己消费。这种模式没有分工，所以，x，x_1，x_2，l_x，l_{x_1}，$l_{x_2}>0$，$K=x^s=x_1^s=x_2^s=x_1^d=x_2^d=x^d=0$，因此，该模式下决策表达式为：

$$\max U = x + Kx^d = x = [(x_1)^\rho + (x_2)^\rho]^{\frac{\beta}{\rho}}(l_x - R)^\alpha$$

$$\text{s. t. } x_1^p = x_1 = (l_{x_1} - R)^\alpha,\ x_2^p = x_2 = (l_{x_2} - R)^\alpha,\ l_x + l_{x_1} + l_{x_2} = 1 \qquad (4-7)$$

求解得角点均衡为：

$$l_x = \frac{1 + R(\beta - 2)}{1 + \beta},\ l_{x_1} = l_{x_2} = \frac{\beta(1 - R) + 2R}{2(1 + \beta)},\ U_{A(xx_1x_2)} = 2^{\frac{\beta}{\rho}}\left(\frac{\beta - 3R\beta}{2 + 2\beta}\right)^{\alpha\beta}\left(\frac{1 - 3R}{1 + \beta}\right)^{\alpha} \qquad (4-8)$$

（2）$A(xx_1)$ 模式和 $A(xx_2)$ 模式。这两种模式是对称的，两种模式的角点解产生同样的效用水平，为此，我们只以 $A(xx_1)$ 模式为例来进行分析，该模式表示每个经济体只生产一种中间产品 x_1，然后利用 x_1 生产 x，这种模式下，x，x_1，l_x，$l_{x_1}>0$，$K=x_2=x^s=x_1^s=x_2^s=x_1^d=x_2^d=x^d=l_{x_2}=0$，因此，该模式下的决策约束方程为：

---

① 何雄浪、李国平：《基于超边际分析的产业集群形成与发展机理探析》，《管理科学》2006 年第 4 期。

$$\max U = x + Kx^d = x = (x_1)^\beta (l_x - R)^\alpha$$

$$\text{s. t. } x_1^p = x_1 = (l_{x_1} - R)^\alpha,\ l_x + l_{x_1} = 1 \tag{4-9}$$

求解得角点均衡为：

$$l_{x_1} = \frac{\beta + R(1-\beta)}{1+\beta},\ l_{x_2} = 0,\ l_x = \frac{1+R(\beta-1)}{1+\beta},\ U_{A(xx_1)} = \left(\frac{1-2R}{1+\beta}\right)^\alpha \left(\frac{\beta - 2R\beta}{2+2\beta}\right)^{\alpha\beta} \tag{4-10}$$

比较可得：当$\frac{1}{\rho} < \alpha + r$，其中$\gamma = \frac{\ln\left(\frac{1-2R}{1-3R}\right)^{\alpha(1+\beta)}}{\ln 2^\beta}$，即当工序半成品 x_1 和 x_2 之间的互补经济效应小于专业化经济效应时，则 $A(xx_1x_2)$ 模式比 $A(xx_1)$ 模式或 $A(xx_2)$ 模式中的角点均衡产生的人均真实收入要低；反之，当$\frac{1}{\rho} > \alpha + r$ 时，即当工序半成品 x_1 和 x_2 之间的互补经济效应大于专业化经济效应时，则 $A(xx_1x_2)$ 模式比 $A(xx_1)$ 模式或 $A(xx_2)$ 模式中的角点均衡产生的人均真实收入要高。

（二）决策 B：企业内分工结构

产品企业内分工有三种模式：$B(xx_1x_2)$ 模式、$B(xx_1)$ 模式和 $B(xx_2)$ 模式。下面我们分别分析三种模式下的角点均衡。

第一种：$B(xx_1x_2)$ 模式。该模式下包括 $B1(x/l_{x_1}l_{x_2})$、$B1(l_{x_1}/x)$、$B1(l_{x_2}/x)$ 三种组态。$B1(x/l_{x_1}l_{x_2})$ 组态代表某经济体生产并卖最终产品 x，对于中间工序半成品 x_1 和 x_2 则通过劳动市场雇用工人进行生产；$B1(l_{x_1}/x)$ 和 $B1(l_{x_2}/x)$ 则代表某人出售劳动生产中间工序产品 x_1 和 x_2，并购买最终产品 x。

（1）$B1(x/l_{x_1}l_{x_2})$ 组态。在该组态下，经济体购买劳动来生产中间工序半成品 x_1 和 x_2，卖最终产品 x，其决策约束方程为：

$$\max U = x = (l_x - R)^\alpha [(sM_{x_1})^\rho + (sM_{x_2})^\rho]^{\frac{\beta}{\rho}} - \frac{M_{x_1} + M_{x_2}}{P_x}$$

$$\text{s. t. } x^p = x + x^s = (l_x - R)^\alpha [(sM_{x_1})^\rho + (sM_{x_2})^\rho]^{\frac{\beta}{\rho}},\ l_x = 1$$

$$x_1^s = (l_{x_1} - R)^\alpha,\ l_{x_1} = 1,\ x_2^s = (l_{x_2} - R)^\alpha,\ l_{x_2} = 1,\ P_x x^s = w(l_{x_1}M_{x_1} + l_{x_2}M_{x_2}) \tag{4-11}$$

求解角点均衡为：

$$x^s=[\beta(sP_x)^\beta 2^{\frac{\beta(1-\rho)}{\rho}}(1-R)^\alpha]^{\frac{1}{1-\beta}},\ M_{x_1}=M_{x_2}=\frac{P_xx^s}{2}$$

$$U_{B1(x/l_{x_1}l_{x_2})}=(1-\beta)\beta^{\frac{\beta}{1-\beta}}[(sP_x)^\beta 2^{\frac{\beta(1-\rho)}{\rho}}(1-R)^\alpha]^{\frac{1}{1-\beta}} \tag{4-12}$$

（2）$B1(l_{x_1}/x)$和$B1(l_{x_2}/x)$组态。在$B1(l_{x_1}/x)$组态下，因为非对称的剩余控制权，其决策约束方程为：

$$\max U=Kx^d$$

$$\text{s. t. } P_xx^d=w(l_{x_1}-R)=1-R \tag{4-13}$$

求解得：$U_{B1(l_{x_1}/x)}=\dfrac{K(1-R)}{P_x}$　　(4-14)

因为对称性，同样得：

$$U_{B1(l_{x_2}/x)}=\frac{K(1-R)}{P_x} \tag{4-15}$$

根据效用均等条件：

$$U_{B1(x/l_{x_1}l_{x_2})}=U_{B1(l_{x_1}/x)}=U_{B1(l_{x_2}/x)} \tag{4-16}$$

和供求平衡条件：

$$M_{x_1}x^d+M_{x_2}x^d=M_xx^s \tag{4-17}$$

求解得：

$$\frac{M_x}{M_{x_1}}=\frac{M_x}{M_{x_2}}=\frac{2(1-\beta)}{K\beta},\ P_x=(s\beta)^{-\beta}2^{\frac{\beta(1-\rho)}{\rho}}(1-R)^{-\alpha}\left[\frac{K(1-R)}{1-\beta}\right]^{1-\beta}$$

$$U_{B1(xx_1x_2)}=2^{\frac{\beta(1-\rho)}{\rho}}(1-R)^\alpha(1-\beta)^{1-\beta}[Ks\beta(1-R)]^\beta \tag{4-18}$$

第二种：$B(xx_1)$模式。该模式由$B2(x/l_{x_1})$和$B2(l_{x_1}/x)$两种组态构成。

（1）$B2$（x/l_{x_1}）组态。对于组态$B2$（x/l_{x_1}），其决策约束方程为：

$$\max U=x$$

$$\text{s. t. } x^p=x+x^s=(l_x-R)^\alpha[(sM_{x_1})^\rho]^{\frac{\beta}{\rho}},\ l_x=1$$

$$x_1^s=(l_{x_1}-R)^\alpha,\ l_{x_1}=1,\ P_xx^s=wl_{x_1}M_{x_1},\ w=1 \tag{4-19}$$

求解角点均衡为：

$$M_{x_1}=\left[\frac{1}{P_x\beta(1-R)^\alpha s^\beta}\right]^{\frac{1}{\beta-1}},\ x^s=[\beta(1-R)^\alpha]^{\frac{1}{1-\beta}}(sP_x)^{\frac{\beta}{1-\beta}},\ U_{B2(x/l_{x_1})}=(1-\beta)$$

$$(1-R)^{\frac{\alpha}{1-\beta}}(s\beta P_x)^{\frac{\beta}{1-\beta}} \tag{4-20}$$

（2）$B2(l_{x_1}/x)$组态。而对于$B2(l_{x_1}/x)$组态，与第一种$B(xx_1x_2)$模式中的$B1(l_{x_1}/x)$组态完全相同。同样根据效用均等条件和供求平衡条件得：

$P_x=(1-\beta)^{\beta-1}[K(1-R)]^{1-\beta}(1-R)^{-\alpha}(s\beta)^{-\beta}$，$U_{B(xx_1)}=(1-\beta)^{1-\beta}(1-R)^{\alpha}[Ks\beta(1-R)]^{\beta}$

$$\frac{M_x}{M_{x_1}}=\frac{1-\beta}{K\beta} \tag{4-21}$$

第三种：$B(xx_2)$ 模式。该模式与上面的$B(xx_1)$ 完全对称，即

$$U_{B(xx_1x_2)}>U_{B(xx_1)}=U_{B(xx_2)} \tag{4-22}$$

因此，局部均衡模式是$B(xx_1x_2)$①。

（三）决策C：企业间“局部分工”

企业间产品内“局部分工”包括$C(xx_1)$模式和$C(xx_2)$模式两种模式，这两种模式是完全对称的，我们只分析$C(xx_1)$模式，该模式包括$C(x_1/x)$和$C(x/x_1)$两种组态。

（1）$C(x/x_1)$ 组态。在$C(x/x_1)$ 结构模式下，$x_1=x_1^s=x_2=x_2^s=x_2^d=x^d=l_{x_1}=l_{x_2}=0$，$x$、$x^s$、$x_1^d>0$，$l_x=1$，因此，该模式下的决策方程为：

$$\max U=x$$

$$\text{s.t. } x^p=x+x^s=(l_x-R)^{\alpha}[(tx_1^d)^{\rho}]^{\frac{\beta}{\rho}},\ l_x=1,\ P_xx^s=P_xx_1^d \tag{4-23}$$

由前面的假设$P_{x_1}=1$，我们可以求得角点均衡解为：

$$l_x=1,\ x_1^d=\left[\frac{1}{(1-R)^{\alpha}\beta P_xt^{\beta}}\right]^{\frac{1}{\beta-1}},\ x^s=(tP_x)^{\frac{\beta}{1-\beta}}[\beta(1-R)^{\alpha}]^{\frac{1}{1-\beta}}$$

$$U_{D(x/x_1)}=(1-\beta)(t\beta P_x)^{\frac{\beta}{1-\beta}}(1-R)^{\frac{\alpha}{1-\beta}} \tag{4-24}$$

（2）$C(x_1/x)$组态。$C(x_1/x)$组态与下面$D(xx_1x_2)$结构模式中的$D(x_1/x)$组态是一样的，具体见下面$D(xx_1x_2)$模式中的$D(x_1/x)$组态。

然后，根据效用相等条件：$U_{C(x_1/x)}=U_{C(x/x_1)}$和供求平衡条件：$M_{x_1}x_1^s=$

① 决策B下均衡的分析同上面决策A的分析方法是一样的，下面决策C和决策D的分析也是一样的，因为篇幅问题，我们不重复分析，具体可以参见表4－1。

$M_x x_1^d$，我们可以得到：

$$P_x = \left(\frac{K}{1-\beta}\right)^{1-\beta}(t\beta)^{-\beta}(1-R)^{-\alpha\beta}，\left(\frac{M_x}{M_{x_1}}\right)_{C(xx_1)} = \frac{1-\beta}{K\beta}，U_{C(xx_1)} = (Kt\beta)^{\beta}(1-\beta)^{1-\beta}(1-R)^{\alpha(1+\beta)} \quad (4-25)$$

再根据生产商总量约束 $M_x + M_{x_1} = M$，我们可以得到：

$$M_x = \frac{1-\beta(1-K+KM)}{1+(K-1)\beta}，M_{x_1} = \frac{KM\beta}{1+(K-1)\beta} \quad (4-26)$$

（四）决策 D：企业间“完全分工”

完全分工结构下包括 $D(x/x_1x_2)$、$D(x_1/x)$、$D(x_2/x)$ 三种组态。下面我们分别就这三种组态进行分析。

（1）$D(x/x_1x_2)$组态。该模式表示生产者—消费者通过市场交易获得半成品 x_1 和 x_2，然后再根据自己的专业化劳动生产 x，这时 x^s，x，x_1^d，$x_2^d>0$，$l_x=1$，$x^d=x_1=x_2=x_1^s=x_2^s=l_{x_1}=l_{x_2}=0$，因此，其决策方程为：

$$\max U = x$$

$$\text{s. t. } x^p = x + x^S = [(tx_1^d)^{\rho} + (tx_2^d)^{\rho}]^{\frac{\beta}{\rho}} l_x^{\alpha}，l_x = 1，P_x x^S = x_1^d + x_2^d \quad (4-27)$$

求解得角点均衡为：

$$l_x = 1，x_1^d = x_2^d = \frac{P_x x^{x_1}}{2}，x^S = [2^{\frac{\beta(1-\rho)}{\rho}}\beta(tP_x)^{\beta}(1-R)^{\alpha}]^{\frac{1}{1-\beta}}$$

$$U_{D(x/x_1x_2)} = (1-\beta)\beta^{\frac{\beta}{1-\beta}}[2^{\frac{\beta(1-\rho)}{\rho}}(tP_x)^{\beta}(1-R)^{\alpha}]^{\frac{1}{1-\beta}} \quad (4-28)$$

（2）$D(x_1/x)$组态。该模式表示生产者—消费者通过市场交易获得 x，自己专业化生产 x_1。此时，x_1^s，$x^d>0$，$l_{x_1}=1$，$x_1=x_1^d=x_2=x_2^d=x_2^s=l_{x_2}=x=x^s=l_x=0$。因此，该模式下的决策方程为：

$$\max U = Kx^d$$

$$\text{s. t. } x_1^p = x_1^s = (l_{x_1} - R)^{\alpha}，l_{x_1} = 1，x_1^s = P_s x^d \quad (4-29)$$

求解得角点均衡为：

$$P_1 = 1，l_{x_1} = 1，x_1^s = (1-R)^{\alpha}，x^d = \frac{(1-R)^{\alpha}}{P_x}，U_{D(x_1/x)} = \frac{K(1-R)^{\alpha}}{P_x} \quad (4-30)$$

（3）$D(x_2/x)$组态。该模式表示生产者—消费者通过市场交易获得 x，自己专业化生产 x_2。由于对称性，该模式下的角点均衡与上述 $D(x_1/x)$模式的相同。

根据效用相等条件：$U_{D(x_1/x)} = U_{D(x_2/x)} = U_{D(x/x_1x_2)}$和供求平衡条件：$M_{x_1}x_1^s = M_x x_1^d$，$M_{x_2}x_2^s = M_x x_2^d$，我们得到：

$$P_x = 2^{\frac{\beta(\rho-1)}{\rho}}(1-R)^{-\alpha}(t\beta)^{-\beta}\left[\frac{K(1-R)^{\alpha}}{1-\beta}\right]^{1-\beta}，U_{D(xx_1x_2)} = 2^{\frac{\beta(1-\rho)}{\rho}}(1-R)^{\alpha+\alpha\beta}(Kt\beta)^{\beta}(1-\beta)^{1-\beta}$$

$$\left(\frac{M_x}{M_{x_1}}\right)_{D(xx_1x_2)} = \left(\frac{M_x}{M_{x_2}}\right)_{D(xx_1x_2)} = \frac{2(1-\beta)}{K\beta} \quad (4-31)$$

再根据生产商总量约束：$M_x + M_{x_1} + M_{x_2} = M$，我们可以得到：

$$M_{x_1} = M_{x_2} = \frac{KM\beta}{2(K\beta+1-\beta)}，M_x = \frac{1+\beta(K-1-KM)}{1+(K-1)\beta} \quad (4-32)$$

比较上面企业间"局部分工"和企业间"完全分工"模式下各组态，我们发现均有$\frac{\partial\left(\frac{M_X}{M_{x_1}}\right)}{\partial K}<0$，$\frac{\partial\left(\frac{M_X}{M_{x_2}}\right)}{\partial K}<0$，说明随着 x 产品交易效率的提升，生产中间工序产品 x_1 和 x_2 的人数相对增加，从而使产品内分工不断深化。$U_{D(xx_1x_2)} > U_{C(xx_1)} = U_{C(xx_2)}$，这说明企业间"完全分工"比企业间"局部分工"模式下的人均真实收入水平要高。同时，我们通过比较企业内"局部分工"与企业间"局部分工"和企业间"完全分工"的效用得$\frac{U_{B(xx_1x_2)}}{U_{D(xx_1x_2)}} = \frac{U_{B(xx_1)}}{U_{C(xx_1)}} = \frac{U_{B(xx_2)}}{U_{C(xx_2)}} = \left(\frac{s}{t}\right)^{\beta}(1-R)^{\beta(1-\alpha)}$，当 $s \geqslant t(1-R)^{\alpha-1}$时，随着劳动交易效率的提升，或固定学习费用的增加，企业内"局部分工"结构模式所产生的人均真实收入水平比企业间分工结构模式的高，经济主体将倾向于选择企业内局部分工结构模式；反之，当 $s \leqslant t(1-R)^{\alpha-1}$时，经济主体将倾向于选择企业间分工结构模式。

综合上述各种结构模式的分析我们得到一般均衡和超边际比较静态分析，具体如表 4－1 所示。

表 4－1　一般均衡和超边际比较静态分析

		交易效率	均衡模式	分工模式
$\frac{1}{\rho}\geqslant\alpha+r$	$s\leqslant t(1-R)^{\alpha-1}$	$Kt\leqslant(1-R)^{1-\alpha}H$	$A(xx_1x_2)$	自给自足
		$Kt\geqslant(1-R)^{1-\alpha}H$	$D(xx_1x_2)$	企业间完全分工
	$s\geqslant t(1-R)^{\alpha-1}$	$Ks\leqslant H$	$A(xx_1x_2)$	自给自足
		$Ks\geqslant H$	$B(xx_1x_2)$	企业内分工
$\frac{1}{\rho}\leqslant\alpha+r$	$s\leqslant t(1-R)^{\alpha-1}$	$Kt\leqslant(1-R)^{1-\alpha}F$	$A(xx_1)$	自给自足
		$Kt\geqslant(1-R)^{1-\alpha}F$	$D(xx_1x_2)$	企业间完全分工
	$s\geqslant t(1-R)^{\alpha-1}$	$Ks\leqslant F$	$A(xx_1)$	自给自足
		$Ks\geqslant F$	$B(xx_1x_2)$	企业内分工

注：$\gamma=\frac{\ln\left(\frac{1-2R}{1-3R}\right)^{\alpha(1+\beta)}}{\ln2^{\beta}}$，$H=\frac{2\left(\frac{(\beta-3R\beta)^{\alpha}}{2+2\beta}\right)\left(\frac{1-3R}{1+\beta}\right)^{\frac{\alpha}{\beta}}}{\beta\ (1-\beta)^{\frac{1-\beta}{\rho}}\ (1-R)^{\frac{\alpha+\beta}{\beta}}}$，$F=\frac{\frac{(\beta-2R\beta)^{\alpha}}{1+\beta}\left(\frac{1-2R}{1+\beta}\right)^{\frac{\alpha}{\beta}}}{2^{\frac{1-\rho}{\rho}}\beta\ (1-\beta)^{\frac{1-\beta}{\rho}}\ (1-R)^{\frac{\alpha+\beta}{\beta}}}$。

四、模块化集群的内生演化过程

前文的超边际比较静态分析表明：企业间“局部分工”$C(xx_1)$和$C(xx_2)$两种模式不可能成为一般均衡。这是因为当交易效率的提升达到一定值后，自给自足将开始转向分工模式，而一旦分工出现后，则$C(xx_1)$和$C(xx_2)$两种模式都不如$B(xx_1x_2)$模式和$D(xx_1x_2)$模式好，因为$B(xx_1x_2)$模式和$D(xx_1x_2)$模式可以获得投资品多样化经济，因此，$C(xx_1)$和$C(xx_2)$两种模式不可能成为一般均衡。随着交易效率的提高，自给自足模式将向分工模式转换，同时伴随着最终产品生产者人数减少，而中间工序半成品的生产者人数会增加，劳动生产率和人均真实收入增加，市场规模也不断扩大，从而产品会以企业间分工形式被组织生产，即产品内分工模式出现；如果中间工序产品的交易效率低于劳动交易效率一定程度，则产品会以企业内分工形式生产；在固定学习费用不等于0时，如果互补经济低于专业化经济一定程度，那么投入多样化会不断得到改进，从而新技术和新机器设备从分工演进中出现。那么，企业到底是选择自给自足模式、企业内分工模式还是选择企业间分工模式来组织产品的生产，主要取决于劳动交易效率、中间产品交易效率和最终产品交易效率三者的关系

(其内在关系见图4－5)。

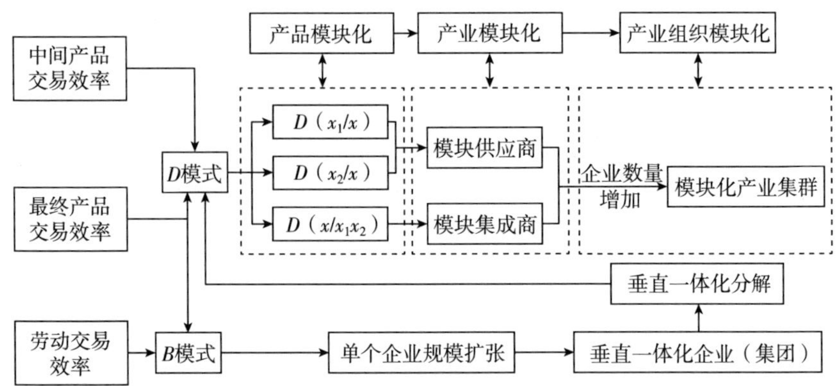

图4－5　模块化集群内生演化过程

图4－5表明，当中间产品和最终产品交易效率高于劳动交易效率一定程度时，产品内企业间分工就出现了，随着企业数量的不断增加①，技术标准化程度的增强，模块化的生产越来越得到广泛应用，从而形成了横向联系（生产相同模块企业之间的联系）和纵向联系（生产不同模块企业之间的联系）相互交织的模块化集群；当劳动交易效率高于产品交易效率一定程度时，企业在这一分工中便应运而生，随着市场规模的不断扩大，企业规模不断地扩张，因而引起内部协调成本不断增加，同时随着中间产品交易效率和最终产品交易效率的不断提高，市场交易费用不断减少，因而，企业又由垂直一体化向垂直一体化分解演进，从而出现产品内的企业间分工，同样，随着企业数量的不断增加和技术标准化程度的增强，产品模块化的生产越来越得到广泛应用，从而形成了横向联系和纵向联系相互交织的模块化集群。

① 这个企业数量不断增加的过程就是企业进行“集聚”和“集群”的过程，如前面引言中提到，关于企业是如何“集聚”和“集群”的问题，现有理论很多且理论很成熟，所以我们不再重复分析。

第五章　产业集群式转移与产业链跨区域整合的路径

产业集群式转移推进产业链跨区域整合战略的实施要落实到“怎么做”，也就是路径选择问题。本章将主要讨论以下三个问题：①产业集群式转移与产业链跨区域整合的共生演进过程；②产业集群式转移与产业链跨区域整合的路径创新；③基于焦点企业成长的产业集群式转移与产业链跨区域整合。

第一节　产业集群式转移与产业链跨区域整合的共生演进过程

在当今的新一轮产业转移浪潮中，集群式转移这种“企业的抱团迁徙”之所以成为产业转移的主导模式，是由于在现代经济集群化发展背景下，企业在集群中形成了强共生关系，这种共生关系与生物种群之间的共生关系极其相似，产业集群式转移类似于生物群落的共生迁徙。①

一、产业集群式转移与生物群落共生迁徙的相似性

产业集群式转移过程的实质是通过核心企业或产业链关键企业带动集群中的部分企业或集群整体转移而形成集群企业继续共生的过程，而生物群落共生

① 刘友金、袁祖凤、周静、姜江：《共生理论视角下产业集群式转移演进过程机理研究》，《中国软科学》2012 年第 8 期。

迁徙的实质则是生物群落中生存能力强的个体或物种带动群落中部分物种或者整个群落迁徙而形成生物群落的继续共生。产业集群式转移与生物群落迁徙非常相似，主要表现在转移行为主体相似、总体特征相似、形成的共生阶段相似。

（一）产业集群式转移与生物群落迁徙的行为主体相似

产业集群与自然界的生物群落具有生态学机制上的相似性和可比性①，产业集群式转移与生物群落迁徙行为也具有相似性与可比性。产业集群式转移以集群核心企业与配套企业或产业链关键企业与上下游企业、中介机构与配套服务企业为行为主体，当某个或几个适应能力非常强的核心企业或关键企业成为产业转移的“先驱”——先行企业之后，由于先行企业的吸聚作用，形成了上下游配套企业的跟随转移，随着集群中更多生产性企业的转移，其中的中介机构与关联企业也跟随转移或嵌入集群。② 自然界中生物群落的共生迁徙则是以适应能力较强的生物个体、生物种群、食物链或食物网为行为主体的群体行为，在某个或几个适应能力非常强的生物特种的带领下，该特种的同类物种、食物链物种跟随迁徙，由于植物的迁徙非常困难，所以植物一般是由当地嵌入该群落。生物群落迁徙与产业集群式转移行为主体相似性如表 5－1 所示，生物群落的行为主体包括个体特种、生物种群、生物群落，分别相当于产业集群式转移过程中的单个企业或机构、同类企业或机构、相关联企业或机构行为主体。

表 5－1　产业集群式转移与生物群落迁徙的行为主体相似性比较

生物群落迁徙的行为主体		产业集群式转移的行为主体	
生物个体	单一生物有机体	单个企业或机构	集群中的单个生产企业、专业化供应商、服务供应商、相关产业的厂商以及相关的机构

① 许芳：《基于群落演替理论的产业集群进化路径初探》，《自然辩证法研究》2011 年第 10 期。

② 本书将这些适应能力非常强、在产业转移过程中起试探性作用并成为产业转移“先驱”的核心企业或关键企业称为先行企业。

续表

生物群落迁徙的行为主体		产业集群式转移的行为主体	
种群	同种生物在特定空间和时间内所有个体的集合	同类企业或机构	同一集群内的具有相同或相似资源的单位个体的有机组合
群落	动物、植物、微生物等种群共同组成的生物系统通过长期发展和自然选择而形成的组合	相关联企业或机构	指由不同个体单位组成的集合体，如企业、中介机构、高校及科研院所、非正式组织等组成的相互依赖的集合体

（二）产业集群式转移与生物群落迁徙的总体特征相似

1. 相互依存特征

生物群落迁徙的相互依存特征，主要表现在同种群中弱者对强者的依存、不同种群中不同物种之间的相互依存以及各自对共生环境与界面的依存。集群企业之间的相互依存特征主要包括集群共生单元之间的相互依存以及集群企业对共生环境与共生界面的依存。在这里，共生单元之间依存，表现为上下游企业之间、龙头企业与配套服务企业之间的高度依存关系。共生单元与共生环境及界面依存，表现为企业与集群内部的合作与竞争机制、信息传递机制、奖惩机制、知识技术扩散机制、商业环境、产业环境、配套环境等制度与环境之间的依存。

2. 共进化特征

同一系统内生命特征类似的生物群落在面临类似的环境压力时，都会采取相似的生存手段形成集群共进化特征。① 生物群落的共进化特征，一方面表现为生物种群通过基因遗传与突变，不断增强物种生命力；另一方面表现为生物群落通过向有利于自身生存与繁衍的区域进行群体迁徙。产业集群共进化特征，一方面表现为通过集群创新，向价值链高端攀升，实现集群转型升级，改变各自在原地的生存与发展能力；另一方面表现为在越来越恶化的环境下，集群企业“抱团”转移到一个新的有利于自身发展的共生环境。产业集群式转

① 曹如中、高长春、曹桂红：《创意产业创新生态系统演化机理研究》，《科技进步与对策》2010年第11期。

移的共进化特征，不仅表现为集群企业在转移方向、方式等方面达成共识而形成具有空间一致性与时间先后性的“企业抱团迁徙”，同时还表现为集群企业在转移过程中或者转移之后，通过扩大规模、改变经营内容、改进生产方式、运用新技术、转变经营方式等提高集群企业的生存与盈利能力，实现产业集群的整体升级与集群品牌效应。

3. 开放性特征

生物群落迁徙的开放性特征，表现为生物群落在迁徙初始阶段是完全开放的，进入新群落的对象可以是本群落中的物种、迁入地的物种或从其他地方迁入的物种，只要它们有足够的能力与群落中其他物种形成竞争或合作的、不可或缺的共生关系。但当生物群落迁徙完成且群落共生关系已得到调整时，群落的开放程度将会降低。这一方面是由于生物群落中已经形成一种互惠共生的生态链，其他物种的嵌入会破坏生态链的稳定性；另一方面是由于群落生存的环境承载已经达到一个极限，过多生物聚集会对群落产生生存危机。类似地，在产业集群式转移初期，集群的开放性很大，集群外能够为先行企业提供服务或配套的企业都被鼓励进入集群、与群内企业进行合作；而当集群发展到一定规模，则集群企业对群外企业的选择要求变得苛刻，甚至排斥群外企业的进入、减少与群外企业的合作。这主要是由于随着集群网络的形成，集群企业可以通过群内企业之间的交换与合作实现“自给自足”的生存与发展模式，这种发展模式使集群企业之间形成了一种密切的、稳定的共生关系，群外企业再想进入集群成为其新成员变得困难。此时，产业集群个体的开放程度降低，更多地表现为集群整体而非个体与群外企业或机构的合作与共生，如通过设立贸易市场形成集群与外部市场的联系、利用区域品牌效应进行产品宣传等。

（三）生物群落迁徙与产业集群式转移的共生阶段相似

生物群落共生迁徙依次经过单个生物个体迁徙→生物种群迁徙→种群外的物种嵌入食物链→食物链其他物种跟随迁徙的演进过程，产业集群式转移依次经过先行企业试探转移→相关企业跟随转移→群外企业嵌入集群→相关产业跟随集聚的演进过程。这两种演进过程非常相似，归纳起来都经历了四个阶段：点共生阶段→间歇共生阶段→连续共生阶段→一体化共生阶段，如表 5 - 2 所示。

表 5－2　产业集群式转移与生物共生迁徙形成的共生阶段相似性比较

阶段	生物群落迁徙过程阶段性特征		产业集群式转移过程阶段性特征	
点共生	生物个体迁徙	某个生存、适应能力强的生物个体试探迁徙形成与其他生物的偶然性的共生	先行企业试探转移	某个或几个规模大、生存能力强的先行企业试探转移，从而形成与群外企业的偶然性的合作
间歇共生	生物种群迁徙	同类生物跟随生物个体迁徙，从而形成生物种群各个体之间有规律的共生	相关企业跟随转移	与先行企业强关联的企业跟随转移，从而形成企业之间在生产、生活方面的带有一定必然性的、长期目的性的合作
连续共生	食物链物种嵌入	迁入地的其他生物嵌入种群形成稳定的食物链共生	群外企业嵌入共生	集群企业之间通过有规律的信息、产品、技术等交流形成长期而全面的合作关系
一体化共生	生物群落迁徙	迁出地与迁徙种群共生关系密切的生物跟随迁徙，从而形成全方位的、长期的、稳定的网络食物链共生	相关产业跟随集聚	相关产业实现配套、服务、技术等共享，集群产业链不断延伸，从而形成了产业内部及产业之间长期、稳定、规律的合作

资料来源：袁纯清：《共生理论——兼论小型经济》，经济科学出版社 1998 年版。

二、产业集群式转移与区域产业链整合过程的生态学分析

由于产业集群式转移与生物群落共生迁徙的相似性，我们将借用共生理论解剖产业集群式转移演进过程，探讨产业集群式转移各共生阶段的特征与条件，把握产业集群式转移基本规律，科学引导产业集群式转移。根据前文对产业集群式转移与生物群落共生迁徙的相似性比较，我们将先行企业探索性转移形成的企业个体之间的短暂、偶尔合作共生称为“点共生”阶段；将相关企业跟随转移形成的有横向、纵向频繁生产联系的间歇共生阶段称为“线共生”阶段；将群外企业嵌入集群形成全方位的、更有规律的连续共生阶段称为“面共生”阶段；将相关产业跟随转移后，通过产品、服务、配套等各种纽带连接起来形成“产业面”与“产业面”一体化共生的阶段称为“网络共生”阶段，从而构建出产业集群式转移演进过程 DLSN（dot symbiosis、line symbiosis、surface symbiosis、network symbiosis）模型，即“点共生”→“线共生”→

"面共生"→"网络共生"演进过程，如图5-1所示，各个共生阶段都有其自身的特征与形成条件。

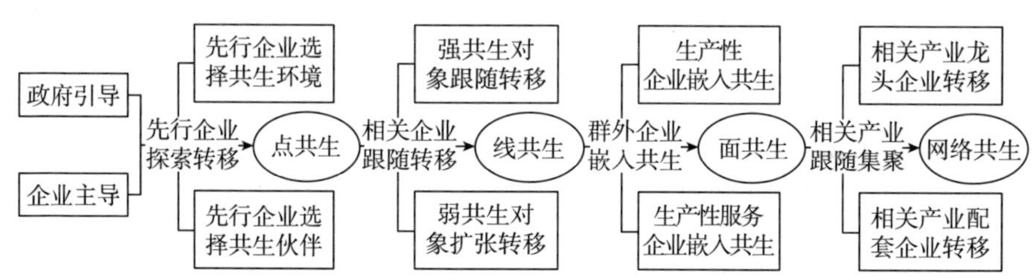

图5-1 产业集群式转移DLSN共生模型

（一）先行企业试探转移形成"点共生"阶段

产业转移实质是企业空间扩张的过程，也是企业的再区位和区位调整的过程。① 拥有最雄厚的经济实力、最扎实的技术基础、最广泛的网络关系的先行企业，往往具有最强的适应与生存能力，群体的连接主要靠这类企业来实现。② 所以，这类先行企业势必会成为集群式转移的试探者。先行企业试探转移，主要包括对新共生环境与共生伙伴的选择。一般来说，先行企业在选择外部共生环境时，会根据自身对要素和市场等因素的依赖程度选择最适合自身发展的共生环境，如对于外向型产业集群会更偏向于选择沿海周边地区，而对于要素依赖型集群则更偏向于选择要素资源丰富的地区。先行企业一方面可以把承接地相关企业作为其新共生伙伴；另一方面也可以继续与原产业集群共生企业保持远距离共生关系。由于在此阶段，单独转移的先行企业只与其他企业发生短暂的、偶然性的合作，称其为产业集群式转移的"点共生"阶段。

1. "点共生"阶段的特征

在产业集群式转移的"点共生"阶段，先行企业自主完成大部分的生产活动且与其他企业的合作具有偶然性、单一性、不稳定性，正如生物个体迁徙

① 魏后凯：《产业转移的发展趋势及其对竞争力的影响》，《福建论坛（经济社会版）》2003年第4期。

② 徐维祥、彭霞、张荣：《跨区域群体投资模式研究》，《中国工业经济》2005年第2期。

之后，在重新寻找交配对象、寻找食物来源与生存环境时所形成的与同类物种或其他物种之间暂时的、偶尔的、不稳定的食物链关系。在先行企业试探转移形成的“点共生”阶段，为了避免配套生产的不完善，先行企业往往整体转移到承接地或者完整地复制到承接地，尤其是关键生产环节会跟随转移，在这种情况下，先行企业与承接地其他企业的合作一般只限于非关键生产环节的非必然合作，这种合作并没有形成企业之间稳定的、丰富的共生界面。先行企业的生存与发展对外界环境的依赖性很强，虽然先行企业把握了核心生产环节，但是它的配套生产与配套服务要完全依靠群外其他企业与机构，可能造成以下几种情况：如果服务与生产配套跟不上，先行企业的生存环境会恶化；没有固定合作与共生伙伴的先行企业，为了寻找短暂的合作伙伴而不能把全部精力灌注于核心环节，使发展速度较慢。

2. “点共生”阶段的形成条件

“点共生”阶段的形成条件可以从转出地的推力与转入地的拉力两个角度来分析，这正如生物群落共生迁徙是在转出地环境恶劣与转入地环境优越的条件下发生的。形成转入地拉力条件主要有两种情况：一是先行企业发展前景非常好，为了寻找更广阔的发展空间，先行企业将部分环节进行转移或者通过新投资来扩大公司规模。二是转出地各种环境开始并继续恶化，集群企业在转出地的生存与发展受到威胁，先行企业将寻找机会主动迁徙。目前，政府主导下的产业转移成为我国产业转移的主要形式①，转入地拉力条件的形成主要有：转入地为即将转入的先行企业提供融资、税收、土地等优惠政策，提供完善的配套条件如基础设施配套、生产配套、服务配套等。尤其重要的是，通过政策引导提供生产配套，包括资源供应、生产性服务供应等。

（二）产业链相关企业跟随转移形成“线共生”阶段

就像生物中的个体倾向于与它的同类物种一起迁徙，集群企业倾向于与它们的供应商和所信任的合作伙伴一起转移。② 在产业集群式转移过程中，先行

① 吴国萍、张鑫：《西部承接东部产业转移的政府角色定位》，《改革》2009 年第 3 期。

② Sammarra, Belussi, “Evolution and relocation in fashion – led Italian districts”, *Entrepreneurship & Regional Development*, Vol. 18, No. 11 (February 2006).

企业的强共生企业为了获取与先行企业继续共生所产生的能量，必定跟随先行企业进行转移。在强共生企业跟随转移的背景下，先行企业在安心完成自身的建设甚至扩大建设规模的同时，加强与集群原共生企业及当地企业的合作，从而开始积极地根植当地。随着先行企业的快速发展与产业纵向关联与横向关联企业大规模跟随转移，形成了类似于间歇共生的“线共生”阶段。

1. “线共生”阶段的特征

“线共生”阶段是通过先行企业的强共生对象跟随转移、弱共生对象扩张或改变经营内容转移而形成的，集群企业之间的共生关系还是存在一定的不稳定性与偶然性，产品生产流程是串联在集群企业之间的一条线；这正如在生物个体的带领下，与其关系亲密的交配对象、后代、邻居等长期共生伙伴所形成的共同迁徙，虽然血缘关系就是种群之间的一条线，但是当一些关系密切的共生伙伴没有跟随迁徙时，必须通过群外嵌入，新形成的共生关系具有一定的不稳定性与偶然性。先行企业与跟随转移企业之间初步形成纵向交流的介质——“流程”①，即可以通过“流程”介质来联通企业之间的产品交流。由于某些企业在转移过程中经营内容、生产规模的改变引起企业之间的相互依赖程度不同，从而导致集群共生企业的生态位重新调整，所以这个阶段“流程”介质的生成具有一定的不稳定性。另外，由于原产业集群中也存在不跟随转移的生产性企业，“流程”介质的形成必然嵌入群外某些暂时合作企业，所以“流程”介质的生成具有一定的偶然性。在这个阶段，集群企业既依赖于环境又依赖于集群企业共生关系。依赖环境主要是由于集群中新的共生关系还没有完全稳定下来，且共生链中还缺少一部分环节，虽然每个企业都存在一些稳定的合作伙伴，但是由于企业之间的共生关系处在调整阶段、磨合阶段，所以企业发展仍然比较慢。

2. “线共生”阶段的形成条件

“线共生”阶段是产业链相关企业跟随转移的阶段，该阶段能顺利进行必须具备两个非常重要的条件：集群企业之间具有较强的互补性或共享性共生关

① 这里的“流程”介质是指把产品的生产流程作为企业与企业之间进行交流的一种介质。

系，先行企业具有比较好的发展环境与势头。这正如只有在生存环境优越的条件下，与其关系密切的同类种群或关系密切种群才会跟随迁徙一样。首先，只有当集群企业之间拥有互补性或共享性的共生关系，在先行企业转移之后配套企业与服务企业才有动力随其转移，否则，配套企业更愿意通过寻找新共生伙伴以获取更强共生关系。而对于承接地来说，只有当集群企业之间拥有互补性或共享性的共生关系，才可以利用其共生关系创造条件对其相关配套与服务企业进行承接。其次，只有当先行企业发展得好、发展前景较好、拥有良好的配套与优越环境，才会形成对原共生企业的吸引作用，从而促进其共生企业跟随先行企业一起转移。

（三）群外企业嵌入集群形成“面共生”阶段

一方面，集群的自我强化功能产生的强大向心力会吸引更多群外企业入驻该产业集群①；另一方面，群外理性企业也会为了获取规模效应、共生效应及日后的区域品牌效应，嵌入该集群或者在该集群进行再投资。这种横向、纵向生产及横向、纵向服务等线条的完善使得集群企业之间的共生不断增强，企业之间的合作次数越来越频繁，从而形成了类似于连续共生的“面共生”阶段。

1.“面共生”阶段的特征

“面共生”阶段是群外生产性企业与生产性服务企业嵌入集群而形成的以“契约”规范企业共生的较稳定的、多层面的企业共生。这正如生物群落迁徙过程中植物与其他物种嵌入而形成的群落中各生物之间的后代繁殖、食物链等多方面的相对稳定的生物共生。群外企业嵌入产业集群之后，集群共生链上一些断层几乎都被填补，企业之间的交流变得顺畅。由于集群之间的交流从产品扩展到信息、知识等方面，集群之间的交流介质也越来越丰富，其中最主要的就是“契约”。“契约”介质包含隐性契约和显性契约。隐性契约是指企业之间的某些方面的合作已经形成的一种惯例或者常规，在大多数情况下，集群企

---

① Klmienko M, “Competition, Matching, and Geographical Clustering at Early Stages of the Industry Life Cycle”, *Journal of Economics and Business*, Vol. 56, No. 3 (May 2003).

业合作是一种非正式联结。[①] 然而，隐性契约本身隐含着机会主义的威胁[②]，所以显性契约的作用得到显现。显性契约是指特定的交易、协议和承诺，通过显性契约可以减少企业之间的纠纷，显性契约的形成进一步加强了集群共生进入正轨的步伐。同时，随着企业相互依赖关系的重新确立及依赖性增强，企业之间的“流程”介质也趋于稳定。群外企业的嵌入使每个集群企业都可以在群内找到共生伙伴，而不用在群外寻找共生伙伴，所以集群企业更多依赖共生关系而不是环境。随着企业之间稳定共生关系的形成，通过共生伙伴的合作与分工，每个企业都可以专注于自己的关键环节，企业开始加速成长，集群效应开始显现。

2. “面共生”阶段的形成条件

“面共生”阶段是外地或本地相关企业嵌入产业集群而形成的，这个阶段的顺利进行要有两个条件，即系统的非完整性与嵌入企业的供应，这正如在生物群落的迁徙过程中，本地生物与迁徙群落建立共生关系的条件是迁徙群落的非完整性以及迁徙生物对本地环境的适应性，如植物的固定性就导致了迁徙群落的非完整性，这只能通过人工移植或本地嵌入来实现与迁徙群落的共生。产业集群式转移是产业链上下游企业与配套企业集体转移的过程，而在现实中，不可能每个企业都可以参与产业集群式转移，即在转移过后总是存在一些由于上下游企业或配套企业缺失而形成的产业链空缺，正是这种产业链空缺加速了“面共生”阶段的形成，即为了加强集群企业共生关系的稳固，外地或本地相关企业积极嵌入。为了保证嵌入企业的供应，必须从以下两个方面着手：一方面，鼓励当地相关企业嵌入产业集群或企业家于产业集群中投资建厂；另一方面，继续从转出地引进相关生产环节或者从其他地区引进产业链空缺环节。

（四）相关产业转移形成“网络共生”阶段

当某产业在一个地方集聚之后，该区域的配套与服务越来越齐全，于是集聚效应越来越明显，如基础配套设施不断完善，制度创新对经济发展的促进作

① 赵海山：《关系型契约与产业集群治理研究》，《科学学与科学技术管理》2007 年第 11 期。

② 袁静、毛蕴诗：《产业链纵向交易的契约治理与关系治理的实证研究》，《学术研究》2011 年第 3 期。

用开始增强，商业环境也得到改善，关联企业之间运输费用及交易费用不断降低，这不仅可以吸引相关企业的转移，还可以吸引相关产业的转移。相关产业转移形成的产业集聚与产业面与面的共生构成了类似于一体化共生的“网络共生”阶段。

1. “网络共生”阶段的特征

“网络共生”阶段是在相关产业跟随转移背景下由配套企业、服务企业、中介机构作为产业之间共生的连接纽带而形成的不只限于产品、信息、技术，还扩充到人才、制度、创新模式等全方位交流的共生阶段，这正如一个完整的群落里生物之间的交流不仅包括同种生物之间的分工协作，还包括不同生物之间的食物链与食物网等共生关系。集群企业通过多方面、多方位的合作已经形成了一个复杂的共生网络，各个交流主体之间都存在着相对稳定的共生界面。前面几个共生阶段形成的“契约”介质成为集群企业之间交流的一个非常重要的界面，如惯例、企业家关系等隐性共生介质，合同、规章等显性共生介质，同时线共生阶段形成的“流程”介质也不断得到优化。在该阶段，集群企业的生产活动主要依赖于多个共生界面联结在一起的集群共生关系，在稳定的共生关系中，集群企业可以专注于自身核心能力的发展，为了维持自身在网络中的地位，会不断地通过技术创新、产品升级等方式促使自身成长，从而实现集群升级，形成区域品牌效应。

2. “网络共生”阶段的形成条件

“网络共生”阶段的形成条件主要有两个：产业集聚效应足够大、跟随转移产业与已转移产业具有一定相关性。正如在迁徙群落要重新形成一个完整、庞大的群落系统要满足两个条件：一是群落本身须具有一定的规模；二是迁徙到该地的生物与该群落生物本身存在着横向分工或纵向食物链关系。在“网络共生”形成阶段，一方面要使集群集聚作用足够大：首先，转移集群中的主导产业应具有较强的产业关联度，如汽车工业可以带动上下游150多个产业部门的发展①；其次，产业集群已经形成了一定规模且发展顺利，这主要取决

① 韩颖、潘志刚：《汽车工业对其关联产业的带动效用分析》，《中国软科学》2005年第6期。

于集群在承接地的发展前景及承接地对该产业的重视程度。另一方面，产业集群是通过生产相同、相似产品或横向、纵向关联产品的关联企业的集聚而形成的，要使相关产业企业跟随转移，则该产业集群一定要与其相关产业具有比较强的相关性，它们不仅可以形成上下游的共生关系，还可以共享配套企业所提供的生产配套和服务配套等。

三、产业集群式转移与区域产业链整合典型案例

前面运用共生理论解释了产业集群式转移的动力机制、路径阶段以及各路径阶段共生转换的条件，承接地如何遵循集群式产业转移路径转换阶段的共生性规律，创造适配性条件承接集群产业转移。接下来，我们以郎溪集群式承接产业转移的典型案例进行进一步说明。

从2008年开始，江苏省无锡县的特种装备制造业通过集群式转移方式转移到距离其170千米的安徽省宣城市郎溪县无锡工业园，2010年郎溪县无锡工业园已实现工业总产值57亿元，工业增加值11亿元。到2011年5月郎溪县无锡工业园累计签约项目达563个，总投资232亿元，其中超亿元项目61个，拥有国家和江苏省高新技术企业称号或相关产品认证的企业200余家、外贸企业200余家，分七批开工274家。郎溪县无锡工业园中主要包括印染机械—印染配件、压力容器—压力容器配件、锅炉—锅炉配件等产业链企业。在短短的几年内，江苏无锡特种装备制造业向安徽郎溪集群式转移形成了相当的规模，该过程遵循了产业集群式转移一般演进过程，接下来将对这一案例做更为系统的解析。

（一）无锡先行企业试探性转移形成“点共生”阶段

无锡是一个制造企业集聚的地方，在无锡产业结构调整、太湖退耕还湖、新城区建设三个大项目如火如荼开展的背景下，制造企业发展所需大量土地资源、大量能源及其他原材料、政策优惠、廉价劳动力都不能得到继续满足，于是在无锡已经有相当规模的特种装备制造业产业集群面临着生存问题，产业转移是其寻求生存与发展的一条最佳途径。2009年3月31日，图强生化容器公司、凯林日化装备等8家企业，为了寻求更好的发展空间、更低的经营成本，

在郎溪县丰富的土地资源、淳朴的风土人情、政府官员热情的工作态度及相似的文化氛围等优势的吸引下，于郎溪县无锡工业园举行了隆重的开工仪式。标志着以图强生化容器公司为先行企业的产业集群试探转移的开始，也标志着郎溪经济开发区无锡工业园项目全面开工建设。不久，集群中的东日昌轴承有限公司为了扩大生产规模也通过考察落户郎溪县无锡工业园，成为带动轴承配套企业转移的轴承先行企业。这些试探转移的先行企业生存能力都非常强，很多生产环节都能由自己完成，在近距离转移后，原材料市场与销售市场也没有发生变动，从而与承接地其他企业之间形成了偶然性的、无规律性的合作关系。

作为农业县的郎溪，20 世纪 90 年代发展起来的工业只有花炮与箱包产业，因此公路、住宅、厂房等工业基础设施是郎溪非常欠缺的。工业基础设施薄弱与交通落后是郎溪承接先行企业非常不利的因素，但是郎溪县政府部门通过以下方法扬长避短吸引无锡先行企业的转移：①充分利用自身距无锡不到 2 小时车程的区位优势以及郎溪县的低成本优势到无锡装备制造业集群中招商。②加速各种工业设施的建设，并且积极引进产业链较长、生存能力较强的企业到当地落户。③通过系列措施展示其招商诚意、高效办公效率及两地相似的社会风俗，从而吸引客商。

（二）相关与配套企业跟随转移形成“线共生”阶段

在这个共生阶段，与先行企业具有强共生关系的企业，特别是在生产环节上相关联的企业通过跟随先行企业进行转移，这就类似于在生物种群迁徙过程中，亲缘关系越近的物种，生态特征越相似，对类似环境的适应能力就越一致。相关与配套企业在转移之后继续保持原有共生关系，从而形成了先行企业与上下游企业的有规律的、非偶尔性的、长期的“线共生”特征。随着安徽东日昌轴承制造有限公司进入郎溪，无锡市华润轴承配件厂、无锡市宇寿医疗器械有限公司等轴承制造与轴承配件相关企业纷纷通过各种渠道与方式来郎溪进行考察，随后跟随东日昌轴承有限公司签约落户郎溪县无锡工业园。它们通过生产环节上的继续合作维持着原有的强共生关系，或者使共生关系得到了进一步增强。

在大批相关企业跟随转移的情况下，郎溪作为一个经济还不发达的小县城，劳动力供应、市场体系建设、制度建设等各方面都还存在一定的滞后。首先，虽然针对劳动力供应问题，郎溪县提出了三个“万人计划”，通过万人培训计划、万人回归计划、万人引进计划缓解人才供应难题，但是解决劳动力问题还得从生活环境、商业环境等各方面下功夫，只有为劳动力提供良好的环境与发展前景才是吸引劳动力的硬道理。其次，在各种基础设施建设初期，由于市场自动调节能力相对较差，很多生产要素价格呈现出脱离使用价值的市场价格，从而不利于建立良好的市场秩序，因此当地政府部门根据企业反映的情况对超出使用价值太多的生产要素价格进行限制。最后，郎溪制度建设暂时还跟不上经济发展，虽然很多审批程度得到了简化，但其他方面还存在很多不足，如企业到政府部门办事时间不具弹性，当地政府应该根据沿海企业的习惯为其提供全面、高效的服务。

（三）郎溪本地企业与外地企业嵌入产业集群形成“面共生”阶段

在无锡特种装备制造业向郎溪集群式转移的“线共生”阶段结束之前，集群式转移的“面共生”阶段已经开始，即相关企业跟随转移与群外企业嵌入集群具有一定的同步性。嵌入产业集群的企业集中于服务业，多为与产业相关性非常大的生产性服务业及金融服务业，2008 年以来郎溪服务业发展情况如表 5 -3 所示。在这一阶段，各种生产与生活性的专业市场纷纷建立，各种金融机构特别是安徽本省的金融机构也陆续嵌入，郎溪政府从土地、规费、引导、财税等各方面对服务业的发展进行扶持从而支持本地或其他地方的配套服务企业嵌入集群。郎溪企业、外地企业嵌入集群，为集群企业提供全面的配套服务与生产欠缺环节，从而形成了集群企业之间多方位的、长期的、稳固的“面共生”阶段。

面共生阶段的关键是加强、稳固集群中嵌入企业、原有企业、新建企业等各种企业之间的共生关系。郎溪县无锡工业园成立了专门的商会来加强转移企业之间的凝聚力以及转移企业与集群外部环境如政府部门之间的沟通；同时，郎溪县政府通过完善五金、钢材等市场的建设，生活配套服务区和星级宾馆的建设，各种制度的建设，为集群企业提供更好的共生环境。此外，由于郎溪县无锡工业园的“面共生”阶段开始于“线共生”阶段结束之前，所以对于“面

表 5-3　郎溪服务业发展情况

已发展服务业	享受优惠政策对象	扶持政策
生产性服务业：启动建设县综合物流园、定埠港物流基地，加快建设建材市场、钢材市场等一批重点项目	一次性固定资产投资在 2000 万元以上的现代物流业项目	(1) 土地政策：对重点扶持且投资超亿元的具有辐射带动作用的服务业项目的用地出让净收益部分，全部奖励所在乡镇或开发区，用于基础设施配套和扶持服务业企业发展 (2) 规费政策：规范服务业收费并一律按最低标准收取，切实降低服务业企业运营成本 (3) 引导政策：县财政设立促进服务业发展专项资金，每年按一定幅度增加，实行专款专用 (4) 财税政策：对符合优惠条件的服务业项目经营户给予三年培育期，实行以下优惠政策 (5) 其他政策：鼓励各类就业服务机构发展，完善就业服务网络，加强农村剩余劳动力转移、城市下岗职工再就业、高校毕业生就业等服务体系建设
生活性服务业：加快建设中国茶城、箱包专业市场、瀚海国际大酒店、商会大厦等一批重点项目	建筑面积在 20000 平方米以上的专业市场项目；****级以上宾馆项目	
金融服务业：大力引进各类金融机构，县农合行、新华村镇银行先后挂牌运营，积极争取徽商银行、中国银行、无锡农村银行	经营面积在 5000 平方米以上的大型超市项目	

资料来源：郎溪新闻网——《今日郎溪》。

共生”阶段的群外生产性企业的嵌入可能不具有针对性，即从其他地方嵌入集群的企业可能是相关企业，但却不一定是集群产业链中最需要的环节。郎溪县应该在“线共生”阶段过后，适当延长“面共生”阶段，加强特种装备制造业产业集群的产业链管理，了解每个企业对于上下游和横向合作企业的需求程度，引进相关企业从而填补产业链的空缺，集中资源做强特种装备制造业。

（四）“一区多园”经济的发展形成“网络共生”阶段

郎溪经济开发区的“一区多园”经济发展不仅在园区之间形成资源共享网络共生，而且还形成了生产网络共生，即多个产业之间相互关联，相互可以提供中间品或者配套产品，通过资源、信息、生产合作等多个面的合作从而形成“网络共生”。截至 2011 年 1 月，郎溪县经济开发区初步形成了郎溪县无锡工业园、锦城科技创业园、台湾工业园等“一区多园”的经济发展格局。这些工业园不仅在物流、金融服务、贸易市场以及制度等资源方面实现了共享，形成了一定的网络，而且在配件生产等方面也形成了网络，三个工业园都涉及精密机械等特种装备制造业，它们既可以形成技术、产品等方面的合作，也可以通过竞争激发各自的创新活力。

郎溪县通过构建一区多园，使郎溪特种装备制造业“网络共生”阶段开始形成。这些园区不仅在生产上有一定的相关性，而且在地缘上也存在着关系，它们都是从无锡周边地区转移过来的。在这个阶段，除了要引进相关产业外还要加强各园区之间的联系，提高产品生产本地配套率，可以在园区之间完成的环节尽量通过园区合作完成。所以，郎溪政府还应该为园区之间的交流提供全面的服务，如建立产业集群各园区之间的信息交流平台、建立园区内部交流市场等措施来完善各园区企业之间的合作竞争机制。

第二节 产业集群式转移与产业链跨区域整合的路径创新

一、基于区域产业链整合的产业转移承接模式创新

有学者指出，如果是在一个技术静态且时间无限的空间，产业梯度转移理论似乎合理并有效。但从长期来看，如果西部落后地区等到东部发达地区带动中部欠发达地区发展后再进行发展，必然延误西部落后地区和中部欠发达地区的发展时机，中国的地区差距将在很长时期内进一步扩大（胡宇辰，2007）。为了加快缩小东中西部地区间的差距，摆脱传统追赶路径的困惑，中西部地区应当大胆探索，超越梯度转移理论的局限，创新产业转移承接模式。

承接产业转移模式创新的一个成功典型是重庆对IT产业的承接。[①] 重庆用短短两年的时间一跃成为全球重要的IT生产基地，其基本的做法与过程是：重庆首先通过科学规划和环境改善，引进了世界前6位笔记本电脑品牌商中的

① 刘友金、吕政：《梯度陷阱、升级阻滞与承接产业转移模式创新》，《经济学动态》2012年第11期。

惠普、宏碁与华硕。这3家龙头企业不仅在渝设立运营总部，将基地的加工贸易订单和结算都放在了重庆，而且以商招商，引来了富士康、广达、英业达、纬创、仁宝、和硕6家全球著名代工厂商，这些代工厂商又将300多家配套厂商带到了重庆落户，形成了“3+6+300”的强势IT产业集群。重庆仅仅用了两年，一条巨大的由品牌商、代工商和零部件制造商组成的产业链以惊人的速度在重庆整合，做到80%的零配件在本土生产，将成长为一个年生产1亿台笔记本电脑、3000万台打印机、3000万台监视器、3000多万台智能手机，有当今世界电子产业最高端的产品系统，具备世界电脑产业、通信产业核心体系，销售收入过万亿元的重庆第一支柱产业。重庆在优化产业承接环境、降低企业交易成本方面重点做了三件事：一是建立了西永和寸滩两个国家级保税区；二是政府为IT产业基地内的员工建造了公租房和宿舍楼，解决了职工的住宿问题；三是在国家的支持下建立了以渝新欧铁路为平台的欧亚大陆桥，打通了重庆的物流通道。与此同时，在重庆两江新区蔡家组团，一个面积达10平方千米、基于云计算概念的离岸数据处理中心正在有序推进，重庆开始了抢占云计算产业高地的征程，以此带动重庆IT产业的全面升级。

重庆承接IT产业转移模式可以总结为“核心企业带动本土化整合的集群式承接产业转移模式”，该模式的特点是：①集群式承接。充分利用自身的劳动力成本优势、自然资源优势、政策优势等，通过科学规划和配套设施完善，构建产业转移承接平台，吸引产业链上的核心企业和配套企业集体转移，主动承接东部沿海地区产业转移。②核心企业带动。首先是创造条件吸引产业链上的核心企业转移，然后发挥核心企业关联作用与示范作用，带动配套企业、研发机构、服务机构向集群集中。做到以商招商，产业链招商。③本土化整合。通过构建产业链，使转移过来的企业与机构进行本地化整合，优化产业环境，降低交易成本，再造区位优势，形成创新空间，带动本地企业群体突破，向产业链高端攀升，实现整体升级与跨梯度发展。

当然，重庆承接IT产业转移模式只是中西部地区承接产业转移模式的一种创新形式，面对新一轮产业转移，还有更多的模式需要在实践中探索和创新。然而，不管具体表现形式怎样，中西部地区产业转移承接模式创新应当实现以下几个突破：一是突破点式承接。目前，中西部地区承接沿海产业转移，大多承接的是制造业中的某个加工环节，是一种点式承接。点式承接使发达地区居于价值链系统集成者地位并相互嵌套，落后地区则被分割而处于价值链的孤立环节，从而形成环节（落后地区）对链条（发达地区）的竞争，甚至是环节（落后地区）对网络（发达地区）的竞争，难以摆脱弱势地位。二是突破低端承接。全球产业分工与跨国公司主导产业内迁的结果，将会分割承接地本土产业的内部联系，俘获落后地区低端产业，弱化产业转移的前后向关联效应，技术在地区间外溢的作用被阻隔，形成落后地区对发达地区的新型依附关系，造成承接地本土企业在产业链中被低端锁定，陷入一种低级生产要素对高级生产要素的竞争，导致地区差距的扩大。三是突破被动承接。梯度转移是高梯度地区的产业得到较充分发展以后向低梯度地区转移，这个过程往往转出方是主动的，而承接方是被动的，这就形成承接地对转出地的依赖。其直接的结果是，承接地因被动接受转出地转入的产业而打乱原有的产业规划与产业布局，久而久之导致产业的无序发展、盲目发展、低效发展。我们应当看到，虽然地区间存在经济技术水平梯度差异，但这种现有的生产力水平梯度顺序，不一定就是不可改变的技术引进和经济开发顺序。如果中西部地区在承接产业转移过程中，能够实现上述三个突破，创造“局部区域优势”，使低梯度地区的经济发展形成比较好的外部经济效应，然后向周边地区扩散，就能够跨越产业转移的梯度陷阱，实现反梯度发展。

二、产业集群式转移后的供应链本地化无缝连接

（一）供应链本地化的必要性

产业转移能否成功，不仅与产业转移的数量、技术水平及关联度等可量化的因素有关，而且与产业供应链、转移方式、承接地区市场结构等不可量化的因素有关。一方面，在实际产业转移中，对于承接地转入的“适宜产业”在技术上能适应承接地区相关供应链，产业易于实现产业配套当地化，各种供应链节点企业也较完善，且又是相对先进性的产业，这种产业与承接地区关联产业的对接能力比较强，能发挥的增长带动作用比较大。另一方面，承接地的移

入产业关联度越大，越易产生集聚效应，对承接地区相关产业链和供应链产生补充效应，对当地经济的发展构成一个完整的产业和供应链，产业转移效应也就越显著。对于转出地，产业转出后其供应链也遭到“破坏”，需要对结构进行升级。如我国东部地区转移出去的多是加工类及其他技术含量低的劳动密集型产业，东部地区这些产业转移出去后其供应链也相应地受到改变，但同时也为产业结构升级提供了空间，需要重构产业供应链。可见，无论是承接地区与转出地区移动的产业及其供应链都必须要进行重组，才能提高产业的竞争能力，才能实现产业结构的升级。如果是按照“适宜产业”进行的转移，将对承接地区和转出地区的供应链影响不是太大，即使达到了“破坏性”，也会很快在当地重新组合和再生。这从产业转移的“溢出效应”和生态学中的“适者生存”理论得到证实。①

我们假设产业供应链是由不同生态群落组成的一个生态系统，现以一条供应链的资源群落上具有两个不同节点企业资源种群（假设为种群 A 和种群 B）对其资源利用情况作为对象进行研究。在对于多个供应链组织间竞争中，可将企业选择供应链或者供应链选择节点企业的情况分解为多个不同的成对种群问题进行考虑。假设产业供应链组织是一个资源群落的生态系统，包含着各自执行同任务的节点企业资源群落，每个企业资源群落又包含具有相同价值取向的异质性资源，每个群落的资源在其内部的竞争和环境变化等的影响，在此可以认为是产业的转移，在一定时期内，不适应产业的发展，人才、信息、技术等资源会以一定的比例流失，从而造成供应链竞争能力的下降，并造成节点企业资源在其供应链中地位的丧失。种群竞争能力流失包括有价值目标的取向远离供应链资源整体价值观而形成的竞争力下降、企业目标的转移，造成节点企业资源群落在其供应链中失去位置从而被淘汰等；由于具有竞争性的供应链其人才、信息、技术等资源具有共享性和互补性，在此供应链中的一个供应链种群流失的资源如人才、信息、技术等可能会被竞争者重新利用（如承接地的产

① 张天平、刘友金：《产业转移后供应链本地无缝连接与产业升级策略》，《求索》2011 年第 9 期。

业），这种重新利用我们称为激活；另外，由于两个种群在合作整合等活动中资源还会转移，并产生新的经验、信息资源等，这些我们称为供应链资源的再生，如溢出效应达到的效果。[①] 同样，对转出地区进行的产业结构调整，也会在这些资源上产生新的供应链资源，形成新的供应链，增加产业竞争能力。因此，如果在产业转移时，都是以“适宜产业”进行的，就会在两地集成和产生新的产业供应链，实现两地产业竞争能力的提高。

产业转移后供应链资源的优化。按照迈克尔·波特的竞争战略理论，产业要实现自己的竞争优势，必须根据自己所掌握的资源情况而定，而拥有了这些资源能否实现竞争优势，还是个未知数，这主要取决于如何利用好这些资源，产业转移能获取好的竞争机会，要使这些机会成为现实，取决于许多因素，其中转移后产业的供应链资源的优化是其中最重要的因素之一。单纯从供应链来说，其资源的优化主要是指供应链的信息、资金、人才、市场、产品及节点企业等，而在承接新的产业后，在产业的升级中，这些产业会溢出新的供应链资源，同时，也会产生挤出效应，将原有的、落后资源挤出供应，促使供应链中的节点企业及供应链群落重新组合，原有的资源也可能必须升级，如管理经验、市场环境、产业政策等，而落后的不能适应转移来的新产业，且又不能升级的资源就将会被挤出，如旧的技术、旧的知识、旧的观念等。在转移来的新产业资源的作用下，适应新产业发展的资源将重新组合，实现供应链优化。

从产业角度来说，如果承接的产业资源不能实现当地供应链结构的升级，产业的转移就可能不会成功。在产业转移过程中，依赖产业生存的市场、信息、知识、经验、人才、政策等资源必须随着产业转移到承接地，才能使产业转移顺利进行。要使产业真正成功转移，就必须使产业的资源与承接地的原有资源相融合。然而，要使产业转移达到承接地的目的，同样要求转移来的资源要与承接地资源的优化组合，实现当地化，从而实现供应链的优化与升级，最终达到承接地的产业结构升级和竞争能力的增强。

---

① 张天平、谭明：《基于生态选择下的供应链资源竞争分析》，《湖南科技大学学报（社会科学版）》2011 年第 3 期。

（二）供应链本地化的路径

产业转移的溢出效应对供应链的影响。一方面，产业转移形成的外部力量推动能够弥补不足的内部基础，如我国东部地区的产业转换升级将在资金、技术、人才等方面为西部地区产业结构的转换升级提供强大的推动力。另一方面，东部地区产业的升级也能促使东部地区内产业结构布局合理化。要实现这些产业结构的升级，其产业供应链就必须实现本地化。产业供应链的本地化是指从产业转移过程中带来的资金、技术、人才、市场、政策、投资等供应链的资源本地化，促使承接地的产业供应链的全面升级和发展。

一是转移产业供应链的本地化，首先必须做到承接地的政策要符合新产业供应链的发展需要，因而产业转移对承接地原有的资金信息、人才环境、市场拓展、产品技术等资源政策是一个较大的冲击，形成对承接地在这些政策和观念上的突破，促使其制定新的保护供应链资源政策和实施。因为在产业转移后，一方面，劳动力的跨地区流动与产业的空间转移具有一定的替代性，劳动密集型产业的空间转移对劳动力流动的敏感性更强；另一方面，产业的空间转移主要是通过企业跨地区投资来实现的，由于信息不对称，即企业在异地投资所获得的能反映地区优势的信息存在缺失，在投资决策过程中势必放大投资的风险，低估投资的预期收益，因此只有在与承接地区的产业进行无缝连接后，才可能避免由于信息不对称而带来的投资风险。

二是理顺产业供应链中资源性产品价格，增强承接地自我发展能力。由于产业供应链是由与生产关系密切的节点企业组成的，如果这些节点企业间产品价值与价格背离，将影响整个供应链优化组合，阻碍地区扬长避短、分工协作、生产力合理布局，从而使整个供应链失去竞争优势，进而影响转移产业的本地融合，承接产业的目的难以实现。① 这个矛盾的解决，有赖于理顺整个产业供应链形成的上下游系列产品的比价关系，使整个产业链生产中环节的经营者能够取得大体一致的资金利润率。因而，正确运用产品在供应链上下游地区

① 张孝锋、蒋寒迪：《产业转移对区域协调发展的影响及其对策》，《财经理论与实践》2006 年第 4 期。

差价是实现产业布局合理化的重要杠杆。在我国，目前有些地区差价既不能反映不同地区的劳动消耗，也不能反映地区产品供求关系。如西北地区水电成本比全国低20%～40%，而电价反而高于能源调入区和紧缺地区，这就不能控制东部一些高耗能工业的发展，使其向西部地区转移。

三是大力促进承接地区与转出地区联合利用产业供应链资源共享，引导产业合理转移。目前，我国东部发达省区的经济发展已有较强的基础，在资金、技术、生产管理经验、市场开拓、人才等资源上具有较大优势，而这些地区有的产业又不适宜在本地区发展，应当按照产业转移的“梯度”原理，将这些对于西部来说相对先进的产业进行合理转移，与西部的能源、原材料、土地、劳动力资源等资源结合起来，就能实现资源联合，引导西部的人才、管理、生产技术等资源的全面升级，促进西部地区产业供应链从结构上升级，而升级后的西部资源又会支持东部地区的发展。

（三）供应链本地优化推动产业升级的策略

一是建立开放与统一的大市场。统一市场能够解决各种区域之间交易成本高的问题，能够解决产业结构趋同化、产品相似度偏高形成的相互替代关系的过度竞争，也能改变地区内的供应链之间为了同一资源而竞争。[①] 从统一的开放大市场角度考虑市场体系，还能实现区域间人力资源、自然资源、技术、信息、资金等产业供应链间的要素合理流动，实现资源共享，并能衍生出新的资源，带动产业及供应链的升级。要实现开放统一的大市场的建立，须建立完善的市场竞争机制，解除地区封锁和行业垄断，消除市场割据和地方保护。地区产业转移与结构调整，实质就是产业资源配置在不断增长的空间范围内的调整与重组，在更广阔的市场空间谋求最佳组合，以提高资源配置效率，促进经济和整个国民经济的发展。因此，地区产业转移与结构调整既是生产力社会化和区域分工协作发展的必然结果，又是区域经济专业化和市场经济发展的必然趋势。

二是建立地区产业转移和供应链联动战略。产业承接地与转出地本身就存

① 张鑫：《基于产业集聚的东部产业转移问题研究》，广西师范大学硕士学位论文，2010年。

在密切关系，应充分发挥这种关系的作用，利用各自资源禀赋与地域优势，推进地区产业转移和供应链联动，实现承接地与转出地的资源共享。一方面，利用传统产业需要的资源、劳动力、资金、高新技术信息等生产要素，传统工业产业与新兴的产业互相耦联，共生共荣，达到持续发展的目的，改造生产和供应链，扩散产品，拓展市场，实现联动。[①] 另一方面，实现生产要素合理流动，资源优化配置。在资源配置上，营造适宜的高效制度、完善市场经济体制是实现生产要素合理流动与社会资源优化配置的基础。建立供应链联动战略，优化供应链配置，为产业链跨区域整合和产业结构调整提供资源保障。

三是建立承接产业与本地产业联动。根据地区自己的产业优势和支柱产业，有选择地承接适宜的产业，通过这些产业的转移和溢出效应，培育出承接地自己的支柱产业。这样，可以实现跨地区产业结构调整，形成合理的产业区域分工。产业联动的模式主要有：①品牌产品之间的对接。如可将拥有名牌产品和销售网络的东部企业的产成品生产基地向中西部扩展，利用其品牌效应和市场效应与中西部的同类加工企业形成横向一体化联盟，既可以扩大东部品牌企业的市场，降低成本，也能帮助中西部承接地企业提高生产能力，提升整体供应链竞争能力。②零部件或初级产品生产基地转移。我国东部拥有先进组装或深加工技术的企业，如果将这些先进企业的供应链零部件或初级产品生产基地向中西部转移，形成一种纵向联盟，既解决了产业供应链资源不合理的问题，又实现了供应链的延伸，保证了整个链条的资源共享，在市场竞争中将处于有利地位。[②]

四是建立科技研发与市场开拓联动。先进科学技术的产业化和市场化运用，能使企业在激烈的市场竞争中取得先机，承接地区和转移地区在科学技术研发与市场开拓方面实现联动，必将实现相关产业和供应链的结构实现全面升级。东部地区有些具有较高科学技术的产业如果成功转移到西部，实现东西部的技术合作，将东部的先进技术与中西部的原材料秉赋结合，共同开发高技术

① 马斌：《东部产业转移与重庆产业结构优化研究》，重庆工商大学硕士学位论文，2008 年。

② 叶广宇、蓝海林：《供应链分析与基本竞争战略的选择》，《南开管理评论》2002 年第 1 期。

含量、高附加值、高市场占有率的产品，既避免了西部企业生产初级原材料、市场竞争力低、市场窄小等问题，又加快了东部企业的科学技术成果转化，扩大了市场容量。中西部地区可选择市场前景好、起点较高、产业关联度和带动力较强的项目，与东部地区进行多层次、多形式、多领域和全方位的经济技术联合与协作，以此带动产业集群式转移和产业链跨区域整合。

三、梯度陷阱与产业集群式转移路径优化

梯度转移理论主张发达地区应首先加快发展，然后通过产业和要素向较发达地区和欠发达地区转移，以带动整个经济的发展。但不可忽视的是，梯度转移理论要有效发挥作用是有其自身适应性条件的，如劳动力不能跨区域自由流动、同类产业在不同经济空间组织效率相差不大、没有政府的直接干预、发达地区的主导产业处于创新阶段，等等。否则，如果不具备这些条件，发达地区的产业和要素向较发达地区和欠发达地区转移就会出现障碍，存在产业转移的梯度陷阱。

（一）产业转移梯度陷阱成因

产业转移梯度陷阱的成因主要有四个：地区间劳动力自由流动降低了地区间的工资差距，阻碍产业梯度转移；中西部地区产业集群不足，东部产业集群黏性阻碍产业梯度转移；地方政府的 GDP 竞争影响了资源在全国范围内的最佳配置，阻碍产业梯度转移；发达地区创新主导产业尚未形成规模，阻碍产业梯度转移。

1. 地区间劳动力自由流动阻碍产业梯度转移

新古典增长理论认为，经济增长主要决定于资本、劳动两要素的投入，并假定生产函数的规模报酬不变、单一要素边际报酬递减（Solow，1956）。[①] 这样，在一个非一体化的经济空间，如不同国家之间或地区之间，劳动是不能自由流动的。市场力量发挥资源配置作用的结果是，资本将由劳动成本高（短

① Solow Robert M, "A Contribution to the Theory of Economic Growth", *The Quarterly Journal of Economics*, Vol. 70, No. 1 (Janurary 1956).

缺）的国家或地区流向劳动成本低（丰裕）的国家或地区，而资本流动通常是以产业的区域转移为载体进行的，从而导致产业的跨国家或跨地区转移。但是，对于一个一体化的经济空间，如我国大陆不同地区之间，资本和劳动都可以自由流动，既可以是资本由劳动短缺的地区流向劳动丰裕的地区，也可以是劳动由资本短缺的地区流向资本丰裕的地区，直到地区间要素价格（即边际报酬）实现均衡为止。但是，在发展中国家及一国的不发达地区，初始时期往往资本稀缺劳动丰裕，或者劳动比资本相对丰裕，劳动力容易迁就资本单向流动以降低资本丰裕地区的资本劳动比，从而提高该地区的资本回报率，使资本丧失了向劳动力过剩地区流动的激励，特别是当发达地区劳动力工资和落后地区劳动力工资长期拉不开到足够的差距时，劳动的单向流动和资本的区域黏性便被锁定，表现为落后地区的剩余劳动力源源不断地流向发达地区，而发达地区向落后地区的产业转移则难以顺利进行。王思文、祁继鹏（2012）利用CES生产函数证明，当劳动力要素是自由流动的时候，目前导致东部地区向中西部地区大规模产业梯度转移的条件还不成熟。① 我们利用企业网络招聘工资数据的实证研究也表明：虽然中西部地区的工资水平相对较低，但是地区工资差距不大，而且中西部工资增长速度快于沿海地区，地区间工资差距趋于缩小，到2011年我国工资报酬最高的东部沿海地区的工资仅为工资报酬最低的中西部地区工资的1.28~1.33倍，而20世纪80年代中国香港地区出口加工业向大陆沿海地区大规模转移时期，香港地区工人工资水平约为大陆地区工人工资水平的8倍以上（罗浩，2003）。② 显然，劳动力的自由流动降低了地区间的工资差距，依靠劳动力成本差异驱动的大规模产业梯度转移尚难以实现（贺胜兵、刘友金、周华蓉，2012）。③

2. 产业集群黏性阻碍产业梯度转移

资本在世界范围内流动并不只是寻找最便宜的劳动，而是寻找生产能力最

① 王思文、祁继鹏：《要素流动性差异与地区间产业转移粘性》，《兰州大学学报（社会科学版）》2012年第2期。

② 罗浩：《中国劳动力无限供给与产业区域粘性》，《中国工业经济》2003年第4期。

③ 贺胜兵、刘友金、周华蓉：《沿海产业为何难以向中西部地区转移——基于企业网络招聘工资地区差异的解析》，《中国软科学》2012年第1期。

强、效率最高同时价格也最便宜的劳动。因此，尽管劳动力成本—工资是决定转移区位选择的一个关键因素，但不是唯一决定因素。Dunning（1988）认为，企业进行投资区位决策时，不仅要考虑到要素禀赋所形成的优势，也要考虑产业组织、交易成本等因素所产生的优势。[①] 现代经济的一个显著特征是集群经济，产业集群是由一群具有产业关联性的企业包括最终产品制造商、中间产品供应商、服务供应商以及在专业知识和技能方面能对相关产业产生支持作用的机构在地理上或特定地点的集中现象。产业集群能形成巨大的规模与需求，保证集群区域内企业获得从中间产品到劳动力的高品质、低成本的供给，而集群的外部效应如公共基础设施、专业化市场、分工协作网络、融资渠道、区域品牌使集群中所有企业获利。因此，企业在投资区位选择时，更趋向于往产业集群地区聚集。新经济地理学认为，具有前后向联系的企业集聚可以节约交易成本（Martin & Ottaviano，1999[②]；Venables A，1996[③]；Tabuchi T，1998[④]）。企业聚集所带来的交易成本节约，是随着集聚程度的加剧、集聚区劳动力与工资等要素价格不断上升而呈倒“U”形变化。当产业集聚程度处于倒“U”形的左边时，即使政府推出优惠政策，也难以达到促进产业大量转移的效果；当产业集聚程度处于倒“U”形的右边时，政府通过适度的政策引导，就能够促进产业的有序转移。我国目前的状况是东、中、西部地区的产业集群数量比例约为79∶12∶9，产业集群主要集中在东部沿海地区（刘世锦，2008）。[⑤] 由于长期的不平衡发展，东部地区产业集群化水平高，产业链比较完整，而中西部地区产业集群化水平较低，本地配套能力弱。而且目前我国东部沿海地区产业集群还处在成长阶段，产业集聚程度处于倒“U”形的左边。在这种状况下，如果东

① Dunning J H，“The Paradigm of International Production：Past，Present and Future”，*Journal of International Business Studies*，Vol. 19，No. 1（April 1988）.

② Martin，Ottaviano，“Growing Locations：Industry Location in a Model of Endogenous Growth”，*European Economic Review*，Vol. 43，No. 2（February 1999）.

③ Venables A，“Equilibrium Locations of Vertically Linked Industries”，*International Economic Review*，Vol. 37，No. 2（May 1996）.

④ Tabuchi T，“Urban Agglomeration and dispersion：a synthesis of Alonso and Krugtnan”，*Journal of Urban Economics*，Vol. 44，No. 3（November 1998）.

⑤ 刘世锦：《中国产业集群发展报告（2007—2008）》，中国发展出版社2008年版。

部集群企业转移到中西部地区将会失去根植于原有产业集群所带来的优势及交易成本的节约，这就形成了产业梯度转移的产业集群黏性。同时我们对珠三角集群地区转移到湖南省湘南地区的企业实地调查发现：综合考虑到劳动力平均工资、劳动力素质、劳动效率，企业转移前后单位产品的实际劳动力成本相差不大。但由于转入地的基础设施较差、当地产业配套能力不强、政府办事效率较低等因素却带来了企业的交易成本大幅上升。显然，中西部地区产业集群不足，其拥有的劳动力成本优势将被进一步削弱，对沿海产业的吸引力也随之下降。

3. 地方政府的GDP竞争阻碍产业梯度转移

除了少数大城市之外，我国沿海发达地区的产业结构是以劳动密集型加工制造业为主，企业规模也多为中小型企业。因此，经济发展到一定阶段，将劳动密集型产业转移出去有利于产业结构调整，理应受到沿海发达地区各级政府的鼓励。可是，我国地方政府是利益相对独立的经济主体，在GDP考核和分税制这样的制度安排下，追求地方经济增长和地方财政收入最大化就必然成为支配地方政府经济行为的最主要动机。在当前我国经济增长、财政收入和劳动力就业主要还是依靠传统产业的情况下，一些本应被东部地区淘汰和转出的边际产业，由于对该地区的经济发展和财政收入依然发挥着重要作用，一旦大量的劳动密集型产业转移出去，先进制造业和高新产业不能及时跟上的话，将导致地方税收减少和就业水平下降。为保证当地的财政收入和充分就业，地方政府不仅不愿意支持本地企业向外地转移，而且还倾向于通过税收减免和财政补贴等政策鼓励企业向本地的次梯度地带转移（周五七、曹治将，2010）。[①] GDP竞争使地方政府这只有形的手无时不刻不在干预着市场要素流动，增加了沿海产业向中西部地区转移的人为壁垒。如广东为促进产业区内转移，提出产业与劳动力的双转移战略，在省内欠发达地区设立产业转移工业园，政府在政策和资金上提供支持，鼓励广东珠三角地区劳动密集型产业向东西两翼和粤

① 周五七、曹治将：《中部地区承接东部产业梯度转移的壁垒与对策》，《改革与战略》2010年第10期。

北山区转移。况且，中国是一个大国，各地区内部的发展也是不平衡的，发达的高梯度地区有落后地带，欠发达的低梯度地区也有相对发达地带，这种情况客观上为地区内部产业转移提供了条件。显然，地方政府 GDP 竞争，使产业区内转移比产业区际转移更有动力，影响了资源在全国范围内的最佳配置。

4. 发达地区创新主导产业尚未形成规模阻碍产业梯度转移

按照梯度转移理论，所谓高梯度地区是指主导产业处于创新阶段和发展阶段的地区。一般认为，当处于高梯度发达地区的产业结构调整完成，创新主导产业的技术溢出就会促使产业在空间和规模上拓展，从而迫使低端产业向低梯度地区转移，成为产业梯度转移的内在动因（刘毅，2008）。[①] 因此，创新主导产业的形成是导致产业转移的内在条件，只有当创新主导产业形成一定规模时，产业梯度转移才有可能大规模发生。否则，当创新主导产业尚未形成规模，传统产业依然发挥重要作用的情形下，大规模的产业梯度转移是不会发生的。现在我国长三角、珠三角等东部沿海地区，产业结构调整还没有完全到位，产业创新并不是特别突出，创新主导产业尚未形成规模。如 2018 年广东高新技术产业产值占工业总产值的比重为 48.8%，而早在 2001 年，韩国高新技术产业产值占工业总产值比重就达到了 62%，美国高新技术产业产值占工业总产值比重达到了 75%，日本高新技术产业产值占工业总产值比重更是高达 83%。这说明到目前为止，东部沿海地区的创新主导产业还没有形成规模，创新活动还没有积聚成推动传统产业转移的内部力量，因此东部沿海地区产业主动向中西部地区大规模梯度转移的真正时机还没有到来，大规模的产业梯度转移是难以发生的。事实上，目前我国长三角、珠三角等东部沿海地区产业转移的动因主要是来自原材料、劳动力、土地等生产要素成本的增加以及人民币升值对“两头在外”经营模式的影响，这是由产业外部力量拉动的一种被动的产业转移，这种被动的产业转移很难从内部成长出新型的、更为高端的替代产业，这时大规模梯度转移的结果将很可能导致产业空心化。可见，发达地区创新主导产业尚未形成规模，造成产业梯度转移缺乏内在动力。

① 刘毅：《谨防产业转移陷阱》，《珠江经济》2008 年第 8 期。

（二）产业转移梯度承接与产业升级阻滞

产业转移梯度承接的主要作用表现在经济增长、市场资源充分利用、产业结构调整这三个方面上。产业升级阻滞主要包括既有产业分工格局导致承接地生产要素低端锁定、集群网络中跨国公司战略“隔绝机制”形成技术封闭、产业转移对象片段化挤压承接地产业技术提升空间、转移产业生命周期处于蜕变创新阶段增大承接地产业技术升级难度。

1. 产业转移梯度承接

梯度承接产业转移是由于资源供给和产品需求等条件发生变化从而导致某些低梯度地区和国家承接高梯度地区或国家的相对低端产业的过程，即由高梯度地区向低梯度地区发生的顺梯度承接。对于我国中西部地区承接地而言，其主要作用在于以下三个方面。

（1）充分利用市场资源。由于技术与资金的局限性，中西部地区常受困于本地区优势产业的开发与利用，然后通过产业顺梯度转移承接，中部地区可以得到梦寐以求的资金与技术，从而实现市场的开拓与发展，并有效发挥本地区矿产资源与劳动力等其他成本相对更低的独特优势，实现资源的合理配置与利用，进而促进资金的引入达到循序渐进式的发展。

（2）加速技术进步。技术进步是经济增长的源泉，而在开放性经济大环境下，产业转移是实现技术进步的重要手段，由产业转移产生的技术溢出已成为发展中国家促进技术进步的重要手段。中西部地区如何通过推动生产要素跨区域流动来提升技术创新的能力，加速技术进步从而达到与沿海地区相近发展水平将成为一个重要的方向。

（3）推进产业结构调整。中西部地区自然资源丰富，农业发展有一定基础，拥有沿海地区所不具有的丰富矿产和大面积的农业生产基地，在此基础上，通过承接顺梯度产业转移能增强本地区的采矿与农产品加工的产业发展，实现产业升级，同时推动中西部地区主导产业向第二、第三产业转移，实现产业结构调整。

2. 产业升级阻滞

在促进我国东中西部均衡发展战略实践中产业梯度转移理论失灵，不仅表现在产业转移过程中的梯度陷阱，而且也表现在产业梯度转移后承接地的产业升级阻滞。也就是说，一方面，目前我国沿海产业向中西部大规模梯度转移客观上存在障碍；另一方面，即使发生了沿海产业大规模梯度转移，也未必一定能够带来中西部地区的产业升级。

（1）既有产业分工格局导致承接地生产要素低端锁定。生产要素分为初级生产要素与高级生产要素两种，初级生产要素包括非熟练劳动力、土地与自然资源、资金等，高级生产要素包括受过良好教育的人力资本、教育与研发机构、先进制造技术等。建立在初级生产要素基础上的产业层次一般比较低，如劳动密集型产业、资源密集型产业；而建立在高级生产要素基础上的产业层次一般比较高，如知识密集型产业、先进制造业。在我国，采取非平衡发展战略的结果，不仅东中西部地区经济发展水平差距不断扩大，而且这一差距因为先进地区和落后地区间广泛存在的经济互补性得以长期存在。在这种背景下，沿海地区可以“腾笼换鸟”，用基于高级生产要素的产业逐步置换基于初级生产要素的产业，将基于初级生产要素的产业转移到中西部地区，为沿海地区发展高级生产要素产业提供空间和资源支撑。与此相对应，在初级生产要素有比较优势的中西部地区，则主要通过承接劳动密集型和资源密集型产业，变成了拥有的相对丰裕的初级生产要素与转入的以初级生产要素为基础的低端产业相结合，进一步强化了既有的产业分工格局，导致承接地产业的低端锁定，且这一低端锁定由于东部先进地区与中西部落后地区存在的广泛经济互补性而得到强化和持续。实际上，在前些年东部地区向中西部地区发生转移的 10 个主要产业中，8 个产业属于资源依赖型产业或资源密集型产业，占转移产业总数的 80%。[①] 一个难以自然改变的状况是，历史上选择了某种产业分工格局，那么在较长的历史过程中，各种经济活动会被定格在这种格局上。既有产业分工格局长时期难以打破，使承接地生产要素低端锁定，带来产业升级受阻。

（2）集群网络中跨国公司战略“隔绝机制”形成技术封闭。学者们普遍

① 冯根福、刘志勇、蒋文定：《我国东中西部地区间工业产业转移的趋势、特征及形成原因分析》，《当代经济科学》2010 年第 2 期。

认为，“二战”以来先后已经发生了三次国际产业转移，每次产业转移都在很大程度上改变了世界经济发展的格局。这三次产业转移的基本路径依次是：产业首先从欧美转移到日本和德国，接下来转移到新兴工业化国家和地区，再转移到我国沿海地区。现正在发生第四次产业转移，这次产业转移的主体是我国沿海地区在改革开放早期承接的欧美、东南亚国家及港、澳、台地区转入的产业，现再次向中西部地区发生转移。这些产业在沿海地区经过 20 ~ 30 年的发展，在很大程度上已经形成了跨国公司主导的嵌入式产业集群。与传统的内生型马歇尔式产业集群利用专业化分工深化、人力资源汇聚、技术溢出效应等获取外部经济性不同，嵌入式产业集群中跨国公司的主要目的是依赖母公司技术，利用转入地的区位优势、廉价资源、广阔市场提升其全球生产网络的整体竞争优势。嵌入式产业集群是一种跨国公司主导的战略空间集聚，具有内在的战略性“隔绝机制”。① 这种“隔绝机制”通常意味着某种程度的选择性、排斥性、封闭性，一般只向“特定”的合作伙伴而不是位于该地理空间的所有组织扩散或让渡竞争优势。② 战略隔绝机制的存在，使依托跨国公司战略空间集聚效应所形成的产业集群具有内在的网络封闭性，集群中核心企业的升级，并不一定带来产业集群整体升级，甚至导致“升级悖论”：集群内企业沿某一特定技术路径升级越快，当地知识基础的生成就越困难，与当地产业关联被弱化的可能性也就越大。可见，如果是发达国家跨国公司主导的产业内迁并让中西部地区加入由跨国公司主导的全球价值链，很可能陷入一种简单的循环：发达国家利用完中国东南沿海地区的要素禀赋后，再去掠夺中西部地区的要素资源。③ 中西部地区承接这种产业，当地企业极有可能失去实现技术能力动态提

---

① Bell G, “Clusters, Networks and Firm Innovativeness”, *Strategic Management Journal*, Vol. 26, No. 3 (Janurary 2005).

② Alan M Rugman, Joseph R D' Cruz, *Multinationals as Flagships Firms: Regional Business Networks*, Oxford University Press, 2000.

③ 刘志彪、张少军：《中国地区差距及其纠偏：全球价值链和国内价值链的视角》，《学术月刊》2008 年第 5 期。周勤、周绍东：《产品内分工与产品建构陷阱：中国本土企业的困境与对策》，《中国工业经济》2009 年第 8 期。

升的长期机会。①

（3）产业转移对象片段化挤压承接地产业技术提升空间。随着国际产业分工由产业间分工向产业内分工再到产品内分工的纵深推进，产品生产过程出现了全球垂直分离，同一产品的不同生产环节或工序可以由分布于世界各地的企业协作来完成，形成了产业链的“片段化”。② 与此相对应，国际产业转移的对象由原来典型的“边际产业”和“标准化阶段的产品”转向了产品的各工序，使产业转移对象片段化。在这种背景下，由高梯度地区向低梯度地区转移的是产业链上的低端环节或落后环节，梯度转移则成为高梯度地区衰退技术向低梯度地区的扩展，产业转移的结果不仅解决不了低梯度地区的技术落后状况，而且还会导致区域技术差距进一步拉大，形成梯度转移与技术落后的同步增长。③ 从目前沿海产业向中西部转移的现状来看，越来越呈现出研发环节和制造环节空间分离的趋势，中西部地区虽然承接了高科技产品的生产，但核心技术大多却留在沿海，转移到中西部地区的企业只是沿海优势企业的“加工车间”。不仅如此，中西部地区承接“产业片段”的结果，一方面使其对沿海地区总部生产技术依赖程度更高；另一方面作为“加工车间”本身没有更多技术创新压力。因此，产业转移对象片段化，将会挤压承接地产业技术提升空间，失去在承接地进行技术创新的能力和努力。

（4）转移产业生命周期处于蜕变创新阶段增大承接地产业技术升级难度。正如产品生命周期一样，产业也有其自身的生命周期。自从 Gort 和 Klepper（1982）提出产业经济学意义上第一个产业生命周期模型（G－K 模型）以后④，引起了国内外学者对产业生命周期理论的广泛研究。一般认为，产业生命周期分为四个阶段：自然垄断阶段、全面竞争阶段、产业重组阶段、蜕变创

① 王益民、宋琰纹：《全球生产网络效应、集群封闭性及其“升级悖论”——基于大陆台商笔记本电脑产业集群的分析》，《中国工业经济》2007 年第 4 期。

② Sven W，Arndt & Henryk Kierzkowski，*Fragmentation*：*New Production Patterns in the World Economy*，Oxford University Press，2001.

③ 李亦亮：《承接长三角产业转移对安徽产业创新的负面影响》，《宜春学院学报》2011 年第 1 期。

④ Gort Michael，Klepper Steven，“Time Paths in the Diffusion of Product Innovation”，*The Economic Journal*，Vol. 92，No. 367（September 1982）.

新阶段。[①] 产业所处的生命周期阶段不同，其对产业组织的特征要求也不同。[②] 承接处在生命周期前三个阶段的产业，有利于承接地的产业技术升级；而承接处在生命周期第四个阶段的产业，则不利于承接地的产业技术升级。因为，当产业进入蜕变创新阶段后，为了适应消费者不断变化的需求而使产业焕发新的活力，则需要投入大量的人、财、物进行产业技术创新和新产品开发，在创新中蜕变。否则，如不能实现在创新中蜕变，产业将进入衰退阶段而被市场淘汰。由于蜕变创新对产业组织的技术创新能力、新产品开发能力要求很高，甚至比处在成长阶段产业的难度要大得多，往往只有发达地区才有能力做到，这恰恰是欠发达地区的劣势。现实中，目前我国东部地区向中西部地区梯度转移的产业已基本进入蜕变创新阶段，作为欠发达的中西部地区本身技术研发和应用能力就很有限，加上这些地区产业配套程度低、创新人才缺乏、财力不足等诸多因素制约，难以实现对所承接产业进行蜕变创新。可见，蜕变创新阶段对产业升级要素投入的更高要求和中西部地区产业升级要素相对缺乏之间的矛盾，极大地增加了承接地产业技术升级的难度。

（三）中西部地区承接沿海产业转移模式创新与路径优化

中西部地区承接产业转移模式创新应当从梯度承接与反梯度承接的结合上突破低端锁定与被动承接，这是中西部地区承接产业转移模式创新的关键。

1. 梯度承接与反梯度承接相结合

有学者指出，长期来看，如果西部落后地区等到东部发达地区带动中西部欠发达地区发展后再进行发展，必然延误西部落后地区和中西部欠发达地区的发展时机，中国的地区差距将在很长时期内进一步扩大。[③] 为了加快缩小东、中、西部地区间的差距，摆脱传统追赶路径的困惑，中西部地区应当大胆探索，超越梯度转移理论的局限，创新产业转移承接模式，通过反梯度转移带动

---

① 潘成云：《产业生命周期规律、异化及其影响》，《扬州大学学报（人文社会科学版）》2001 年第 5 期。

② 徐莎莎、黄春兰、盛杰：《基于产业生命周期理论视角的后发区域产业引进探讨》，《中国集体经济》2009 年第 9 期。

③ 胡宇辰：《产业集群对梯度转移理论的挑战》，《江西财经大学学报》2007 年第 5 期。

梯度转移。

反梯度理论由郭凡生（1986）首次提出，他认为，反梯度理论承认存在经济技术发展不平衡的梯度，同时也承认国内技术按梯度推移是一种较好的方式，但不承认其是主导国内技术转移的规律。按照他提出的反梯度理论，产业梯度转移不应该只是单方向逐级按梯度转移，而应该是梯度承接与反梯度承接相结合同时伴有跨梯度承接。在这种情况下，资源能得到更好的配置，一方面能将东部沿海地区的高新技术与先进管理方法带到中西部，发挥中西部劳动力成本、政策、市场需求及基础设施等方面的比较优势，促使中西部产业升级；另一方面由于产业跨梯度转移而快速发展的中西部地区采矿业、农产品加工业也能反梯度转移到东部沿海地区，反哺东部沿海地区。

2. 集群式承接引导全要素整体植入

中西部地区在承接沿海产业转移时，一方面必须要在对目前产业进行分析并做出选择的基础上承接东部沿海产业转移，另一方面要对自身在市场需求、劳动力成本、政策等方面的比较优势有一个全面的了解。就高端制造业、高新技术产业和先进服务业而言，应加大力度引进，同时对环境有较大危害且能源消耗大的产业必须进行分析并谨慎选择，可以设置一定的条件增加其进入难度，并积极发展具有竞争力的优质产业为更好地承接产业转移打好基础。

集群式转移是指全产业链整条的转移，全产业链通常以工业园区的形式存在，园区内所有产业业务上相互关联，地理位置紧密相连，从而形成了相互协作、相互依存、互为条件的生产网络。中西部地区近年来工业园区开发取得了不小成果，非常适合全产业链集群转移模式，因为工业园区不仅满足整个产业链转移所需要的生产结构、交通、能源、信息等方面的条件，而且还能推动关联产业和生产要素的合理利用，形成产业组团推进全面承接产业转移与集群式发展，从而促进中西部地区经济快速发展。所以，对于中西部地区来说，打造真正能够承接全产业链转移的具有竞争力的工业园区，为投资者创造良好的环境和条件、提供优质的公共服务具有重要的意义。

整体移入式是指将东部沿海地区转移产业的所有生产要素整体植入中西部地区，资本、人才、先进的生产技术与现代管理理念是其中必不可少的因素。

由于是全部要素的完整植入，所以这种转移模式能够使承接地区在短时间内消化吸收转移企业的精华，从而促进经济的快速增长。中西部地区应优先整治投资环境，一方面要发挥政府在招商引资中的宏观调控作用，建立科学的招商机制，推进以商招商、产业链招商。另一方面要加强基础设施和相关的配套设施建设，抢抓多区域合作先机，通过合作共建产业园区或者建立飞地园区，实现产业集群式承接，引导全要素整体植入，从而促进中西部地区经济的跨越式发展。

第三节　基于焦点企业成长的产业集群式转移与产业链跨区域整合

一、集群演进过程中的焦点企业

集群（Cluster）是指众多按专业化分工的同类产业的企业或相关产业的企业，以及在价值链上相关的支撑企业和机构，以网络组织方式在一定空间范围内的柔性聚集（Flexible Agglomeration）。从群落学的角度来看，集群是由众多相互联系的企业与机构通过地理位置的集中或靠近所形成的企业群落。关于集群问题的理论研究，最早可以追溯到马歇尔（1890）、韦伯（1909），而将集群理论研究推向高潮的是迈克尔·波特（1998）。

集群形成条件和成长机制一直是学术界关注的重点，其中，原材料和关键生产要素的可得性、与大城市间便捷的交通网络、特殊的历史事件、本地或邻近地区存在支持性的相关产业、技术转移或溢出、出现紧迫的非经常性需求、地方政策以及其他偶然事件，往往被认为是集群形成的关键驱动要素。在这些研究中，或者隐含了集群中企业的同质性条件，或者忽略了集群中个别企业的特殊作用。然而，越来越多的研究表明①，在企业群落中，所有企业所处的地位并不是都一样，个别企业在集群的成长过程中起着关键作用，导引着集群的演进方向，我们称这些企业为焦点企业（Focal Firms）。正是考虑到焦点企业在集群演进过程中的这种特殊作用，我们试图在总结已有相关研究成果的基础上，从焦点企业成长这一新的视角入手，直接切入集群的内在组织结构变化过程，探讨集群演进的微观机理，构建集群形成与演进的动态分析框架模型，揭示集群发展的内在规律，并结合典型案例进行实证分析。②

（一）焦点企业的界定

集群是由许多独立的企业与机构组成的、在地域空间上聚集而成的复杂网络系统。集群内各成员企业处于特定的网络节点和特定的产业链环节，成员企业之间是相互依赖的。所谓焦点企业，是指在集群演进过程中，处于集群网络的中心节点或关键节点，具有网络构建与扩展功能，能够导引集群的演进方向，制约着集群的发展速度及集群规模水平的异质性企业。这一界定，有以下几层含义：①在集群演进过程中，说明焦点企业本身也是动态的；②强调处于集群网络的中心节点或关键节点，说明焦点企业是集群内的核心企业或龙头企业；③具有网络构建与扩展功能，能够导引集群的演进方向，说明焦点企业在集群的形成与发展过程中，其角色和任务具有异质性和不可替换性。因此，我们又可以将焦点企业称为集群单元，简称集群元。③

焦点企业是集群中最有影响力的那些企业，往往也是集群中的大企业或者相对较大的企业，焦点企业的成长主导了集群的演化过程，焦点企业的发育程度在一定程度上决定了集群的整体绩效，焦点企业在同行业中的创新能力与地位创造并维持着集群的整体竞争优势。在现实中，焦点企业常常表现为与集群的共生共荣或一损俱损现象。例如，德力西、正泰等焦点企业的快速健康成长

---

① Lazerson M H, G Lorenzoni, “The Firms that Feed Industrial Districts: A Return to the Italian Source”, *Industrial and Corporate Change*, Vol. 8, No. 2 (June 1999).

② 刘友金、罗发友：《基于焦点企业成长的集群演进机理研究——以长沙工程机械集群为例》，《管理世界》2005 年第 10 期。

③ 刘友金：《中小企业集群式创新》，中国经济出版社 2004 年版。

极大地支持着温州柳市低压电器产业群的持续成长，而焦点企业的缺位和功能不足已经使浙江平阳编织业急速萎缩。[①]

（二）焦点企业的基本特征

1. 角色不可替换性

焦点企业在集群网络中的角色和任务是异质的和不可互换的（Lipparini，1995），即焦点企业在集群中发挥着其他企业不可替代的重要作用，非焦点企业在集群中的角色则是可以被替代的，而且这种替代不会影响集群的成长。

2. 快速成长性

在集群的萌芽与成长阶段，焦点企业一般是集群中成长最快的企业。事实上，在集群形成的初期，焦点企业往往也是年轻的中小企业，不过与一般中小企业的不同之处在于，它是最有活力的中小企业。因此，不能单纯从企业规模、企业的年龄等方面来判断哪些是焦点企业，而应该根据企业的成长速度、成长潜力、创新活力等方面来判断。

3. 网络联系多向性

集群中焦点企业与普通企业的网络关系是不一样的，普通企业特别是处于从属地位的配套协作企业，其网络关系相对比较简单，大多只局限于集群内部，甚至只有与下游厂家的单线联系；而焦点企业不仅与集群内部企业的有多层次分工协作以及承包、再承包网络联系，而且有与集群外部企业包括国外企业的技术合作、信息交流等网络联系。由于焦点企业网络联系的多向性，形成了集群网络关系的开放性。

4. 环境适应性

焦点企业具有极强的环境适应能力，而且这种环境适应能力是主动的。一方面，焦点企业能够充分利用自己的社会资源包括政府关系资源为自身的发展以及关联企业的发展营造良好的环境；另一方面，焦点企业通过创新活动，开拓新的市场，使自己在获取高额创新利润的同时，也帮助其他企业抵御市场变

① 朱嘉红、邬爱其：《基于焦点企业成长的集群演进机理与模仿失败》，《外国经济与管理》2004年第2期。

化的风险。再者，焦点企业发展到一定程度时，往往可以主导行业标准，引导行业规范，从更高层次上为自身及集群内其他企业的发展开辟道路，营造有利环境。

5. 行为示范性

焦点企业能够提出可以共享的商业理念，能够投资或领导伙伴的发展，倡导企业间彼此信任与互利的文化，具备选择和吸引优秀伙伴的能力（Lorenzoni & Baden Fuller，1995）。同时，焦点企业的成功成长模式往往成为集群内其他中小企业竞相模仿的典范，后者通过模仿来建立和发展起自己的关系网络，形成自己的商业组织模式，逐渐成长为大企业，甚至发展成为新的焦点企业。

（三）焦点企业的集群演进功能

焦点企业的集群演进功能主要体现在其网络构建与扩展功能，具体来说，表现在以下几个方面：

1. 知识溢出始发源功能

知识溢出效应是集群快速成长的重要条件，这里的知识包括技术知识、需求信息、供给信息、经营经验等。这些知识具有公共物品的性质，一旦被创造出来，传播的速度越快，拥有的人越多，为群体带来的福利就越大。[①] 但其中许多知识，如凭经验积累发展起来的知识难以具体化、系统化，没有人际间的频繁接触和耳濡目染很难传播或传播很慢，阿罗和兰卡斯特把这类知识的传播比作传染的蔓延。他们认为，人际间接触的面越广、接触的频率越高，这类知识传播的速度就越快，传播的程度就越彻底。在集群内，同行业的生产厂家、供应商、重要的客户以及相关产业和支持产业交织在一起，由于地理位置的接近，它们可能共有一个供应商，同一家雇主；它们的高级管理人员可能同上一家餐厅，同参加一个俱乐部；其职员可能彼此是邻居，朝夕相处；其技术人员可能从同一个公司流向另一个公司；有的技术如果单独进行研究可能耗费很长时间，但同行的接触可能“一点就通”。人际间的频繁接触和交流，增加了经营的“透明度”，行业的秘密不再是秘密，“空气中弥漫着产业的气味”（马歇

① 曾中禄：《产业群集与区域经济发展》，《南开经济研究》1997 年第 1 期。

尔语)。显然，处于集群中的企业很容易获得研究开发、人力资源、信息等方面的外溢效应，而焦点企业则因为自身强劲的企业技术创新、对市场发展的高度敏感以及与集群外部的强大的网络联系，成为了集群内技术创新扩散、需求信息、供给信息、经营经验等知识溢出的始发源。

2. 市场发展导向功能

焦点企业不仅嵌入在由企业、公共机构组成的集群关系网络中，而且与集群外及国外的其他企业、机构同样保持着良好的关系。因此，焦点企业不仅可以创造商机，而且可以敏锐地识别新的商机，并通过自己的多层次分工协作与承包、再承包关系向相关企业提供自己掌握的市场信息、设施、设备以及人才等资源和能力，还会帮助它们进入其关系网络以获取新的知识和资源，从而成为创业的支持者和发展者。另外，集群中存在着明显的“跟随效应”与“追赶效应”。所谓“跟随效应”，是指集群中同类型企业，其经营方向往往是跟随焦点企业转。所谓“追赶效应”，是由于集群内企业彼此的接近和了解，使它们的互相影响加强，再加上攀比心理作用，企业间的竞争会加剧，后进企业更容易模仿先进企业（焦点企业），先进企业为保持竞争优势会更努力创新，形成相互追赶态势。尤其当一个强有力的新竞争者出现时，模仿效应会使新竞争者的新思想迅速往前、往后、横向传递，从而使整个行业受益。“跟随效应”与“追赶效应”的结果，使得焦点企业始终成为市场发展的领跑人。

3. 企业衍生功能

焦点企业在成长过程中培育了一批具有较高技能和管理能力的人才，这些人员包括科技人员、管理人员、销售人员，焦点企业的快速发展，激发了他们的创业热情，也为他们编织个人关系网络提供了便利，他们中间的部分人从母体公司中分离出来创办自己的企业，形成了衍生（Spin – off）公司，这样焦点企业就成为了企业孵化器。焦点企业发育越成熟，其分工协作体系就越发达，衍生公司就会越多。衍生公司有两大优点：第一，衍生公司的创办者是最了解相关技术前沿和最具创新精神的创新者。Morone 等（1982）认为，衍生公司没有缺乏动机的问题，也没有学习与接受技术的困难，因为衍生公司的创业者，本身就是技术创新者，而充分应用与开发这一技术乃是这些科学家或工程师创立公司的主要目的。第二，衍生公司最愿意靠近“母体”。衍生公司通常都把选址靠近母公司，以利用原来的关系网络和共享的信息资源，开展创新活动。由于“血缘关系”，作为母体的焦点企业会向它们提供自己掌握的市场信息、设施、设备、技术、管理以及人才等资源和能力，还会帮助它们进入其关系网络以获取新的知识和资源，从而成为创业的支持者和发展者。

4. 柔性聚集功能

焦点企业的成长，不仅能够促使群内企业的衍生，而且能够吸引群外企业的加盟，无论是衍生公司还是加盟企业，都会自主地嵌入焦点企业的网络体系，成为新的协作与配套厂家。焦点企业这种吸聚作用类似于物理学中的万有引力，物体质量越大万有引力越大，焦点企业的竞争优势越强，集群规模越大，越能够吸引更多的厂商加入。然而，这种吸聚作用不是简单地形成企业扎堆，而是产生企业柔性聚集。这种柔性主要表现在：①企业之间的组织柔性。企业聚集使产业链上下游的供应商、制造商、客商之间更容易形成有利于相互学习的整体，推动了集体学习的进程，降低了学习成本，促进了更多有创新价值的活动发生。②企业之间的关联柔性。主要表现为产业链上下游的供应商和客商之间的生产协作关系由单纯的市场关系，转变成供应商和客商之间的合作创新关系，客商积极参与供应商的产品创新设计。③企业共同响应市场柔性。企业聚集的结果，使集群内企业具有适应不同顾客定做要求的高度灵活性，对新的技术和观念的快速吸纳性，对产品生产周期长短的快速反应性，以及零仓储和超额的生产能力、柔性价格和商业谈判的关系、智力和体力工作活动的一体化等柔性特征。

5. 关联“拉拨”功能

Porter（1998）认为，集群中相互支撑的相关产业之间存在“拉拨（Polling）效应”，集群内的某些企业可以因那些先进的相关企业的拉拨而提升它的竞争力和创新能力。[①] 焦点企业恰恰是集群中最优秀的企业，能对集群中其他企业产生“拉拨”与提升功能。这种“拉拨”与提升功能体现在有形和无

① Michael E Porter, *Clusters and the New Economics of Competition*, Harvard Business Review, 1998.

形两个方面：在有形方面，如生产配套水平的提升、关联技术品位的提升、共享基础设施的提升、共同地理市场的提升，等等。在无形方面，如所在区域知名度的提升、相关产品声誉的提升、相关企业社会信誉的提升、与政府关系的提升，等等。“拉拨效应”产生市场开拓的整体优势，使集群内众多受资源约束的中小企业可利用焦点企业的知名度、焦点企业所引致的集群知名度和“区位品牌”效应来开拓市场。“拉拨”功能使焦点企业产生一种内聚力，无形地吸引着中小企业向其聚集。

二、焦点企业成长视角的集群创新网络无标度特征

随着经济全球化、信息化、网络化的加速，各区域竞争优势越来越体现在各区域集群的创新优势上，产业集群对区域经济发展的巨大推动作用使之受到社会的广泛关注，目前网络分布已逐渐成为研究产业集群的一个很重要的分析方法。20 世纪末，Barabasi 和 Albert 在追踪万维网的动态演进过程中发现了无标度网络，在这类网络中，少量的节点拥有整个网络大多数的连接，而大量的节点只拥有少量的连接，整个网络节点的度分布呈现明显的幂率分布特征。科学家们在后来的研究中发现，在我们的现实生活中存在着大量的无标度网络，如生物遗传网、社会关系网、信息技术网、演员合作网、财富分布网等。那么，基于焦点企业成长的产业集群创新网络是否也具有无标度网络所具有的演化特征呢？

田钢和张永安（2008）根据霍兰的 CAS 理论运用刺激—反应模型和回声模型对集群创新网络演化的动力及合作机制进行了深入的阐述，揭示了集群创新网络的演化是一个自组织与自适应的复杂动态过程。[①] 在接下来的研究中，他们又在复杂适应系统理论的基础上建立环境—行为模型，通过运用仿真与实证相结合的方法对集群创新网络的演进过程进行仿真，得出此类网络演化过程具有高度的复杂适应性，同时具有集聚性、小世界性等复杂性特征。[②] 刘友金

① 田钢、张永安：《集群创新网络演化的动力和合作机制研究》，《软科学》2008 年第 8 期。

② 田钢、张永安：《集群创新网络演化的动力模型及其仿真研究》，《科研管理》2010 年第 1 期。

和刘莉君（2008）从分析集群创新网络的演化过程着手，描述了集群创新网络的混沌特征，通过借鉴虫口模型分析和检验了集群创新网络的发展路径。① 其研究表明：随着母体企业的聚化能力的增强，集群创新网络逐步出现混沌特征。陈子凤和官建成（2009）通过构建9个创新型国家和地区的研发合作创新网络，运用负二项回归模型进行实证分析，得出创新网络具有较短的平均路径长度和较强的小世界特性。② 黄玮强等（2009）通过建立一个创新网络的动态演化模型，同时运用复杂网络研究中的数值仿真方法来进行创新网络的动态演化规律等方面的研究，证实了创新网络在稳定状态下具有小世界的特性，并具有短的平均路径长度和高的聚集系数。③ 王克强和王俊红（2006）基于复杂网络理论的视角提出了无标度企业组织网络演化模型，通过考虑网络的初始结构与基于局域信息的优势连接这两种演化机制，进行计算机仿真，得出企业组织网络将发展成为无标度网络。④

现有的研究大多基于复杂网络理论对集群创新网络的特征进行描述与分析，我们将在以上研究的基础上，对BA模型进行一些改进，描述基于焦点企业成长的产业集群创新网络特征，从而为进一步探讨产业集群演进与产业链跨区域整合提供理论依据。⑤

（一）无标度网络BA模型及其改进

1. 无标度网络BA模型

美国物理学家Barabasi和Albert（1999）在进行万维网演化过程的跟踪研究中发现，在万维网中有少数被称为hub点的网页具有非常大的连接数，而有大量网页的连接数非常少，整个网络中网页连接的度分布呈现明显的幂率分布

① 刘友金、刘莉君：《基于混沌理论的集群式创新网络演化过程研究》，《科学学研究》2008年第1期。

② 陈子凤、官建成：《合作网络的小世界性对创新绩效的影响》，《中国管理科学》2009年第3期。

③ 黄玮强、庄新田、姚爽：《企业创新网络的自组织演化模型》，《科学学研究》2009年第5期。

④ 王克强、王俊红：《无标度企业组织网络特征及其演化模型》，《网络与通信》2006年第24期。

⑤ 刘友金、朱婵、龚彩华：《焦点企业成长视角的集群创新网络无标度特征研究——BA模型的改进及其模拟分析》，《湘潭大学学报（哲学社会科学版）》2012年第6期。

（Power Law）特征。[①] Barabasi 等（1999）把度分布呈现这种幂率分布的复杂网络称为无标度网络（Scale – free Network），即这类网络有无标度性（Scale – free Nature）。[②] 现实生活中很多大规模的复杂网络的度分布都服从幂率分布，其分布函数具有标度不变性，于是将具有此特征的网络称为无标度网络。

无标度网络的发现使人们在对复杂网络的研究中摆脱了随机网络模型的束缚，使我们充分认识到生活中大量的复杂网络的演化和发展都遵循着各自特定的演化法则，为以后关于复杂网络的研究提供了一个全新的、更加贴近现实生活世界的视角、思路和方法。

Barabasi 等（1999）认为，万维网之所以具有这种无标度性特征是由两个因素决定的：一是万维网中的超文本数量是随着时间的推移而不断增加的，即具有增长性（Growth）；二是由于新增的超文本更趋向于去添加指向万维网中知名超文本的链接，即择优连接性（Preferential Attachment）[③]，并据此建立了第一个增长型的网络演化模型——BA 模型。其算法如下：

A. 增长：开始于少量节点 m_0，在每个时间周期引入一个新的节点，并与原始网络的 m 个节点进行连接。

B. 择优连接：新进入的节点在选择与网络中现有节点连接时，其连接的概率取决于该节点的度数，即 $\prod_i = \frac{k_i}{\sum_j k_j}$。

在 t 个时间周期后，将产生一个由 $N = m_0 + t$ 个节点，mt 条边组成的网络。

显然，BA 模型所描述的动态演化网络比随机网络图更能准确地把握现实世界中网络最基本的特点。这种算法较好地诠释了无标度网络的形成机制，为后来对神经网络、企业网络、病毒传播网络等的研究起到了很好的指导作用。然而，BA 模型在对现实世界网络的描述也有其局限性：首先，其初始状态是

① A L Barabasi, R Albert, "Emergence of Scaling in Random Networks", *Science*, Vol. 286, No. 5439 (October 1999).

②③ A L Barabasi, R. Albert, H. Jeong, "Mean – field Theory for Scale – free Random Networks", *Physica A*, Vol. 272, No. 1 (October 1999).

由孤立的节点组成，它们之间无任何连接。其次，新节点与旧节点进行连接时的概率仅考虑到了节点的度。最后，在BA模型中，随着时间的推移，新节点陆续选择与已有节点进行连接，无任何限制，然而由于现实世界中资源的稀缺性，个体与个体之间的合作，知识共享等无法无限增加。因此，本书在BA模型的基础上进行了一些改进，以期更真实地描述基于焦点企业成长的集群创新网络的特征。

2. 基于BA模型的改进模型

（1）改进模型的描述。为了能够更好地分析显示问题，我们在BA模型的基础上，结合集群创新网络演进的实际对其进行一定的调整。

首先，构造一个由若干节点以一定方式连接的初始网络，这些节点可能是某一区域内有着某种关联的企业、政府、金融机构、大学或研究所等，它们并不是彼此孤立地存在着，而是通过与其他企业建立一定的联系，组成了一个区域内基本的集群单元。这个集群单元通常具有一定的“场效应”，具有强大的吸聚和自组织功能。[①] 特别是其中一些大企业，以其先进的技术及较强的创新能力吸引其他企业和机构与其建立合作伙伴关系，形成集成单元，自身则发展成为整个集群单元的焦点企业，扮演着整个集群单元的“技术守门人”角色，是整个区域知识与创新的发动者，从而促进集群创新网络不断发展与壮大。

其次，企业伙伴的选择是集群创新网络构建最基本、最关键的步骤，因为这直接关系到企业进行创新取得的效果与集群创新网络的运作。相关调查表明，错误的伙伴选择是导致企业联盟失败的一个最重要也是最根本的原因。[②] 因而，新加入的企业在进行伙伴选择时，会优先选择与企业连接数多的企业进行合作以减少因适应新的网络环境，企业合作的惯例及规则所带来的成本。而连接数多的企业通常也就是整个网络中的焦点企业，它们位于知识与信息的交汇点，这类企业的科研实力、技术水平、竞争力和信誉等方面的优势将吸引更多的企业与之建立合作伙伴关系，呈现出一种富者越富的“马太效应”。这种

① 刘友金：《中小企业集群式创新》，中国经济出版社2004年版。

② 李健、金占明：《战略联盟伙伴选择、竞合关系与联盟绩效研究》，《科学学与科学技术管理》2007年第11期。

现象在接下来的模型中表现为网络中某些节点在被挑选为连接对象时表现出更大的竞争力优势。在本模型中将这种优势表示为节点的适应度，适应度越大的节点越能吸引更多的节点与之建立连接。

最后，由于资源有限性、知识差异性、环境承载力及技术创新能力的限制，使得企业不可能无限地与别的企业建立连接。这好比在社会关系网络中，个人往往由于精力和时间的限制，不可能拥有无数个朋友。这在接下来的模型中表现为节点度的承受能力限制，即度的饱和值。初始节点在度数较小的情形下开始演化，随着时间的推移，节点的度将增大，若超过了这个饱和值，则不再与任何节点进行连接。那么，当新的节点进入网络时，将只有少量节点甚至没有节点与之建立连接，最终导致网络演化停滞，从而使网络趋于稳定。

（2）改进模型的构造算法。

1）增长机制：开始时网络中具有 m_0 个节点，假设这些节点通过 e_0 条边连成一个全耦合网络，记为 $G(m_0, e_0)$，在每个时间周期加入一个新的节点，新节点以一定的概率连接到 $m(m<m_0)$ 个已存在的节点上，经过 t 个时间周期，形成一个具有 N 个节点、E 条边的网络，记为 $G(N, E)$，其中，$N=m_0+t$，$E=e_0+mt$。

2）择优连接机制：一个新节点与网络中已存在的节点 i 连接的概率与节点的度数 k_i、适应度 η_i、度饱和值 $k_{i\max}$，自身的度 k_j、适应度 η_j 之间满足以下关系：

$$\prod_i = \begin{cases} \dfrac{\eta_j k_i}{\sum\limits_{j=m_0+1}^{n} \eta_j k_j} & k_i \leqslant k_{i\max} \\ 0 & k_i > k_{i\max} \end{cases} \qquad 0 < \eta_i < 1, 0 < \eta_j < 1$$

在这里我们定义：$k_{i\max}=k^{\eta_i}$，k 为度饱和值基数。

由于经过 t 个时间周期后，网络中增加了 mt 条边，则节点的度数相应增加了 $2mt$，即 $\sum\limits_{j=m_0+1}^{N} k_j = 2mt$，那么，当 $k_i \leqslant k_{i\max}$ 时，

$$\prod_i = \frac{\eta_i k_i}{2\eta_j mt}$$

（二）模拟案例及模拟结果讨论

1. 模拟案例分析

众所周知，产业集群通常起源于一个或多个具有创新精神并能敏锐捕捉市场机会的企业，这些企业往往在地域选择上经验丰富，善于发现某一区域的资源、环境、交通等方面的优势，并率先进入这一区域，通过与区域内外各企业、政府、科研机构等紧密合作，指引着集群的发展方向，在整个集群中充当着焦点企业的角色。在本模型中，我们假设网络中的初始节点即为焦点企业，这些企业通过合作织成一个最简单最原始的全耦合经济活动关系网。另外，我们前面分析过，如果企业创新能力越强，资源和创新知识越丰富（在模型中表现为节点的度饱和值越大），那么当其他企业在选择与之建立合作伙伴关系的时候，这些企业将具有更大的竞争优势（在模型中表现为节点的适应度越大）。即节点的度饱和值与节点的适应度存在一定的正相关关系。因此，我们假设 $k_{i\max}=k^{\eta_i}$，其中 k 为度饱和值基数。

取初始节点数 $m_0=m=5$，$e_0=10$，$N=2000$，$k=1000$，在网络演化过程中随机产生服从指数分布的适应度 η_i，η_j，每隔一定时间加入一个度适应值较大的节点，表示网络中有一个实力较强的企业进入。用 Matlab 7.0 编程模拟得出经典的 BA 模型与加入适应度和度饱和值，且初始网络为完全图的改进的 BA 模型的度分布图。

图 5－2 所示为经过 1995 个时间步网络的度分布图比较，其中：（a）表示 BA 模型的度分布（$m_0=m=5$，$N=2000$）；（b）表示改进后模型的度分布（$m_0=m=5$，$e_0=10$，$N=2000$，$k=1000$）。从图中可以看到，在两个模型中，p（k）均是随着 k 的增大以指数形式衰减的，即表现出幂率分布特征，即改进后的模型生成的网络演化图同样具有无标度网络的演化特征。BA 模型与改进的模型在网络演化初期的度分布是相似的，但随着时间的推移，改进模型中节点的度增长速度变缓慢，度分布的拟合线不再是一条直线，而是“L”形曲线，造成这一现象是因为通过引入节点的度饱和值控制了网络中节点间连接的增长速度。

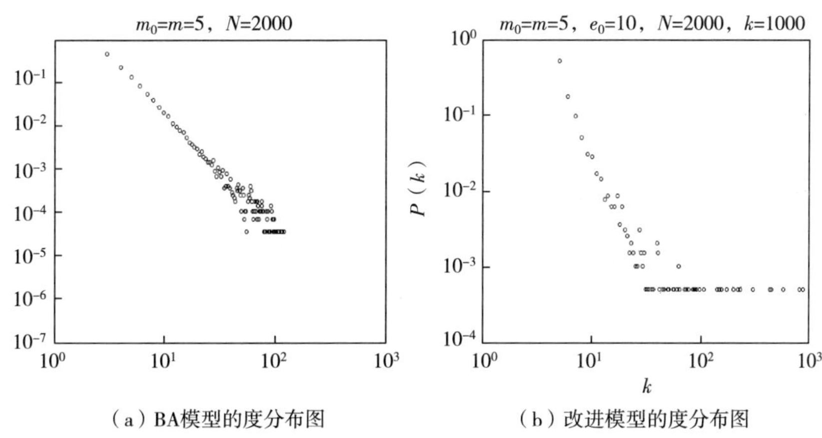

（a）BA模型的度分布图　（b）改进模型的度分布图

图 5－2　BA 模型与改进的 BA 模型的度分布比较

从以上的分析我们知道网络在演化过程中节点及其边数将迅速增长，因此，为了更清楚地观察网络演化的结构图，我们在进行网络演化过程的模拟时令度饱和值基数 $k=100$，通过缩小这一参数以减少节点度增长的空间，缩短网络演化的时间周期，最终控制网络演化的规模。图 5－3 为遵循改进后 BA 模型的演化规律得出的随时间推移所生成的网络演化图，其中 $m_0=m=5$，$e_0=10$，$k=100$。

在图 5－3 中，我们看到，通过 Matlab 7.0 所生成的网络是一个从简单到复杂的网络，初始网络［见图 5－3（a）］为一个全耦合的完全图，网络中的 5 个节点表示最先进入某一区域的焦点企业，它们各自以一定的方式建立了合作伙伴关系，组成一个小型的集群网络。随着企业创新优势的发挥以及创新知识在网络中的扩散，各企业得到了迅速的发展，吸引着集群外大量相关企业的涌入，并聚集在焦点企业的周围，争相与集群中的优势企业建立合作，集群网络进入快速发展阶段，在图 5－3（b）中表现为随着模拟过程的不断深入，网络中节点数不断增加，节点间的连接也大大增加，网络规模迅速扩大。而由于资源禀赋、创新能力及市场容量等方面的限制，企业之间建立合作关系的速度减缓，集群创新网络进入稳定发展阶段，在图 5－3（c）中表现为节点间进行连接的速度变缓，网络演化速度减慢。最终，网络中各节点的度达到饱和值，网络规模不再扩大，网络处于稳定状态，图 5 - 3（d）为达到稳定状态的网络结构。

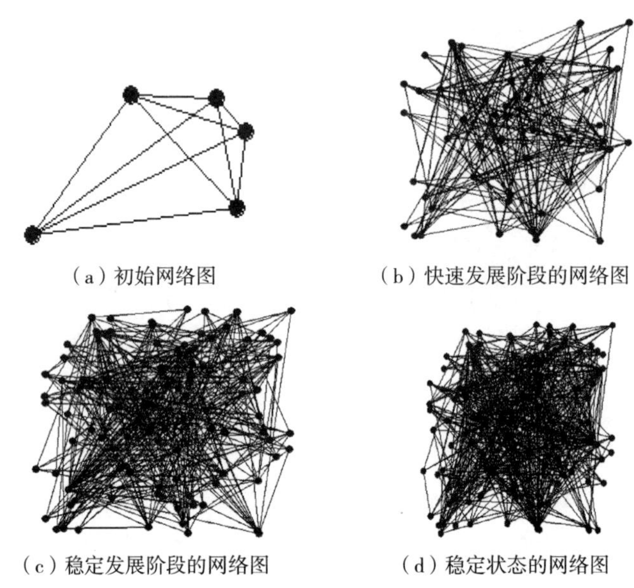

（a）初始网络图　（b）快速发展阶段的网络图

（c）稳定发展阶段的网络图　（d）稳定状态的网络图

图 5 - 3　基于焦点企业成长的集群创新网络演化

2. 模拟结果讨论

通过对网络节点的度分布的模拟，很好地解释了现实生活中集群创新网络的无标度性特征，即网络中企业的异质性及网络的集聚性，具体体现在以下几个方面：

（1）基于焦点企业成长的集群创新网络是一类异质性的网络。焦点企业由于具备规模、资源、市场地位、政策倾斜等方面的优势，通常有更多的企业愿意与之建立合作关系，在网络中属于节点度较高的中心节点，焦点企业沟通了网络中大量的其他节点，加速驱动集群创新网络的构建。同时，由于它们在整个网络中的主导地位，使它们在制定促进集群发展的战略决策中具有举足轻重的地位，能够引领集群创新与技术创新的方向。

（2）基于焦点企业成长的集群创新网络具有集聚性特征。由于焦点企业得天独厚的优势使得大量企业将围绕焦点企业逐步形成联系紧密的合作创新网络，因为无标度网络具有较短的平均最短路径，知识在网络中的传播将通过较短的路径以更快捷的方式进行传播。刘俊等通过构建 E－mail 病毒在无标度网络上的传播模型得出①，E－mail 用户地址簿的平均大小直接影响着病毒在网络中传播的速度和规模，而用户地址簿的大小在无标度网络中表现为网络的节点度大小，在无标度网络中节点的度指数越大，病毒的传播速度和传播强度将越大。这是因为病毒将选择先感染网络中节点度数高的中心节点，从而放大病毒感染效果。而知识在基于焦点企业成长的集群创新网络中扩散就好比 E－mail病毒在无标度网络上的传播，焦点企业位于整个网络的中心，拥有大量与之密切联系的合作伙伴，集群创新知识将通过更多的渠道进行扩散。因此，焦点企业的存在将在很大程度上加快创新知识在此类网络中的传播速度，为集群创新网络整体创新能力的提高创造有利条件。

（3）基于焦点企业成长的集群创新网络兼具稳定性和脆弱性。由于在基于焦点企业成长的集群创新网络中企业在选择合作伙伴时遵循了无标度网络的择优连接原则，使网络具有很强的稳定性。从网络的度分布中我们看到网络中有大量节点只拥有较少的连接数，它们的进入或退出对整个网络运行的影响力不大。在集群创新网络中表现为小企业由于无法掌握网络中的核心技术和关键资源，也难以参与到产品关键组件的研发，因此它们的破产对整个网络不会造成太大影响，因而网络表现出一定的稳定性。正是基于这一点，在网络中拥有大量连接的中心节点的作用却显得尤为重要了，这类对网络具有支柱作用的大节点在遇到恶意攻击时将可能导致整个网络的崩溃与瓦解。在现实集群创新网络中，当拥有关键技术、起主导作用的焦点企业由于错误的决策或资金链断裂等问题而破产时，将对整个产业集群造成毁灭性的打击，即表现出网络的脆弱性。因此，为了改善此类网络的脆弱性，相关组织与部门应加强对焦点企业核心竞争力的培育，以保证整个集群创新网络的良性发展。

① 刘俊、金聪、邓清华：《无标度网络环境下 E－mail 病毒的传播模型》，《计算机工程》2009 年第21 期。

三、基于焦点企业成长的产业链跨区域整合

（一）集群演进过程的四阶段模型

总结国内外已有的研究成果，结合案例考察，可以归纳出这样一个集群演进基本规律①：在一定的条件下，首先是本地出现一两家具有创新精神的企业，随即其周围开始有一些企业聚集下来，这一两家具有创新精神的企业也就慢慢地成为了本地相关企业的核心，成长为焦点企业；其次是焦点企业成长速度加快，集群内企业不断衍生，外部企业大量涌入，企业群落迅速扩张；再次是达到一定程度以后，围绕着焦点企业，企业之间的协作关系不断地发展和完善，整个群落变成一个网络价值链群，外部企业进入速度减缓，群落规模逐渐稳定下来；最后是随着时间的推移，新的焦点企业产生，原有的焦点企业开始分化，从而出现了焦点企业的多元化与层级化，通过一段竞争期后，部分原有的焦点企业逐渐失去聚集功能，某些新焦点企业战胜原有的焦点企业，导致焦点企业的新旧更替，随之整个集群的产业技术属性以及网络关系发生变化，集群的发展进入下一轮循环。可见，上述集群演化的一般过程类似于生物种群的进化过程，可归纳为如图 5－4 所示的四个阶段 CLC（Cluster Life Cycle）模型。

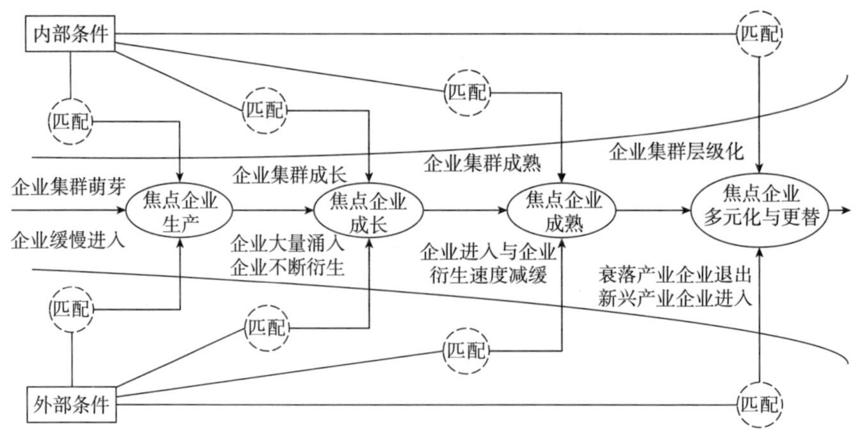

图 5－4　焦点企业成长的集群演化一般过程（CLC 模型）

① 刘友金：《集群式创新形成与演化机理研究》，《中国软科学》2003 年第 2 期；朱嘉红、邬爱其：《基于焦点企业成长的集群演进机理与模仿失败》，《外国经济与管理》2004 年第 2 期。

第一阶段称为集群萌芽阶段。其基本的特征是：一个或多个能够敏锐捕捉市场机会的创新型企业逐渐发展成为焦点企业，焦点企业在自己无法完成生产任务时，将一些操作简单的业务分包给其他中小企业，并与之形成一种单向协作关系，这些协作企业开始围绕焦点企业进行聚集，不过聚集速度（单位时间内聚集的企业数目）较慢，企业集群的雏形开始形成，但还未形成规模。这时，集群内的企业网络关系基本上还以比较松散的、以某个焦点企业主导的产业链内部垂直联系为主要联系方式。

第二阶段称为集群成长阶段。其基本的特征是：随着企业家对市场机会的不断发现，焦点企业的生产任务持续增加，并日益超过自身的生产能力，于是，焦点企业更加努力促进分工的发展，自己只生产关键部件和主机，将比较复杂的业务有计划地分包给供应商。这样，大量作为供应商的小企业由原来的简单零件专业生产者演变成复杂部件的专业生产者，并开始向不同客户提供产品。重复性的业务分包活动使焦点企业与供应商之间的关系变得较为稳定，合作和信任关系逐渐建立起来，彼此的依赖性不断增强。与此同时，一方面外部的相关企业和机构大量涌入集群，另一方面集群内大量衍生企业产生，其结果是，集群规模迅速扩大。这时，集群内的企业网络关系以某一焦点企业主导的产业链内部紧密的垂直联系为主要方式，并开始形成以各自不同焦点企业主导的产业链之间的水平联系。

第三阶段称为集群成熟阶段。其基本的特征是：随着集群配套功能的不断完善，集群内部的分工格局已基本形成，企业进入的速度减缓，大多数焦点企业改变原来的发展战略，将自身的核心能力定位在设计和装配方面。焦点企业中企业家的中心任务在于聚集业务、识别和培育具有设计和交付某一系统部件能力的供应商、对合作开发伙伴进行战略性投资。在此阶段，供应商不再是焦点企业订单的被动接受者，而是新产品开发的战略伙伴，焦点企业与供应商之间的依赖与互利关系演进到了焦点企业与供应商、供应商与供应商之间的依存与互利关系。随着集群内横向与纵向协作关系的建立，集群内的网络关系变得更加复杂和密切，整个群落发育成了一种网络型的价值链群，供应商的地位得到加强，焦点企业将部分丧失网络中心地位。这时，集群内的企业网络关系，既有以某一焦点企业主导的产业链内部紧密的垂直联系，又有以各自不同焦点企业为主导的产业链之间紧密的水平联系。

第四阶段称为集群层级化阶段。其基本的特征是：①集群中企业的地位以及网络关系出现新的变化，大多数焦点企业已经实现了向研发和信息中心转变，焦点企业的一级供应商在集群中的地位随之不断提高，并向二级供应商分包业务，成为具有一定区域知名度甚至国际知名度的主要配件或最终产品的生产专家，协调着焦点企业与二级供应商之间的关系。②某些成长壮大起来的一级供应商不再甘愿被动嵌入由原来焦点企业所主导的网络关系，而是努力模仿原有焦点企业的成长模式，致力于内外部资源的整合和知识创造，构建与二级供应商之间的信任与合作关系，打造自己的网络设计与控制、技术创新与市场开拓、合作伙伴识别与培育等综合能力，实现快速成长并成为新的焦点企业，由此出现了焦点企业的多元化，形成了网络层级关系。③焦点企业多元化可能出现两种结果：第一种是某些能够代表产业演进方向，反映产业技术发展趋势，具有网络竞争优势的新焦点企业将部分地取代原有焦点企业，实现新老焦点企业的适时更替，使集群在新的起点上得到持续发展；第二种是不能及时实现新老焦点企业的更替，或者新焦点企业不能代表产业的演进方向，导致集群内以焦点企业为龙头的产业链之间的竞争加剧，而使得价值链遭到破坏，随着时间的推移，焦点企业逐渐失去聚集功能，集群将会因此走向衰落（正像我们见到的某些老产业区那样）。

上述焦点企业主导的集群演化一般过程 CLC 模型，所揭示的是企业集群在一个完整生命周期内不同阶段的转换过程，表现为同一代焦点企业从产生到更替的过程。而不同代际企业集群生命周期的周期性变更，可以用“山峰—山脉”图形来表示（见图 5-5）。从形式上来看，该图是集群演化一般过程 CLC 模型的重演；从内容上来看，则是焦点企业的代际更替。

（二）集群良性快速演进的重要条件

1. 焦点企业之间的关联性与互补性

同一个集群内焦点企业数目可以是一个或多个，多个焦点企业如果是相互关联或者互补，那么有利于整个集群的发展，这种集群的内部结构比较好，且

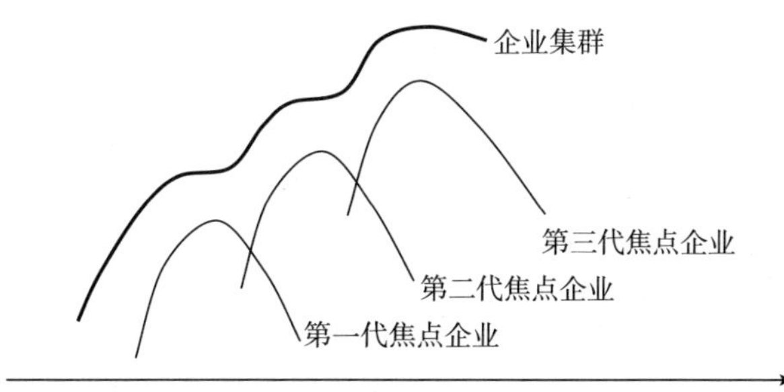

图5－5　不同代际企业集群生命周期周期性变更模型

焦点企业之间的关联性越强或者互补性越强，由它们组成的集群越有整体优势。反之，组成同一集群的多个焦点企业如果是相互无关联或者不互补，那么不利于整个集群的发展，这种集群的内部结构不合理，且焦点企业之间的关联性越弱或者互补性越差，由它们组成的集群越难以形成整体优势，正如生态系统一样，只有竞争关系没有互补关系的种群组成的群落是很难协调发展的，最终只能走向衰亡。

同一集群内多个焦点企业之间既无关联又不互补的现象，在自发形成的集群中很少存在，而在人为植入焦点企业而形成的集群中却常常出现。如我国在"开发区热"初期，很多开发区的建立并没有经过严格的科学论证与规划，而是"赶时髦"，或者"拍脑袋"，甚至"图政绩"而匆匆上马的。有的项目是政府直接投资，有的项目是靠政府优惠政策吸引，再加上政府行为的"饥不择食"现象比较普遍，其结果是不管企业是什么性质的产业只要愿意来都可以入园，造成了集群内既无关联又不互补的焦点企业的出现，这种情况使开发区难以进入良性发展轨道。因此，政府不应当强行从外部植入焦点企业，创造全新的集群；政府发展产业集群的政策，不应当单纯地向园区倾斜，而应当向园区的某个具体产业倾斜；政府发展产业集群的重点在于识别焦点企业，并且营造有利于焦点企业成长的条件。

2. 产品可解构性与产业技术多样性

企业集群是由高度专业化分工的关联企业的集合，而专业化分工又与产品的可解构性和产业技术的多样性相关。首先，产业内部的分工程度在很大程度上取决于产品的可解构性。在一定的生产技术条件下，依据产品是否可以分解成局部（部件、零件）之和，可以将产品分类为可解构产品和不可解构产品。可解构产品可把整个产品分解成许多部分分别进行生产制造，然后再将各个部分组装或者集成为最终产品的生产方式来完成整个生产过程，而不可分解的产品则无法通过这种方式完成整个生产过程。可分解产品以节拍式的方式完成制造，而不可分解产品通常以流动过程的方式完成生产。只有产品可解构，才会有制造零件、部件、组件等中间产品的企业。可见，越具有可解构性的产品的生产，越有利于集群式发展。而产品（包括服务）的可解构性又取决于产品（或服务）的价值链的长短，显然，价值链越长的产品（或服务）越容易解构，也就越有利于分工合作，从而越有利于集群式发展。其次，产业内部的分工程度也取决于产业生产技术的多样性。生产技术的不同，会产生专业化生产厂家。例如，服装产业有童装、成人服装、男装、女装、婚纱等大类区别，由于服装产品的花色、品种、规格、式样繁多，于是形成相应的专业服装生产企业集群。而任何一件服装又由面料、辅料、纽扣、配件、装饰件等组成，纽扣是塑胶或金属制品，与纺织品加工的技术要求完全不同，甚至生产管理的要求都不同，将这些产品全部放在一个企业混合生产几乎是不可能的，至少是无效率的，对这些产品采用企业集群方式组织生产自然是最合理不过的，所以服装产业基本上以集群的形式存在。在电子、计算机、医疗器械、生物制药、机械等行业同样也可以看到这种情况。

3. 集群网络的完整性与系统开放性

集群网络的完整性与系统开放性是构成学习型集群的组织根基，集群良性快速演化的一个重要条件是，焦点企业必须深深嵌入完整而且开放的网络系统，构建与集群内供应商、公共机构和服务组织的强关系（Strong Ties）以及与集群外、国外组织和机构的弱关系（Weak Ties），并能够将这些关系转化为市场价值。这种关系的创立、维持与强化是一种基于双方或多方某种共同期望的自主行为，在很大程度上是一个对企业资源和能力、企业家精神及成长战略的认同过程，是通过重复性的沟通或交易活动逐渐实现的。一个完整与开放的集群网络，从地域范围来看，包括全球网络和区域网络，且区域网络比全球网

络更为重要、更为直接。从产业联系和社会联系来看，包括产业网络和社会网络。产业网络又包括 R&D 合作网络、信息交流网络、市场交易网络，社会网络又包括个人关系网络、文化沟通网络、公共关系网络（见图 5 -6）。然而，不管是全球网络还是区域网络，也不管是产业网络还是社会网络，它们都是相互联系、相互作用的开放性通道，这些不同层次网络共同作用的结果，不仅使集群本身成为了一种内激性强的学习型组织，而且构成了集群持续发展的社会资本。

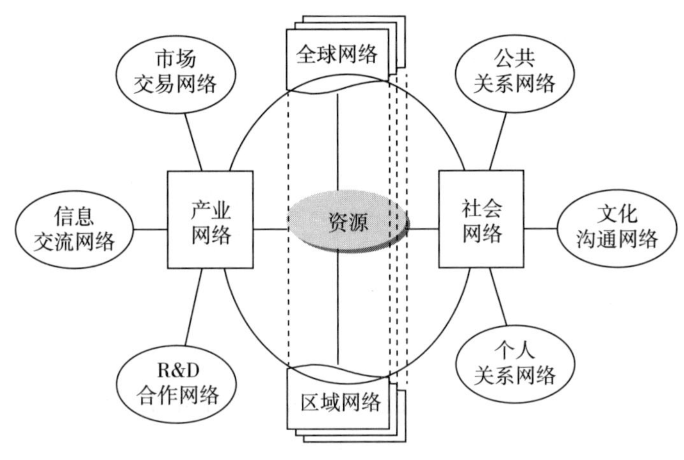

图 5 -6　集群网络关系及开放性特征

4. 集群水平与企业家能力的适应性

焦点企业一般都是企业家能力主导的创新型企业，其企业家能力特质是焦点企业成长的关键因素。国外学者研究认为，企业家能力特质与企业和集群的成长阶段相匹配（Butler & Hansen，1991），企业和集群的关系网络发达程度与企业家能力高度正相关（Feldman，2001）。国内外集群发展历史还表明：一方面，焦点企业的企业家能力特质和水平随着焦点企业成长和集群演进而不断变化，即由第一阶段致力于识别业务机会的社会关系网络能力，逐步演进为第二阶段的业务聚集能力，然后发展为后期的战略性关系网络能力。另一方面，企业家能力的演进阶段性，在很大程度上决定了企业集群的运行模式、成长方向和发展阶段。可见，企业家能力的演进，既是焦点企业成长的必要条件，也是促进集群持续成长的基本动力。因此，集群成长的不同阶段要与企业家能力特质和水平相适应，脱离企业家能力水平去追求集群发展的更高阶段必然会遭遇挫折。同时，值得指出的是，企业家能力包括网络的建立、扩展及创新，关系营销和交易营销，探索性学习和开发性学习能力及其组合（Bjerke & Hultman，2002）；集群中企业家能力特质的演进与当地资源、需求条件、市场环境、集群文化、网络能力等诸多因素有关。政府应当营造良好的集群环境，引导和激励企业家能力特质的提升，从而间接推动集群由低级阶段向高级阶段转型。

（三）集群健康稳定发展的保障机制

1. 政府政策引导

政府的引导有利于加快产业集群的发展。但政府引导要注意以下几个问题：①政府应当以现有的产业集聚基础与本地资源优势为前提制定相应规划，而不能刻意或盲目创造产业集群。这就强调政府在规划前，要及时发现正在萌芽中的区域产业集群。②政府主要职能在于搭建产业集群公共平台，营造良好的产业发展软硬件环境，特别要为已成雏形的产业群提供全方位的公共服务。③政府培育集群的重点是，因势利导，扶持焦点企业的成长，引导和激励企业家能力特质的提升。④政府集群政策的目标应该是鼓励集群内企业的合作和网络化，提供更好的公共计划和投资，帮助集群内企业建立交流的渠道和对话的模式，防止低水平重复建设与业内恶性竞争。要利用区域分工，依据自身优势和产业基础，鼓励对同一产业进行持续的资金和技术投入，培育优势产业。

2. 企业自主运作

产业集群实际上是一个相互关联的企业网络。在市场经济条件下，企业的集聚是一种自愿或自发的行为。借鉴发达国家和东部发达地区发展产业集群的经验，必须以企业为主体，按照全市场化运作，才能形成一种内生的产业链，而不是一种外在捏合而成的产业链。因此，既不能用政府替代市场来创造产业集群，也不能用政府替代焦点企业来构建网络关系，而应当依靠市场力量，遵循集群的内在运行规律，充分发挥焦点企业在集群形成与演进过程中的特殊作用。

3. 行业自律管理

产业集群一般都是通过建立行业协会（或商会）来实行行业管理。行业管理主要是利用制定行业标准、行业规范、行业竞争规则，发布行业信息、行业技术政策以及通过协调产品价格，加强行业自律来实施管理和加强知识产权保护。行业协会要发挥其对行业内企业的协调、服务和约束的影响力。

第六章　产业集群式转移与产业链跨区域整合的条件

任何事情的发生发展都是有条件的，研究产业集群式转移与产业链跨区域整合的条件是有序推进产业集群式转移和有效推进产业链跨区域整合的内在要求。本章将主要讨论以下三个问题：①产业集群式转移的动力机制；②区域产业链整合过程中的产业集群式转移生境选择；③产业集群式转移与地域产业承载系统适配性。

第一节　产业集群式转移的动力机制

产业集群式转移是一个有规律的、类似于生物共生迁徙的过程，这个过程的发生是在一定的动力作用下实现的。与生物为获取更多共生能量而共生迁徙类似，产业集群式转移也是为了通过合作转移、合作生产、合作发展而获取更多合作收益。促进这些合作收益生成的因素就是产业集群式转移的动力因素。同样类似于生物群落共生迁徙，产业集群式转移受集群外部和集群内部两个动力因素的推动，集群外部动力主要是指集群转出地共生环境、转入地共生环境及两地之间的联系，而集群内部动力因素主要体现为集群共生能量，即合作收益的生成。

一、产业集群式转移的外部动力

产业集群式转移外部共生环境是指产业集群之外导致集群企业整体或部分

“抱团”转移的因素，与生物种群共生迁徙一样，必须从迁出地、迁入地及迁出地与迁入地的关系三个角度来分析集群式转移的外部动力因素。对于产业集群式转移的外部环境动力因素主要有转出地共生环境的推动作用、转入地共生环境的拉动作用、转出地与转入地的梯度作用，如图 6 –1 所示。

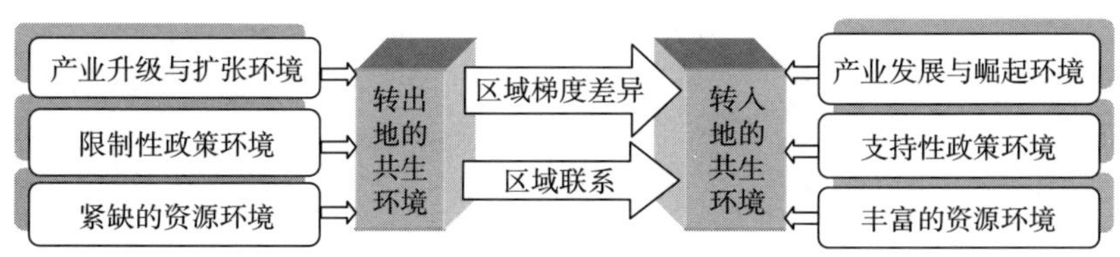

图 6 –1　产业集群式转移的外部动力因素

（一）转出地共生环境的推动作用

转出地产业集群共生环境的变化是产业集群式转移的推动力。转出地共生环境的推动主要可以从产业升级与扩张环境、限制性政策环境、紧缺的资源环境三个方面来分析。

（1）产业升级与扩张环境。转出地寻求产业升级与扩张派生出产业集群式转移供给。在每次产业转移浪潮中都存在着双转移的现象，即转出劣势产业、转入优势产业。目前，我国沿海地区明显存在双转移的现象，我国沿海地区一方面成为国际产业转移的承接地，另一方面成为我国区际产业转移的转出地。正是由于新一轮国际产业转移正在向价值链高端部分推进，沿海地区正可以借助承接国际产业转移的机遇进行自我升级，在这个产业升级过程中需要转移大量不利于当地产业升级的企业。同时，沿海地区还有更多的产业集群经过长期发展，集群规模不断扩大，为了获得长足发展、寻求更广阔的市场，集群企业进行集体转移，共同寻求更广阔的发展空间。

（2）限制性政策环境。随着沿海经济的发展、沿海产业集群的发展，沿海相关的产业政策、环境政策都在发生着巨大的变化。沿海很多地区已经不鼓励大规模传统产业的发展，因为这种传统产业集群占地面积大、耗费劳动力资源多、对经济发展贡献相对较少，因此对于传统产业集群的支持与优惠政策反而变为限制政策。另外，沿海地区越来越严的环境标准也限制了许多传统产业集群的发展，使许多传统产业集群在沿海地区的生存成本越来越大。

（3）紧缺的资源环境。随着沿海企业的日益增多、产业集群的日益集聚，企业发展所需的各种生产要素都非常紧缺，如各种原材料资源、能源资源经常出现供不应求的情况，生产要素价格的上涨导致企业生产成本上升，而土地资源的紧缺与昂贵也成为传统产业继续发展的一个瓶颈。

（二）转入地共生环境的拉动作用

转出地共生环境的改善是产业集群式转移的拉动力，转入地共生环境的拉动主要可以从产业发展与崛起环境、支持性政策环境、丰富的资源环境三个方面来分析。

（1）产业发展与崛起环境。在中西部地区经济崛起的发展背景下，通过产业承接可以对接优势产业、发展弱势产业。通过优势产业已经拥有的成熟的产业基础如市场环境、技术人才、制度环境等可以拉动沿海产业转移。而对于在沿海发展起来的集群企业更盼望有一个产业基础好的地区可以成为它们的新家，成熟的产业环境对同类产业的集群具有更大的吸引力。产业集群式承接某个产业，有利于发展弱势产业。发展弱势产业也可以产生集群式产业承接需求。因为一个地区如果想发展其弱势产业，引进一两个企业是远远不够的，一两个企业的引进并不能保证其顺利生存，更谈不上顺利发展。承接地既没有弱势产业的发展基础，也没有该产业未来发展的蓝图，只有通过集群式承接，才有可能带来完善的配套、熟练的技术、光明的产业发展前景。

（2）支持性政策环境。转入地对于产业承接的支持政策是转移企业发展的重要保障。中西部地区从不同角度为转移企业提供支持与优惠政策。这些优惠政策不仅包括税收优惠、土地价格优惠，同时还从其他方面提供支持，如提供银企合作平台，为转移企业提供便捷的融资服务；开办工业园人才交流会，为转移企业人才获取提供平台；建立各种大市场，为转移企业提供原材料供应或销售市场；等等。很多地区还在产业承接地区建立专门对接某个地区的产业转移工业园，并且按照一定的标准建立厂房与基础设施，从而为转移企业节约了厂房建设时间。

（3）丰富的资源环境。利用优势资源同样可以吸引产业集群式转移。资源主要包括人力、原材料、能源、土地等。人力资源优势可以产生对高新技术产业的承接需求；原材料优势可以产生对某种原材料密集型产业的承接需求；非可再生能源优势可以产生对传统制造业的承接需求，可再生能源则可产生对新能源产业的承接需求；土地资源是产生集群式承接需求最直接的条件，因为如果没有丰富的土地资源，集群式产业承接需求根本就不可能产生。

二、产业集群式转移的内部动力

产业集群式转移的发生，除了外部共生环境的驱动之外，最重要的是内部驱动因素——共生能量。集群企业的长期共存与共生使企业之间已经形成了生成共生能量并进行分配的一种共生机制。在这个共生机制下，集群企业可以通过适当的合作与竞争获取自身的能量，正是集群企业长期的这种共生关系所能产生的共生能量促使集群企业可以在转移方向等方面达成一致从而形成产业集群式转移。

共生能量是共生系统共生的具体表现，是共生系统继续维持共生状态的前提。在产业集群的发展过程中，正是集群企业共生能量的存在，如规模的扩大、产量的增加、质量的提高、市场占有率的上升、成员关系的稳定，才促使集群企业进行集群式转移，从而继续获取共生能量。所有影响共生能量生成的因素可以用一个共生能量函数来表示，即：

$$E_S = f_s(Z_a^m,\ Z_b^m,\ \theta_{ab},\ \lambda,\ \rho_{sa},\ \rho_{sb},\ \eta_{sa},\ \eta_{sb})$$

共生能量函数的存在反映了生物共生进化的动力机制，从函数可知，影响共生能量的关键变量有：共生界面的特征值 λ，λ 是衡量共生界面交流阻力大小的参量，共生界面越多，接触面越大，接触介质越好，则交流阻力越小，对应的 λ 就越接近于零；共生度，共生度的大小与共生单元中质参量 Z 的个数及关联度密切相关，共生度越大，共生能量越大。

第二节　区域产业链整合过程中的产业集群式转移生境选择

一、产业集群式转移的生境选择及影响因素

（一）对同一生境的选择导致产业集群式转移

行为生态学（Behavioral Ecology）诞生于20世纪70年代末80年代初，是由行为学和生态学相互渗透而形成的一门新兴交叉学科，现已成为国际上一门颇受重视的热门学科。由我们前面的研究可以得出，产业集群的形成与演化具有行为生态学要素特征及群落行为特征。① 因此，我们同样可以应用行为生态学来研究产业转移行为。②

生境选择理论是行为生态学的重要理论，生境是指生物个体和群体生活的具体生态环境；生境选择是指动物对生活地点类型的选择或偏爱。动物选择何种生境，受动物自身的适应能力和该种生境的适宜性等因素影响，一般而言，同种动物对生境的不同选择，会引起它们之间基因频率的地方差异，这种基因频率的地方差异又会导致该种动物聚集于特定的生境，从而形成特定种群。不同种类但存在各种联系的动物对同一生境的偏好，则导致了不同种生物聚集于同一生境，从而导致了动物群落的形成。在产业转移过程中，各企业或组织选择何种生境，受企业的内部属性、该种生境的适宜性以及企业之间的相互关系等因素影响。同种属性的企业对生境的不同选择，会引起它们之间惯例频率的地方差异，这种惯例频率的地方差异又会导致该种属性的企业移入特定的生境，从而形成特定的种群。不同属性的但存在各种关联的企业或组织对同一生

① 易秋平：《创新型产业集群研究》，湖南科技大学硕士学位论文，2007 年。刘友金、易秋平：《技术创新生态系统结构的生态重组》，《湖南科技大学学报（社科版）》2005 年第 5 期。

② 易秋平、刘友金：《基于行为生态学视角的产业集群式转移动因研究——一个理论模型的构建与分析》，《绿色科技》2011 年第 9 期。

境的偏好，则导致了企业或组织移入同一生境，从而产生了产业集群式转移行为。

（二）影响企业生境选择的各种因素

地理因素和物种的散布能力将最终决定一个物种的地理分布范围，但这一分布范围也会因物种间的相互关系等因素而被改变，而且物种间的相互关系等因素也会影响地理分布区内的局部分布。生境选择只有在以上的这些框架内才能起作用。所以说，生境选择并不能直接决定物种的实际生境分布。同样，生境选择也并不能直接决定企业或组织的实际转移行为。实际上，企业或组织移入某一特定生境还受许多其他因素的影响，如生境的生产要素环境、基础设施环境、制度环境、社会文化环境、配套服务环境、社会关系网络环境、自身适应能力、种内和种间相互关系等。因此，只有在这些因素综合作用下的“生境选择”才能“直接”决定实际产业转移行为，从而决定其实际的生境分布。

（1）生产要素环境。生产要素环境是指土地、劳动力、技术、设备等生产要素的组合环境，其直接决定着企业生产成本的高低，从而决定着企业利润率的高低，因此，将直接影响企业对生境的选择行为，即对某一生境的转移行为。

（2）基础设施环境。基础设施环境主要包括物流交通基础设施、通信基础设施、生活配套基础设施等的建设情况，其对企业的生境选择具有重要的影响。因为基础设施的建设程度将影响企业创新平台的高低，从而会延缓企业的转移行为。

（3）制度环境。制度环境对企业生境的选择也有很大的影响。制度环境即指国家政府或地方政府对某一特定生境所实行的产业政策，以及其他政策措施，从而影响企业的生境选择行为。如地方政府的支持程度将影响企业技术创新的方向、速度和规模，从而影响企业技术创新的主要机制等。

（4）社会文化环境。一个生境的社会文化环境对企业的生境选择具有重要的影响。如果一个生境的社会文化环境不好，那么即使其基础网络和支撑网络有多发达，企业可能也不会选择该生境，即使选择了该生境，也很难获得可持续发展。而且只有当生境的社会文化环境与企业所需要的文化环境相互耦合时才能使企业转移到该生境来；反之，如果该生境的社会文化环境与企业所需要的文化环境不相适应和不协调时，即使转移到该生境的企业也最终会离开该生境。

（5）配套服务环境。配套服务主要是指某生境中的政府服务、金融服务、物流服务、产业链配套情况、人才市场、技术市场、信息市场及行业协会等本地配套服务体系的完善程度。配套服务环境对企业生境的选择具有重要的支撑作用。如果某生境中的配套服务环境很好将对企业转移行为形成一种拉引力，否则将阻碍或制约企业的转移。

（6）社会关系网络环境。社会关系网络环境对企业生境的选择同样具有重要的作用。社会关系网络主要指本企业与地方政府的关系、本企业与银行的关系、本企业与行业协会的关系、本企业与供应商的关系、本企业与其他企业的关系，以及本企业与客户的关系等都将影响到企业的生境选择行为。

（7）自身适应能力。正如动物的自身适应能力会影响其生境选择一样，企业自身适应能力对生境选择也会有影响。即使某一生境的各方面条件都很好，但如果自身适应能力太差，也不能移入该生境。

（8）种内和种间相互关系。种内和种间竞争、捕食和寄生等关系常常会改变动物的分布状况，使动物的实际聚集行为不能与它们所偏爱的生境完全吻合。一种动物选择什么样的生境以及对这种生境的偏爱程度，很可能是这种动物同其他动物进行竞争的结果（部分原因）。同样，企业与企业之间的竞争、捕食和寄生等关系也会影响其对生境的选择，即实际的转移行为。比如，如果企业进入某一生境，企业之间的竞争非常激烈，如果自身能力不强，进入后被捕食的概率又很高，则不宜转移到该生境，应选择一个不太适宜却也可以较好发展下去的生境；如果企业种群密度很高，就会出现企业数量过剩现象，意味着将会有一部分企业个体因占不到自己偏爱的生境而只能到其他不太适宜的生境中去；当然，如果某企业转移到某生境后可以“寄生”于别的企业（如零配件生产企业可以“寄生”于主机生产企业），则即使自身适应能力不是很强，也可以转移到该生境。

二、产业集群式转移生境选择模型构建

（一）模型构建的基本假设

根据行为生态学的生境选择理论和社群博弈模型，为了建模和讨论的简化起见，结合产业转移的特点，作如下假设①：

假设1："企业物种库"中只有两个企业，而且供其选择的生境（即生存环境）只有两个。

假设2：博弈的得分值用相对适合度值表示，其相对适合度值等于企业在某一区域内所获得的利润率。

假设3：企业在某一生存环境的利润率只和生存环境的质量和企业种间关系有关，而与其他因素没有关系。

假设4：企业1和企业2在转移之前的利润率分别为U和V；生境1引起企业1和企业2的利润率的变动率分别为P_1和P_2，生境2引起企业1和企业2的利润率的变动率分别为P_3和P_4；企业2引起企业1利润率的变动率为P_{21}，企业1引起企业2的利润率的变动率为P_{12}。

假设5：企业对两个生存环境都取过样，而且对每个生存环境都有估价。

假设6：一个企业只有在希望获取更高的利润率时才会转移生存环境，而且如果能够得到更高的利润率，则其必定会转移生存环境。

假设7：状态（i，j）表示企业1占有生境i和企业2占有生境j。

（二）生境选择模型构建

根据模型假设，我们可以构建包含两个企业的转移博弈模型，其支付矩阵如图6－2所示。

由图6－2可计算出博弈双方的得分值：

当博弈处于（1，1）状态时：$R_{11}=U+P_1+P_{21}$，$R_{12}=V+P_2+P_{12}$。

当博弈处于（1，2）状态时：$R_{21}=U+P_1$，$R_{22}=V+P_4$。

① 刘友金、易秋平：《行为生态学视角的集群中创新单元聚集行为》，《系统工程》2006年第9期。尚玉昌：《行为生态学》，北京大学出版社1998年版。

当博弈处于（2，1）状态时：$R_{31}=U+P_3$，$R_{32}=V+P_2$。

当博弈处于（2，2）状态时：$R_{41}=U+P_3+P_{21}$，$R_{42}=V+P_4+P_{12}$。

		企业2 生境1	企业2 生境2
企业1	生境1	(R_{11}, R_{12})	(R_{21}, R_{22})
	生境2	(R_{31}, R_{32})	(R_{41}, R_{42})

图6－2　支付矩阵

因此，双方的支付矩阵可以用图6－3表示。

		企业2 生境1	企业2 生境2
企业1	生境1	$(U+P_1+P_{21}, V+P_2+R_{12})$	$(U+P_1, V+P_4)$
	生境2	$(U+P_3, V+P_2)$	$(U+P_3+P_{21}, V+P_4+R_{12})$

图6－3　支付矩阵

三、基于生境选择的产业集群式转移条件分析

从理论上分析，上面博弈模型的状态有很多种，本书重点分析其中比较典型的四种博弈情况，其他博弈状态的分析相同，因此，我们不进行重复分析。下面我们来具体讨论四种典型状态下博弈的均衡。①

（一）博弈无均衡状态

第一种典型情况，当

$$\begin{cases} V+P_2+P_{12}>V+P_4 \\ V+P_2<V+P_4+P_{12} \\ U+P_1+P_{21}<U+P_3 \\ U+P_1>U+P_3+P_{21} \\ V+P_2+P_{12}>V+P_2 \\ V+P_4<V+P_4+P_{12} \end{cases}$$

① 易秋平：《创新型产业集群研究》，湖南科技大学硕士学位论文，2007年。

时，即当 $P_4 - P_{12} < P_2 < P_4 + P_{12}$ 且 $P_3 + P_{21} < P_1 < P_3 - P_{21}$ 时（显然此时 $P_{12} > 0$，$P_{21} < 0$），博弈无均衡状态。即一个企业只有跟另一个企业移入到同一生境时才能获益最大，而另一个企业则喜欢独立发展。然而，每个企业的行为都是最大化自身的利润率，这就会出现一种循环赛，即从属企业总是尾随优势企业从一个生境移入到另一个生境。比较于优势企业独立发展所获取的利润和从属企业从共同发展中所获得的好处而言，这种循环赛的代价比较低。只要一个企业在共同发展中有利，而另一个企业在独立时有利，由最适决策规律就决定了必然会出现“循环赛”。如当某一产业中的核心企业发生转移时，其相应的零配件企业也跟着转移到同一区域。

（二）博弈的均衡状态为两个企业转移到一个特定生境

第二种典型情况，当

$$\begin{cases} U_2 + P_2 + P_{12} > U_2 + P_4 \\ U_2 + P_2 > U_2 + P_4 + P_{12} \\ U_1 + P_1 + P_{21} > U_1 + P_3 \\ U_1 + P_1 > U_1 + P_3 + P_{21} \end{cases}$$

时，即当 $P_1 > P_3 + P_{21}$ 且 $P_2 > P_4 + P_{12}$ 时，博弈的均衡状态只有一个（1，1），即只有当两个企业同处于生境 1 中时才能达到平衡态，即两个企业同时转移到生境 1 发展时利大于弊。在现实中，需要以区域内的特色资源为主要创新资源的企业就都会转移到该区域内。

（三）博弈的均衡状态为两个企业转移到不同的生境独立发展

第三种典型情况，当

$$\begin{cases} U_2 + P_2 + P_{12} < U_2 + P_4 \\ U_2 + P_2 > U_2 + P_4 + P_{12} \\ U_1 + P_1 + P_{21} < U_1 + P_3 \\ U_1 + P_1 > U_1 + P_3 + P_{21} \end{cases}$$

时，即当 $P_3 + P_{21} < P_1 < P_3 - P_{21}$ 且 $P_4 + P_{12} < P_2 < P_4 - P_{12}$ 时（显然此时 P_{12}，$P_{21} < 0$，即企业 1 与企业 2 之间是相互约束的），博弈的均衡态为（1，2）和

(2, 1), 即只有当两个企业独立发展时才能达到均衡, 即两个企业转移到同一生境发展时弊大于利。因此, 稳定态只有当一个企业在生境1中、另一个企业在生境2中时才能达到, 在这种情况下, 两个企业就不适合转移到同一生境。

(四) 博弈的均衡状态为两个企业转移到同一生境

第四种典型情况, 当

$$\begin{cases} U_2 + P_2 + P_{12} > U_2 + P_4 \\ U_2 + P_2 < U_2 + P_4 + P_{12} \\ U_1 + P_1 + P_{21} > U_1 + P_3 \\ U_1 + P_1 < U_1 + P_3 + P_{21} \\ U_2 + P_2 + P_{21} > U_2 + P_4 + P_{21} \\ U_1 + P_1 + P_{21} > U_1 + P_3 + P_{21} \end{cases}$$

时, 即当 $P_3 < P_1 < P_3 + P_{21}$ 且 $P_4 < P_2 < P_4 + P_{12}$ 时, 博弈的均衡状态为 (1, 1), 即只有当两个企业同处于生境1时才能达到平衡态。与第一种状态的区别在于, 当两个企业同时处于 (2, 2) 情形时, 只要其中的一个企业不变动, 另一个企业也不移动才最有利; 否则, 如果企业1移到生境1, 而企业2不动, 则企业1的得分由 $U_1 + P_3 + P_{21}$ 减到 $U_1 + P_1$。如果企业2移到生境1, 而企业1不动, 那么企业2的分值将从 $U_2 + P_4 + P_{12}$ 减到 $U_2 + P_2$。但是, 如果两个企业移入生境1, 则双方都能受益。所以, 状态 (2, 2) 是一种 Nash 平衡或"自私"平衡, 而状态 (1, 1) 是一种 Pereto 平衡或"合作"平衡, 在实际中, 生境内那些属于产业链上下游的企业的转移过程就是这样的。

(五) 四种均衡状态讨论

前面的分析表明, 产业内不同企业对同一生境 (即区域) 的选择导致了产业集群式转移, 但并非产业内所有的企业都适宜转移到同一生境, 生境质量的差异、种间关系的影响都会影响企业的转移行为。如果企业之间具有复杂的关联, 对生境条件的要求相同且它们的内在条件与生境条件是相互耦合的, 那么就适合转移到同一区域, 如上面所分析的第一、第二、第四三种均衡状态; 而如果企业对生境条件的要求根本不一样, 或它们之间完全不具有任何关系,或它们的内在条件与生境条件完全无法耦合，或它们发展的路径、方式根本不同，那么是不适合转移到同一区域的，如上文所分析的第三种均衡状态。

第三节　产业集群式转移与地域产业承载系统适配性

产业集群式转移本质上是产业成长的一种重要方式，而地域产业承载系统是产业成长的空间载体。产业转移既是转出地产业承载系统“失配”所致，又是承接地产业承载系统“适配”的结果，产业转移是寻求地域产业承载系统动态适配过程的企业迁徙行为。因此，通过把握和调控地域产业承载系统的适配能力，可以科学把握产业转移的空间格局，进而调控产业转移空间走向。我们综合运用适配理论与产业承载系统模型，尝试对我国制造业成长与地域产业承载系统的适配性及地区空间差异进行较为系统的研究。[①]

一、地域产业承载系统是产业成长的空间载体

（一）国内外相关研究成果借鉴

国外关于适配问题研究的典型代表人物是 2012 年获得诺贝尔经济学奖的 Alvin Roth 和 Lloyd Shapley。[②] 他们的基本研究思路是通过引导双边匹配使系统达到稳定，另一位著名学者 Shapley（1953）则是通过多人博弈与系统动态匹配研究稳定市场问题。[③] 国内关于适配问题的研究主要有：张延平、李明生（2011）从区域人才投入、生成、配置和效能四个环节构建区域人才结构和产业结构升级两个系统的适配评价模型，对我国 30 个省份的人才结构优化与产业

---

① 刘友金、冯晓玲：《制造业成长与地域产业承载系统适配性及空间差异》，《系统工程》2013 年第 10 期。

② Roth A, U G Rothblum, “Truncation Strategies in Matching Markets In Search of Advice for Participants”, *Econometrica*, Vol. 67, No. 1（January 1999）.

③ Lloyd Shapley, *A value for n－person games*, Annals of Mathematics Studies, 1953.

结构升级的协调适配状况进行分析测评，针对不同的协调等级提出改进建议。[①] 姜雨（2012）通过探讨人力资本与技术选择的相互关系，构建了能够比较完整地反映二者间相互作用关系的机理模型，从动态角度对我国人力资本与技术选择进行适配性研究。[②] 蔡小慎、马瑞芝（2018）对东北三省进行适配度测评，发现该地区人才结构与产业结构协调适配等级不高，在此基础上，有针对性地提出未来改进和发展对策，以期促进东北地区人才结构与产业结构的适配。[③] 上述国内外文献从不同角度研究了两个主体之间的匹配性，为我们探索制造业成长与地域承载系统的适配问题提供了重要思路。

国内关于承载系统的研究，主要集中在城市、环境承载系统与产业转移综合承载系统几个方面，付鑫（2011）通过研究城市综合承载能力，认为提高城市综合承载能力首先要解决战略层面的承载问题，并认为交通系统包括了能够使整个系统正常运转的所有因素。[④] 刘宝勤等（2005）在西部大开发背景下，通过建立多层次模糊综合评价模型，对西部 12 个省区的生态环境承载系统进行评价。[⑤] 陈斐、张新芝（2012）借鉴物理学中势差概念，用两区域产业转移模型，从经济势差、产业势差、成本势差、交易成本势差与技术势差五个方面，运用主成分分析法对我国中西部欠发达省份承接产业转移的竞争力进行综合评价。[⑥] 雷玉桃、薛鹏翔、张萱（2020）研究发现，产业承载力、可持续发展水平的提升对综合城市功能分工效果具有促进作用。[⑦] 徐国冲、郭轩宇

① 张延平、李明生：《我国区域人才结构优化与产业结构升级的协调适配度评价研究》，《中国软科学》2011 年第 3 期。

② 姜雨：《人力资本与技术选择适配性研究》，中国社会科学院研究生院博士学位论文，2012 年，第 21 – 30 页。

③ 蔡小慎、马瑞芝：《东北地区人才结构与产业结构适配关系实证分析》，《科技与经济》2018 年第 2 期。

④ 付鑫：《城市化地区空间扩张与交通承载系统关系研究》，长安大学博士学位论文，2011 年，第 87 – 97 页。

⑤ 刘宝勤、封志明、杨艳昭、郝永红：《西部地区生态环境承载系统及多层面评估》，《干旱区资源与环境》2005 年第 5 期。

⑥ 陈斐、张新芝：《中西部承接区域产业转移的竞争力研究》，《统计与决策》2012 年第 2 期。

⑦ 雷玉桃、薛鹏翔、张萱：《产业经济视角的珠三角城市群内功能分工对制造业生产率影响》，《产经评论》2020 年第 1 期。

（2020）基于承载力和韧性城市两大理论，构建了城市综合承载力的分析框架。① 这些研究为我们探讨地域产业承载系统提供了重要启示。

（二）相关概念的界定

（1）地域产业承载系统。地域产业承载系统包括自然资源与生态环境、经济社会等子系统，既反映了地域自然条件，也反映了人工因素。本书选取经济、社会和环境三个方面的因素，构建地域产业承载系统（见图6－4）。

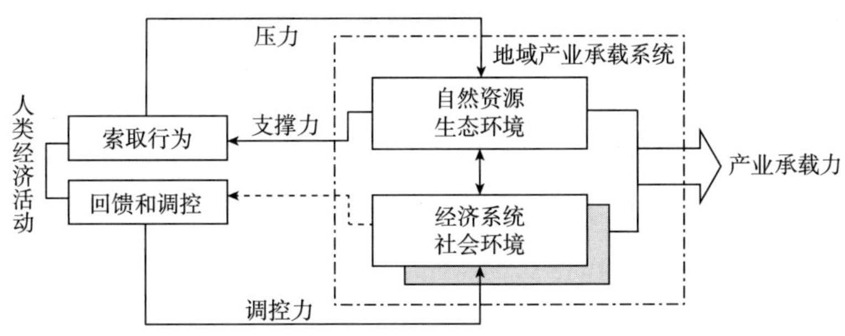

图6－4　地域产业承载系统

（2）制造业成长。制造业有不同的分类方法，本书根据《国民经济行业》（GB/T 4754—2002）的分类，着重研究装备制造业，主要包括金属制品业、通用装备制造业、专用设备制造业、交通运输设备制造业、电器装备及器材制造业、电子及通信设备制造业、仪器仪表及文化办公用品制造业七大类。制造业成长是指制造业在发展过程中，依托于当地的经济条件、社会环境和资源状况发展壮大的过程。

（3）适配性。适配（Fit）一词源于种群生态学模型和情境理论（Van De Ven，1979），它是指两个主体之间具有的一致或互补关系。本书将制造业成长与地域产业承载系统的适配定义为：地域产业承载系统中的经济发展系统、社会发展系统和环境支撑系统三个子系统提供的要素条件与制造业成长需要的

① 徐国冲、郭轩宇：《城市综合承载力的评估框架与提升策略——来自新加坡的启示》，《上海行政学院学报》2020年第1期。

经济条件、社会条件和环境条件的契合程度。

适配分为静态适配和动态适配，本书研究制造业成长与地域产业承载系统适配同样体现在两个层面：一是静态适配，即测算某一时间节点制造业成长要素与地域产业承载系统组成要素的匹配程度；二是动态适配，即制造业成长与地域产业承载系统组成要素的持续稳定适配，是一种可持续适配。本书将主要研究静态适配问题，这是因为静态适配是研究整个适配问题的基础，也是研究动态适配的前提。

（三）理论分析方法的引入及复合系统构建

1. 理论分析方法的引入

协同学（Synergeties）一词来自希腊文，意思是协同作用的科学，是关于系统中各个子系统之间相互合作、相互竞争的科学。协同学是由德国著名理论物理学家赫尔曼·哈肯（Herman Hawking）提出的。① 协同学是一门研究各个学科领域中关于合作、协作或协同的学说，所谓协同，就是系统中诸多子系统之间的相互协调、合作或同步的联合作用。协同学主要研究由大量子系统组成的系统，在一定条件下，由于子系统相互作用和协作，这种系统会发展演变，呈现出彼此适配、相对稳定的新结构。我们重点研究制造业成长与地域产业承载系统适配性，探讨如何调节、控制地域产业承载系统中的组成要素，从而使制造业成长系统与地域产业承载系统相互适配、相互协调，这正是协同学研究的主要内容。可见，可以应用协同学的理论方法研究制造业成长与地域产业承载系统的适配性问题。事实上，已经有学者应用协同学理论方法开展了类似的研究。②

2. 耦合的复合系统的构建

协同论认为，系统走向有序机理不在于系统现状的平衡或不平衡，也不在于系统距平衡态多远，关键在于系统内部各子系统间相互关联的“协同作

① H Haken, *Advanced Synergetics: Instabilitu Hierarchies of Self - Organizing Systems and Devices*, New York: Springer - Verlag, 1993.

② 张延平、李明生：《我国区域人才结构优化与产业结构升级的协调适配度评价研究》，《中国软科学》2011 年第 3 期。

用”，协调度是这种协同作用的量度。制造业成长与地域产业承载系统两者在多方位、多层次上相互作用和影响，可以耦合为一个有机的整体，形成制造业成长要素与地域产业承载系统组成要素耦合而成的复合系统（见图6－5）。

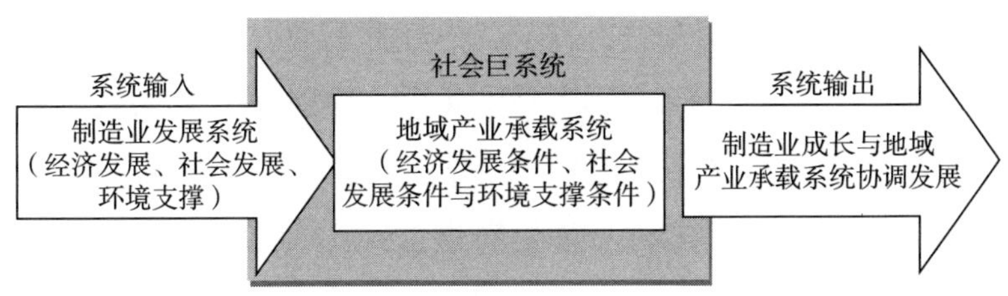

图6－5　制造业成长与地域产业承载系统耦合复杂系统

大体来说，区域系统是一个“自然—社会—经济”的复合系统，由自然环境子系统、社会子系统、经济子系统之间的关联与耦合共同构成的复杂系统。[①] 我们主要是从经济因素、社会因素和环境因素三个方面来研究制造业成长系统与地域产业承载系统的适配性，通过调节地域产业承载系统中的经济因素、社会因素和环境因素，使之适配制造业成长的要求。制造业成长要素与地域产业承载系统组成要素耦合而成的复合系统，属于区域系统的下一系统层级，且由多个子系统组成。区域复合系统的层次结构与定位如图6－6所示。

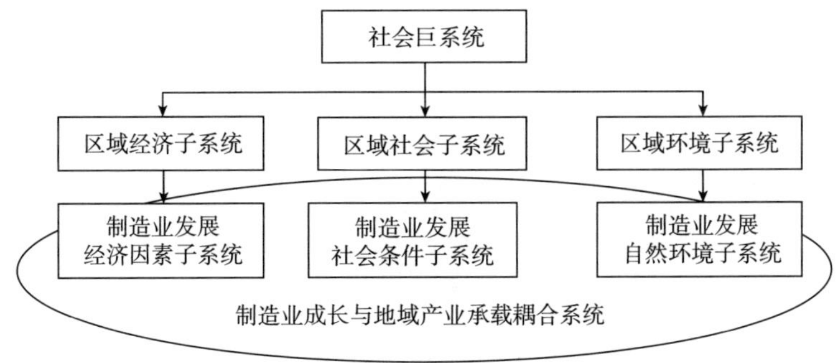

图6－6　社会巨系统下制造业成长与地域产业承载耦合系统层次定位

① 李明生：《城市与区域经济研究》，陕西科学技术出版社2005年版。

二、适配性评估体系与测度模型构建

（一）适配性评估体系

1. 指标提取思路

根据协同学理论，“有序性”是物质系统在自身运动的“要素和功能组合、时空结构组合和演化进程顺序”等方面具有确定性、周期性、可预测性或规则性的表征，它是系统的存在和稳定性的最基本条件之一。复合系统的有序，需要两个子系统之间的协同，即协同才会有序。而如何促进两个子系统之间的协同，则需寻找影响两个子系统之间协同的关键主导因素，即寻找序参量。序参量来源于子系统间的协同合作，同时又起支配子系统的作用。①

按照协同学的理论思想，对制造业成长与地域产业承载系统适配性评价，要从两个子系统间耦合一致的角度提取序参量，具体来讲就是从经济发展、社会发展和环境支撑三个方面来“对接”制造业成长与地域产业承载系统两个子系统，提取序参量构建评价指标体系（其“对接”思路见图6－7）。

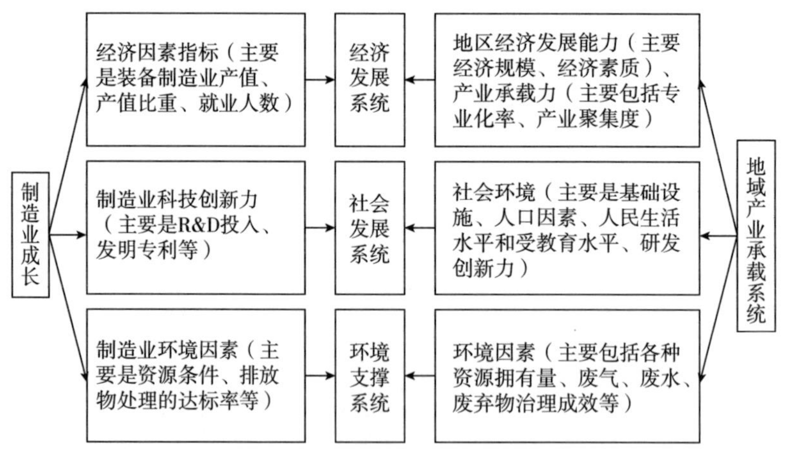

图6－7　制造业成长与地域产业承载系统协调对接提取序参量思路

① 郭治安：《协同学入门》，四川人民出版社1988年版。

2. 评价原则

设计制造业成长与地域产业承载系统适配性的评估指标体系的基本出发点是，要能够客观、准确地反映制造业成长与地域产业承载系统的适配能力，要尽可能地利用现有的统计数据资料。因此，对于指标体系构建，我们要遵守：

（1）全面性和代表性相统一的原则。指标的选取要能反映影响区域整体协调性的各个方面，从不同的维度反映被评价系统的主要特征和状况。

（2）可比性和针对性相统一的原则。评价指标的设计应注重时间、地点和适应范围的可对比性，以便于进行纵向和横向比较，且便于区别不同时期各地区的发展状况，有针对性。

3. 评估体系综合框架及具体量化

根据上述评价原则，并综合参考相关文献①，建立评估体系如表 6－1 所示。

表 6－1　评价指标体系综合框架及指标说明

<table>
<tr><th>因素</th><th>一级指标</th><th>二级指标</th><th>单位</th><th>两项重要二级指标计算方法</th></tr>
<tr><td rowspan="7">经济发展系统</td><td rowspan="5">经济基础</td><td>GDP</td><td>亿元</td><td rowspan="7">①专业化率：专业化率是衡量某一区域产业规模经济水平的指标。本书借鉴孔慧珍、孔庆书（2012）② 的方法，得出专业化率计算公式：
$$LQ_{ij} = \frac{\dfrac{L_{ij}}{\sum_{j=1}^{m} L_{ij}}}{\dfrac{\sum_{i=1}^{m} L_{ij}}{\sum_{i=1}^{m}\sum_{j=1}^{m} L_{ij}}}$$</td></tr>
<tr><td>居民消费水平</td><td>元</td></tr>
<tr><td>制造业产值</td><td>亿元</td></tr>
<tr><td>制造业产值占 GDP 比重</td><td>%</td></tr>
<tr><td>制造业年末就业人数</td><td>万人</td></tr>
<tr><td rowspan="2">产业基础</td><td>专业化率</td><td>%</td></tr>
<tr><td>产业聚集度</td><td>%</td></tr>
</table>

① 殷德生、唐海燕：《中国制造业集聚的决定因素与变动趋势——基于三大经济圈的实证分析》，《世界经济研究》2007 年第 12 期。唐志鹏、刘卫东、刘红光：《投入产出分析框架下的产业结构协调发展测度》，《中国软科学》2010 年第 3 期。崔艳娟、王杰、裴雪峰：《区域装备制造业产业竞争力评价体系研究》，《科技管理研究》2009 年第 12 期。

② 孙慧珍、孔庆书：《基于区位商的河北省产业聚集度分析》，《河北工业科技》2012 年第 2 期。

续表

<table>
<tr><th>因素</th><th>一级指标</th><th>二级指标</th><th>单位</th><th>两项重要二级指标计算方法</th></tr>
<tr><td rowspan="6">社会发展系统</td><td rowspan="3">社会环境</td><td>人口数量</td><td>万人</td><td rowspan="12">其中，LQ_{ij} 表示 i 地区 j 行业的区位商，i 表示第 i 个地区（$i=1,2,3,\cdots,n$），j 表示第 j 个行业（$j=1,2,3,\cdots,m$），L_{ij} 表示第 i 个地区、第 j 个行业的产出。
②产业聚集度：本书借鉴杨洪焦、孙林岩、高杰（2008）① 的方法，得出产业聚集度计算公式：
$$\gamma_i=\frac{G_i-(1-x_j^2)H_i}{(1-x_j^2)(1-H_i)}$$
其中，γ_i 表示 j 地区 i 行业的产业聚集度，j 表示第 j 个地区，i 表示第 i 个行业，x_j^2 为区域 j 所有行业总产值占全国所有，G_i 表示是产业 i 的空间基尼系数，H_i 表示产业 i 的赫芬达尔系数。</td></tr>
<tr><td>城镇化率</td><td>%</td></tr>
<tr><td>教育经费</td><td>万元</td></tr>
<tr><td rowspan="3">科技环境</td><td>研发经费</td><td>万元</td></tr>
<tr><td>研发人数</td><td>人</td></tr>
<tr><td>发明类专利申请率</td><td>%</td></tr>
<tr><td rowspan="6">环境支撑系统</td><td rowspan="3">自然环境</td><td>水资源</td><td>亿立方米</td></tr>
<tr><td>森林面积</td><td>万公顷</td></tr>
<tr><td>湿地面积</td><td>千公顷</td></tr>
<tr><td rowspan="3">人工环境</td><td>治理废气项目完成投资</td><td>万元</td></tr>
<tr><td>治理废物固体项目完成投资</td><td>万元</td></tr>
<tr><td>治理废水项目完成投资</td><td>万元</td></tr>
</table>

（二）适配度评估模型构建

根据构建的指标体系，可对两个子系统的适配度进行计算。具体计算需解决四个方面的问题：建立功效函数、建立适配度函数、确定各评价指标的权重和确定适配度等级标准。

1. 功效函数的建立

复合系统的各个序参量指标都有明确的目标值，把每个指标的实际值与目标值通过某种转化关系得到的结果就能够反映该指标在系统中的作用或者功效，这个结果称为功效函数，用 E_i 表示。描述 E_i 的关系式称为功效函数，如果指标用 C_i 表示，则 $E_i=F(C_i)$，其中 F 代表关系式。

设系统发展有 K 个目标，$f_i(x)$（$i=1,2,\cdots,K$），其中 K_1 个目标要求越大越好，K_2 个目标要求越小越好，余下的 $K-K_1-K_2$ 个目标要求不大不小，接近某一值为好。现分别给这些目标以一定的功效系数 d_i，$0\leqslant d_i\leqslant 1$（$i=1,2,\cdots,K$）。描述 d_i 与 $f_i(x)$ 关系的函数成为功效函数，即 $d_i=F_j(f_i)$，建

① 杨洪焦、孙林岩、高杰：《中国制造业聚集度的演进态势及其特征分析——基于 1988～2005 年的实证研究》，《数量经济技术经济研究》2008 年第 5 期。

立一个总功效函数 $E(C_i)$ 反映系统的整体功能，$0 \leqslant E(C_i) \leqslant 1$，$E(C_i)$ 值越接近 1，系统整体协调性越好，该函数值即为系统的协调度值。

设序参量评价指标 C_i（$i=1, 2, 3, \cdots$）的实际表现值为 X_i（$i=1, 2, 3, \cdots$）。α_i、β_i 为系统稳定时指标变量 C_i 临界点的上下限，即 $\beta_i \leqslant x_i \leqslant \alpha_i$。

根据协同学理论，当一个系统处于稳定状态时，状态函数应为线性关系，函数的极值点是系统稳定区域的临界点。随着序变量的增大，系统的有序度趋势增加，这是正功效；相反就是负功效。这里采用模糊隶属度方法对原始数据进行预处理，处理公式如下：

对于正功效，有：

$$E(C_i) = \frac{x_i - \beta_i}{\alpha_i - \beta_i},\ \beta_i \leqslant x_i \leqslant \alpha_i \tag{6-1}$$

对于负功效，有：

$$E(C_i) = \frac{\beta_i - x_i}{\beta_i - \alpha_i},\ \alpha_i \leqslant x_i \leqslant \beta_i \tag{6-2}$$

2. 协调适配度函数的建立

鉴于单一指标的模糊隶属度指数不能说明适配度的综合发展情况，我们新建一个函数，称为协调适配度函数（Harmony Degree，HD），协调适配度的取值范围是 0≤HD≤1。越接近 1，说明地区协调适配性越好。

本书经过分析认为，判断地区承载适配性需要综合考虑各项指标的权重，本书采用加权平均法计算协调度，计算公式如下：

$$HD = W_{11} \times EC(V_{11}) \times W_{12} \times EC(V_{12}) + \cdots + W_{mn} \times EC(V_{mn}) = \sum_{i=1}^{n} W_{IJ} \times EC(V_{IJ}) \tag{6-3}$$

其中，$\sum_{j=1,i=1}^{m \times n} w_{ji} = 1$，$W_{ji}$ 为 $EC(V_{ji})$ 的权重系数，HD 的值即为系统的协调度。

3. 确定各评价指标的权重

熵是对不确定性的一种度量，信息量越大，不确定性就越小，熵也就越小；信息量越小，不确定性越大，熵也就越大；熵值法是一种完全客观的计算方法，不掺杂任何主观因素，因此本书采用熵值法来确定各项指标的权重。

设有 n 个观测值，p 个指标，则 X_{ij} 为第 i 个观测值的第 j 个指标（$i=1$，2，…，n；$j=1$，2，…，m），对于给定的 j，X_{ij} 的差异越大，该项指标对系统的比较作用越大，该项指标包含和传输的信息越多。信息的增加意味着熵的减少，熵可以用来度量这种信息量的大小。

第一步，计算第 j 项指标下，第 i 个观测值的特征比重：

$$p_{ij}=\frac{x_{ij}}{\sum_{i=1}^{n}x_{ij}}(i=1,\cdots,n;j=1,\cdots,p)$$

其中，p_{ij} 为 X_{ij} 的特征比重值，X_{ij} 为初始值。

第二步，计算第 j 项指标的信息熵：

$$e_j=-k\sum_{i=1}^{n}p_{ij}\times \ln p_{ij} \tag{6-4}$$

其中，$k>0$，如果 X_{ij} 对于给定的 j 全部相等，那么 $p_{ij}=\frac{1}{n}$，此时

$$e_j=k\ln n \tag{6-5}$$

第三步，计算指标 x_j 的差异性系数：对于给定的 j，x_{ij} 的差异越小，则 e_j 越大，当 X_{ij} 全部相等时：

$$e_j=-k\sum_{i=1}^{n}\frac{1}{n}\ln\frac{1}{n}=k\sum_{i=1}^{n}\frac{1}{n}\ln n=k\ln n=1 \tag{6-6}$$

此时对于观测值之间的比较，指标 x_{ij} 毫无作用；当 x_{ij} 差异越大，e_j 越小，指标对于观测值的比较作用越大。因此，定义差异系数：

$$g_j=1-e_j \tag{6-7}$$

第四步，确定第 j 项指标的权数：

$$w_j=\frac{g_j}{\sum_{j=1}^{m}g_j} \tag{6-8}$$

4. 协调适配等级标准划分

我们借鉴张延平、李明生（2011）的协调度适配等级划分，把协调度的范围划分为若干连续区间，即将协调度 0.0000 ~ 1.0000 划分为成 10 个等级区

间，每一区间代表一个协调等级，每个等级代表一类协调状态，形成连续的阶梯。①

三、不同地区适配状况及空间差异

（一）适配度计算

1. 数据选取与权重确定

接下来，本书将应用所构建的测度模型对我省 31 个省市的制造业成长与地域产业承载系统适配状况及空间差异进行评估。由于以前各省市统计年鉴的统计口径不统一及部分数据缺失，只能系统获得近 5 年的相关统计数据。从实际结果看，5 年时间也能较好地反映研究对象的基本状态，因此本书仅对 2013 ~ 2017 年的制造业成长与地域产业承载系统适配性进行测评分析。

对照前文所设计的指标，通过查阅《中国统计年鉴》《中国人口统计年鉴》《中国科技统计年鉴》《中国环境统计年鉴》和各省市统计年鉴获得原始数据。在这些数据的基础上，采用熵值法计算指标权重，得出各影响因素的权重（见表 6 – 2）。

表 6 – 2　三个子系统各指标权重

经济发展系统	GDP	居民消费水平	制造业产值	制造业产值GDP 比重	制造业就业人数	专业化率	产业聚集度
	0.0375	0.0119	0.0471	0.0052	0.0658	0.0050	0.1288
社会发展系统	人口数量	城镇化率	教育经费	研发经费	研发人数	发明类专利申请率	
	0.0257	0.0268	0.0032	0.0221	0.0801	0.0984	
环境支撑系统	水资源总量	森林面积	湿地面积	治理废物固体项目完成投资	治理废水固体项目完成投资	治理废气项目完成投资	
	0.0599	0.0452	0.0682	0.1623	0.0588	0.0498	

① 张延平、李明生：《我国区域人才结构优化与产业结构升级的协调适配度评价研究》，《中国软科学》2011 年第 3 期。

2. 协调适配度计算

根据式（6-1）和式（6-2）进行功效值计算时，先要确定上限及下限的标准。为了保证数据的可计算性，本书将全国各省市的最大值上调10%作为上限，最小值下调10%作为下限。然后，利用协调度函数计算得出2013~2017年31个省份制造业成长与地域产业承载系统协调适配度的各年份数值及5年的平均值，其结果如表6-3所示。

表6-3　2013~2017年各省份协调度均值

省份＼年份	2013	2014	2015	2016	2017	5年均值
北　京	0.0725	0.0746	0.0746	0.0788	0.0810	0.0763
天　津	0.0695	0.0781	0.0820	0.0701	0.0642	0.0728
河　北	0.1568	0.1742	0.1441	0.1436	0.1456	0.1528
山　西	0.1147	0.0956	0.0855	0.0769	0.0908	0.0927
内蒙古	0.2032	0.1916	0.1805	0.1876	0.1770	0.1880
辽　宁	0.1359	0.1342	0.1324	0.1160	0.1108	0.1259
吉　林	0.0752	0.0730	0.0724	0.0707	0.0718	0.0726
黑龙江	0.1617	0.1502	0.1518	0.1493	0.1438	0.1513
上　海	0.1102	0.1351	0.1170	0.1503	0.2033	0.1432
江　苏	0.4475	0.4465	0.4828	0.5214	0.5115	0.4819
浙　江	0.2957	0.3234	0.3211	0.3298	0.3006	0.3141
安　徽	0.1356	0.1479	0.1546	0.2170	0.1700	0.1650
福　建	0.2010	0.2015	0.2118	0.2365	0.1675	0.2037
江　西	0.1233	0.1246	0.1405	0.1414	0.1370	0.1334
山　东	0.3287	0.3506	0.3578	0.3853	0.3584	0.3561
河　南	0.2147	0.2152	0.2120	0.2220	0.2089	0.2146
湖　北	0.1578	0.1683	0.1702	0.3499	0.1898	0.2072
湖　南	0.1728	0.1698	0.1791	0.1798	0.1734	0.1750
广　东	0.5215	0.5444	0.5856	0.5882	0.6062	0.5692
广　西	0.1309	0.1357	0.1469	0.1311	0.1212	0.1332
海　南	0.0236	0.0240	0.0213	0.0268	0.0260	0.0244
重　庆	0.0722	0.0808	0.0859	0.0866	0.0868	0.0825
四　川	0.2045	0.2196	0.2103	0.2110	0.2165	0.2124
贵　州	0.0719	0.0790	0.0767	0.0792	0.0816	0.0777

续表

年份 省份	2013	2014	2015	2016	2017	5 年均值
云　南	0. 1295	0. 1509	0. 1378	0. 1387	0. 1268	0. 1367
西　藏	0. 1382	0. 1385	0. 1297	0. 1399	0. 1423	0. 1377
陕　西	0. 1257	0. 1138	0. 1080	0. 1056	0. 1110	0. 1128
甘　肃	0. 0683	0. 0678	0. 0570	0. 0768	0. 0591	0. 0658
青　海	0. 0976	0. 1052	0. 1038	0. 1016	0. 1011	0. 1018
宁　夏	0. 0339	0. 0494	0. 0309	0. 0429	0. 0333	0. 0381
新　疆	0. 1120	0. 1108	0. 1022	0. 1023	0. 1087	0. 1072

（二）适配状况的空间差异分析

1. 适配状况的总体空间差异

根据前文给定的协调适配等级划分标准，对表 6－3 中的 31 个省份 5 年间协调适配度均值进行归类，得出表 6－4 所示的归类结果。

表 6－4　各省市协调适配等级归类

协调等级	含义	平均适配值	所属省市
1	极度失调	0. 0000 ~ 0. 1000	北京、天津、山西、吉林、海南、重庆、贵州、甘肃、宁夏
2	高度失调	0. 1000 ~ 0. 2000	河北、内蒙古、辽宁、黑龙江、上海、安徽、江西、湖南、广西、云南、西藏、陕西、青海、新疆
3	中度失调	0. 2000 ~ 0. 3000	福建、河南、湖北、四川
4	低度失调	0. 3000 ~ 0. 4000	浙江、山东
5	弱度失调	0. 4000 ~ 0. 5000	江苏
6	弱度协调	0. 5000 ~ 0. 6000	广东
7	低度协调	0. 6000 ~ 0. 7000	无
8	中度协调	0. 7000 ~ 0. 8000	无
9	高度协调	0. 8000 ~ 0. 9000	无
10	极度协调	0. 9000 ~ 1. 0000	无

由表 6－4 可知，31 个省份协调适配等级大体上归为六类：广东处于第一

等级，属于弱度协调型；江苏处于第二等级，属于弱度失调型；浙江、山东处于第三等级，属于低度失调型；福建、河南、湖北、四川处于第四等级，属于中度失调型；河北、内蒙古、辽宁、黑龙江、上海、安徽、江西、湖南、广西、云南、西藏、陕西、青海、新疆处于第五等级，属于高度失调型；北京、天津、山西、吉林、海南、重庆、贵州、甘肃、宁夏处于第六等级，属于极度失调型。总体来说，东南沿海地区好于中部地区和西部地区。

2. 适配状况的动态空间差异

根据表6－3，可以绘制出2013～2017年全国31个省份协调适配度动态变化图，如图6－8所示。

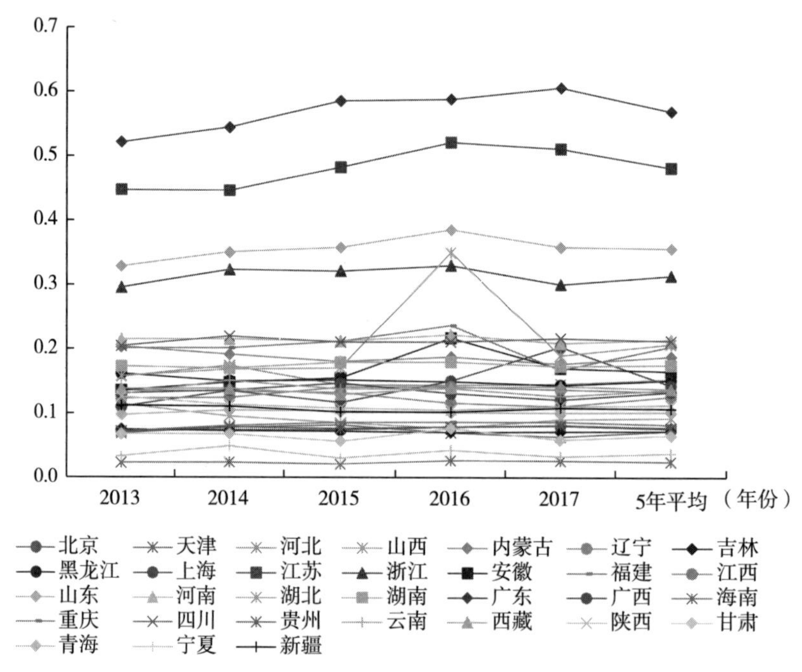

图6－8　2013～2017年全国31个省份协调度变化趋势

在图6－8的基础上，对31个省份的协调适配状况进行纵向时序比较分析，可以发现以下几个特点：

第一，我国31个省份协调适配等级均比较低，且2013～2017年协调适配等级顺序没有明显变动。图 6－8 显示，只有广东属于协调等级，其余 30 个省份一直处在失调等级。说明我国各地区制造业成长与地域产业承载系统协调适配程度的总体水平明显偏低。

第二，协调适配等级层次个别小幅提升与总体徘徊不前现象同时存在。2013～2017 年，江苏实现了由低度失调向弱度失调适配层次的提升，广东实现了弱度失调向低度协调适配层次的提升，浙江实现了中度失调向低度失调适配层次的提升，而其他省份 5 年间协调的适配等级没有大的变化，保持在相应协调度等级内小幅波动。这说明，我国要从制造业大国变为制造业强国是一项具有挑战性的长期任务。

第七章　产业集群式转移与产业链跨区域整合的引导政策

理论研究是为了更好地指导实践，本章的研究目的在于提出系统的政策方案设计思路，引导产业集群式转移，实现产业链跨区域整合。本章将主要讨论以下两个问题：①产业集群式转移与产业链跨区域整合的政策设计原则；②产业集群式转移与产业链跨区域整合的政策取向。

第一节　产业集群式转移与产业链跨区域整合的政策设计原则

随着东部沿海地区产业转移的不断加快，中西部地区既存在难得的发展机遇，也面临着严峻的挑战。中西部地区要在承接产业转移中实现产业链的整合创新，在政策设计上需要遵循以下几个原则①：

一、以梯度对接实现错位发展

梯度对接、错位发展是指中西部地区在承接沿海产业转移过程中，要充分掌握产业梯度转移的规律，把握东部地区产业升级的趋势，利用产业梯度差来承接东部地区的产业转移。同时，中西部地区内部要扬长避短，培育各自的比较优势，认准某些产业和领域，做大做强，形成自己的产业

① 刘友金：《中部地区承接沿海产业转移：理论与政策》，人民出版社2016年版。

特色。另外，中西部地区各省要统一规划产业发展的空间布局，构筑资源配置最合理且配置效益最大化的产业结构新框架，促进中西部地区产业结构的合理化。

具体来说，中西部地区要准确打造具有特色的合适的产业转移的承接点。当前，中西部地区主要通过建立产业承接园区来对接东部沿海产业转移，这就要求科学规划园区的产业定位和发展方向，不能“捡到篮子里都是菜”，要尽量避免同质竞争、重复竞争和低端竞争，要加快完善当地的产业转移基地、工业园区以及城市圈等重要的产业转移承接载体的基础设施建设，要有利于发挥承接载体的聚集效应、辐射效应、示范效应和体制创新功能。另外，在当前区域经济协调化发展的今天，中西部地区还应当注重城市圈的建设，注重城市圈内各地区专业化分工，注重城市圈内的产业互补与合作，力争形成可以相互分工、协调互补而且有利于交流和竞争的城市圈网络体系。

要实现梯度对接、错位发展，在政策配套上应该在以下几个方面做工作：一是建立协调管理机构。建议在国务院有关经济综合管理部门成立产业转移协调管理机构，出台全国性的区域产业转移规划，动态调整产业转移指导目录，建立区际产业转移信息共享平台。二是实施规范化管理。出台国内产业转移管理条例，引入以绿色 GDP 为导向的地方行政绩效评价体系，建立产业转移的生态红线和严格的环境责任考评机制，制定市场准入规则，通过规范化管理防止出现地方政府比拼优惠政策的恶性竞争。

二、以优势对接加强协同发展

优势对接、协同发展是指中西部地区在承接沿海产业转移过程中，东部地区和中西部地区都要充分关注动态比较优势的变化，在产业转移过程中实现互惠互利、协同发展。当前，中西部地区产业结构低端化是一个不争的现实，要通过产业转移实现产业结构高端化、高级化，就需要加强中西部地区和东部地区协调与对接。

对于沿海地区来讲，要敢于舍弃已经失去比较优势的产业。基于辖区内 GDP、税收、就业等政绩考虑，沿海地方政府对本地产业转出持消极态度：一是担心传统产业大量外迁会导致GDP下滑；二是担心销售额大的传统产业特别是加工贸易产业外迁会导致税收大幅减少；三是担心劳动密集型产业向外转移会大幅度减少就业机会。为此，要改革财税制度，如着力改革资源税制和不动产税制，降低地方政府对工业税收的过度依赖，使沿海地区敢于舍弃失去比较优势的传统产业。要改革地方发展的考核机制，改变以往以GDP增长为核心的考核制度。

对于中西部地区来讲，要实现优势对接，协同发展，要做到以下几点：一是认识到现有的优势。中西部地区已经拥有劳动力、资源和工业基础等优势，在承接产业转移过程中，要做到优势对接，要充分发挥自己在资源禀赋上的特点和已经形成的优势产业和产业集群在承接产业转移中的作用。二是要培育优势。中西部地区在服务业发展，特别是生产性服务业上发展缓慢，基础薄弱，这就要培育优势或者将劣势转化为优势。为此，中西部地区要做到：①加快综合物流体系建设。重点加强区域内基础交通网络和区域间交通干线建设，构建跨区域快捷交通网络，推进公、铁、海、空等多式联运，有效降低物流成本。②着力提高劳动力素质。重点加强劳动力培训，大力发展职业教育，为转移企业提供稳定、优质、专业化、低成本的人力资源，将劳动力数量优势转化为人力资源优势。

要实现优势对接、协同发展，在政策上应该在以下几个方面做工作：一是在财税、投资、金融、社保等领域开展突破性的政策试点探索，对沿海地区率先转型发展进行系统布局和重点支持，促进产业高端化、集群化、融合化发展，建立现代产业体系。二是构建东中西部地区互动发展的产业合作体系，创新产业转移园区共建模式和利益分享机制，实现产业转移的区际联动与合作共赢。

三、以定位对接引导有序发展

定位对接、有序发展是指中西部地区在承接沿海产业转移过程中，要遵循国家主体功能区划分原则，贯彻国家产业转移指导目录的精神，尽量做到产业承接和自己在主体功能区的定位相吻合，和国家产业转移的目录相吻合，做到有序承接沿海地区的产业转移。按照定位对接、有序发展的要求，中西部地区应该做到以下几个方面：

一是随时关注和跟踪东部地区产业发展的变化，找准自己的产业发展方向、目标以及发展趋势。实际上，中西部地区每个省份都有自己的资源禀赋特色，产业发展规划应该和自己的特点相匹配，特别是在承接东部地区产业转移的过程中，要科学规划，统筹安排，各工业园区建设要有清晰的定位，尽量避免重复竞争、低端竞争。尽量做到定位准确、对接合理。如河北秦皇岛就明确提出定位对接京津产业转移；湘南产业承接园定位对接珠三角产业转移，只有这样，才能更好地做到有序发展，体现产业结构的功能化要求。

二是中西部地区内部要做好产业承接的协调工作。当前，中西部地区产业同构现象明显，定位不明确，内部招商引资竞争激烈，拼优惠、拼政策现象频出，产业承接无序现象严重，我们建议在国家层面成立中西部地区承接产业转移协调委员会，由国家发展改革委领导，由委员会监督主体功能确定落实情况，监督产业转移指导目录落实情况。同时，建议改变以往的官员晋升考核制度，建立新的官员晋升考评体系。

三是要根据定位对接的要求，重构价值链、延长价值链，定位发展专业型生产性服务业。当前，国家战略层面上有产业转移指导目录，要依据其要求，打造具有中西部特色的价值链，特别是为价值链重构，定位发展专业型生产性服务业。

四、以集群对接推进融合发展

集群对接、融合发展是指中西部地区在承接沿海产业转移过程中，以本地优势资源和优势产业为核心，重点发展特色产业集群，突出产业链招商，通过规划引导与项目撬动，吸引龙头企业以及配套中小企业和关联机构“抱团”转移，实现融合发展。按照集群对接、融合发展的要求，中西部地区应该做到以下几个方面：

一是要着力解决集群式转移企业的地域根植性问题。由于产业集群是在特定的环境下形成的，具有一定的环境依赖性。当东部企业以集群的方式转移到中西部地区以后，短时间内难以融合到承接地社会网络，与承接地产业的关联也不强，集群内企业在承接地企业的合作交流普遍较少，因此，如何使集群式转移企业更好地与承接地融合，是集群式转移能否真正根植在承接地的重要因素。为此，中西部地区在承接集群式转移过程中，要积极主动实施本土化策略，将企业根植在本地网络。

二是要着力为集群企业构造健全的社会网络体系。中西部地区在承接产业过程中，首先要构建并完善社会化网络单元。如市场研究、专利代理、投资咨询、技术信息服务、法律服务等，这些社会网络单元对承接产业转移具有较大的促进作用。其次应该积极发挥行业协会的产业自律和组织管理功能，着力促进行业协会与商会的建设和发展，要积极推动建立企业联盟，提高集群企业在信息收集、共性技术研发、国外市场开拓等方面的合作能力，协调集群企业的集体行为，提高市场竞争能力。最后应该构筑两个通道，即集群企业与本地其他企业的合作通道、本地集群与外地集群之间的交往通道，只有这样，才能为集群之间的开放合作交流提供帮助。

三是要着力提高集群企业的综合服务保障能力。集群企业往往都是价值链的重要环节，其生产形式和组织程序具有关联性、类似性和同步性，因此，中西部地区承接产业集群式转移，要为集群企业提供综合服务保障。如构建“小机构、大服务”的管理模式，形成高效活力的产业集聚区管理体制，构建一站式综合服务窗口。另外，要为企业家创造健康的发展氛围。企业家是一种特殊的生产要素，也是中西部地区特别稀缺的资源，中西部地区在承接产业转移过程中，一定要重视企业家资源，为企业家创造健康的发展氛围，遏制非正常的企业家群体性外迁现象。

第二节　产业集群式转移与产业链跨区域整合的政策取向

一、加强转出地与转入地的政策协调

通过产业集群式转移来整合区域产业链发展，需要综合考虑到产业转移的转出方和承接方，兼顾双方的优势，制定相关的政策措施。[①] 政府采用不同的政策对于产业集群式转移影响的方向、程度、大小都有不同，立足于当前国情，可以从以下几个方面考虑产业集群式转移的政策取向：

（一）深化体制机制改革，优化产业转移制度环境

对产业转移的双方加强行政管理，提高行政效能和服务效率能有效促进产业集群式转移。要做好不同区域间产业对接的安排，完善操作步骤。基于当前国情，应进一步放宽市场准入条件，继续深化推进国有企业改革，大力发展非公有制经济，促进生产要素优化配置。为解决转移企业的资金问题，带动承接方的经济发展，可以在承接方营造更为良好的投融资环境，发展信用担保、小额贷款、创业风险投资等多元投资机制，充分发挥金融工具的作用，加快利用和发展资本市场，引导现代产业与金融资本融合发展。构建合理的融资体制，建立可靠的融资制度，强化资金扶持力度，如建立专项资金，吸引各项社会资金，促进企业与银行合作，积极为企业融资提供便利条件。

（二）大力发展基础设施，改善承接地物流条件

物流产业对于产业转移具有重大影响，加速物流建设能有效促进产业转移。要大力发展基础物流，加强物流行业的基础设施建设，有效整合利用现有的资源，在“互联网＋”背景下，物流产业也是张巨大的网，要加强物流网

---

① 刘友金、周健：《变局中开新局：新一轮国际产业转移与中国制造业的未来》，《湖南科技大学学报（社会科学版）》2021 年第 2 期。

络的稳定性，使整个物流产业的合作更加紧密，从而进一步降低物流成本。对于物流行业而言，要完善交通条件，完善物流业的服务水平，提高物流业的智能性、精确性，只有这样才能更好地承接产业转移。人才也是发展物流的重要因素，要结合具体实践，引进、培养物流实用型人才。

（三）围绕承接产业方向，发展生产性服务业

坚持以市场为主导，优化发展。要加快承接地生产性服务业的发展，需要依托优势产业，加强区域合作，优化生产性服务业资源配置，从而建立开放型生产服务体系。加强产业结构调整，科学规划和引导区域产业集群，增强集群驱动力。区域经济发展的基本环境可以通过政府购买并生产的方式提供相应的公共产品来进行优化。建立社会生产信用，维护企业生产权力的合法性、消除市场准入壁垒，使经济主体拥有自由选择、安全有效和公平竞争的生产环境。

（四）加强政策扶持力度，引导资源流向中西部

随着改革开放政策的实施，我国的经济发展取得了越来越好的成绩，但与此同时也带来了如发展不均衡的问题，东部地区的发展明显要快于中西部地区，东部地区的经济实力最强，且和中西部地区的差距日益增大，故而中西部地区对于中央财政的依赖度也逐渐增加。虽然发布了《国务院关于中西部地区承接产业转移的指导意见》，但是在具体实施上存在很大的不足之处，应当优化产业承接的环境，加大对中西部地区产业转移的扶持力度，增加转移支付的额度，逐步缩小中西部地区与东部地区财力的差距，为中西部地区承接其具有比较优势的产业带来财力上的支持，增加产业转移承接的能力。在公共基础设施建设上对中西部地区实施优惠的财政政策，对相关项目的贷款贴息，降低相关税率等。国家应加大对于中西部地区的投资支持，鼓励国内投资引进外资，对于此类鼓励类产业可以按照规定减免关税。支持中西部地区在改善民生和基本公共服务上的投入，通过贴息、减免税收或设立专项资金等方式引导投资或产业流向中西部地区。①

① 周景彤、梁婧：《“一带一路”战略背景下的国内产业布局》，《上海证券报》2015 年 12 月 4 日。

（五）推进区域协调合作，防止地方政府恶性竞争

经济互动交流合作涉及不同的层次，要想完善经济建设平台，促进产业链整合，无论是加强区域内部产业的交流、区域内与跨区域的产业交流、区域间的产业交流还是跨国交流，都要整合经济发展的要素，加强对于人才、技术、资源的合作交流，实现各生产要素的优化配置。加强政策沟通，推动区域合作，可以建立试点产业链整合，如整合效益较为低下的经济开发区，统筹协调产业链整合的程序、经验、教训，促进重大产业链整合与产业集群式转移的高效运行。深化与区域内跨国公司的交流合作，加强产业的国际竞争力，加快与世界经济的对接，采用经济论坛、项目推介会等多种形式积极为中外客商搭建交流平台。

（六）健全相关法律法规，推进产业链规范化治理

政府加强统筹作用，健全相关法律法规，在区域产业链整合的过程中不断完善区际产业合作机制，同时加大企业主体责任与自我约束能力，以龙头企业作为起点带动周边中小企业，加强区域合作与共享，降低企业管理成本，建立可持续发展的体系保障。加速体制创新的步伐，设立全国统一的管理机构，避免政出多门，加强各级区域协调、服务和管理工作，鼓励各区域创新管理体制，促进各区域规范管理和健康发展。

（七）围绕产业链构建创新链，实现产业链高质量整合

区域产业链整合在产业集群式转移的条件下不仅是低端产业链的整合，更是高端产业技术链的整合，要提高产业的技术水平，必须围绕产业链构建创新链，加强技术投资，引进先进技术，加强区域间以及国际的技术交流，培养和引进先进技术人才。应当鼓励东部地区的先进技术向中西部地区流动，要加大对于高新技术的应用，推动中西部地区经济发展，促进中西部地区完善产业技术创新体系。要改造传统的产业方式，加强创新意识，在推进产业集群式转移的同时，推动产业链整合创新。政府应当采用积极的扶持政策，鼓励增强产业的竞争力，对有效促进产业创新的项目实行优惠政策，做到以技术为主导带动产业创新，推动我国产业由低端向中高端发展。

二、系统采取综合配套引导政策

（一）加强承接产业转移的基础设施配套

众所周知，基础设施是承接产业转移的重要支撑，是招商引资的重要招牌。中西部地区政府必须将加快基础设施建设作为推进承接产业转移的重要抓手，采取切实有力的措施，尽快完善本地区配套基础设施，增强公共设施服务水平，为承接东部产业梯度转移提供良好基础。

1. 基础设施的产业转移空间优化效应

基础设施建设是区域形态发展的规划工具，对产业转移具有空间优化效应。这一空间优化效应主要表现在以下三个方面：一是区位的选择。基础设施的便利程度影响劳动力地区间的流动和企业选址，因此，也会对产业转移企业的区位选择产生重要影响。产业转移理论表明，如果两个地区其他条件相同，企业进行区位再选择时，都倾向于迁移到基础设施较好的地区。二是空间成本的节约。便利的基础设施，有利于缩小区域内、区域间的经济距离以及外在化的企业运营成本，从而降低企业的空间成本。三是加强区域的空间竞争能力。区域的空间竞争主要表现为与相邻区域间及经济条件相似区域间的竞争。对欠发达地区产业转移承接地进行基础设施投资政策倾斜，通过改善其区域基础设施服务功能来减弱区域的不经济性，使之与发达地区互补融合，可以提升其区域空间竞争能力。

2. 加强承接产业转移基础设施配套的对策建议

（1）改革和完善基础设施建设的投融资体制。中西部地区基础设施投融资体制改革的目的在于改变传统的基础设施投融资体制，建立一个适应目前产业转移和基础设施发展需要的多元化投融资体系，多渠道筹集资金，形成基础设施产业自我积累机制，实现基础设施投资的良性循环。

（2）改革和完善基础设施建设的运作机制。中西部地区基础设施建设由于受到生产力发展水平的影响和传统计划经济体制的制约，主要由政府投资并进行经营管理，存在着高投入、高消耗、低效率的弊端，解决这个问题当务之急是改革和完善基础设施建设的运作机制，加快推进基础设施建设与管理的市场化改革。

（3）改革和完善基础设施建设的监管模式。现代经济学理论认为，在绝大多数领域市场机制的作用能使经济系统达成均衡，实现社会福利的最大化，政府的主要功能在于维持一个公平的市场环境。因此，对于具有公共产品属性的基础设施来说，中西部地区还需改革和完善其监管模式，转变政府部门的管理职能，转变基础设施的运营模式。

（4）加快布局产业承接地的新型基础设施。新基建是与信息革命"新经济"前沿的数字化基础设施和产业生态紧密相关的基本建设，体现国家的产业政策和政府引导重心。[①] 以新一代信息基础设施、融合基础设施、创新基础设施为主要代表的新型基础设施更偏重对数字经济时代产业竞争力的提升。[②] 新基建是国家战略发展的新契机，也是我国加快解决区域发展不平衡问题的重要起点。中西部地区应当根据产业转移趋势，明确产业承接重点及方向，积极做好承接区域总体布局，加快新型基础设施建设，破解区位、交通、技术等因素对中西部地区产业发展的制约，增强中西部地区产业承接能力。[③]

（二）加强承接产业转移的金融服务配套

金融业是现代国民经济的重要支柱产业之一，也是国民经济发展的重要支撑。产业转移是以资本为主体并涉及技术、制度等的综合要素流动，从某种意义上说，其核心就是资本的跨界流动。因此，它需要投资的启动、并购重组、资金润滑等资源配置机制。同时，中西部地区承接沿海产业转移必然会带来大规模的项目融资需求和技术创新投入，离不开金融的支持。

1. 承接产业转移金融服务配套的作用

（1）金融的先导推动功能有利于减少产业转移的风险。再生产投资的货币资金如何筹措、转移中的资产丢失成本如何补偿是在产业转移过程中转移企业常常遇到的两个难题。对于第一个问题，企业在转移时需要大量的货币资

① 贾康：《不必担心"新基建"会走老路》，《环球时报》2020 年 4 月 28 日。

② 刘畅、王蒲生：《"十四五"时期新兴产业发展：问题、趋势及政策建议》，《经济纵横》2020 年第 7 期。

③ 周亚同、李治宇：《新基建对中西部产业转移规划的重要性》，《人民论坛》2020 年第 14 期。

金，如果全部靠自有资本的话，必然需要较长时间的大量积累，这无疑会错失产业转移的良机，这时承接地的金融系统可以采用多种金融工具，通过与承接地政府、转移企业合作，直接参与到产业转移过程中，这不仅促进了产业转移的顺利进行，分化了转移企业的风险，也有利于金融产业自身的发展。对于第二个问题，由于沉没成本的存在，转移企业一般都存在资产丢失成本，由于转出地与承接地比较优势的差异，这一成本可以通过转移后的再生产过程来补偿。此时承接地金融部门通过对这一再生产过程提供短期周转资金，可以为转移企业化解资产丢失成本的风险提供支撑。

（2）金融的并购整合功能有利于支撑产权式产业转移。从产业转移的历史来看，虽具体方式有很多，但对于开放型的产权式产业转移，主要是通过兼并、收购、合资、合作等方式来完成，其核心是构建资本市场与产权市场平台。因此，金融系统中的资本市场便是产权式产业转移最有效的运作机制之一。以常见的并购贷款为例，根据银监会《商业银行并购贷款风险管理指引》的规定，并购贷款是商业银行为境内企业通过受让现有股权、认购新增股权或收购资产、承接债务等方式收购已设立且持续经营的目标企业提供资金支持的贷款产品。并购贷款可帮助并购方企业在资金不足的情况下，通过并购上下游企业实现产业链的纵向延伸，或通过并购同类企业的横向拓展，迅速扩大规模、提升市场份额及知名度。并购贷款有助于优秀的转移企业利用金融杠杆加快产业转移速度，快速占领承接地的市场，是帮助企业在产权式产业转移中实现跨越式发展的助推器。

2. 加快完善金融服务配套的对策建议

（1）突出重点，加大金融支持承接产业转移力度。以引进“龙头企业”和形成产业链配套为重点，形成科学合理的承接项目遴选机制；以新型工业化为引领，着力支持承接优势产业和战略性新兴产业；以扩内需、增就业为目标，大力支持承接劳动密集型产业；以完善信贷管理体制为保障，建立金融系统激励约束机制。

（2）拓宽渠道，破解制约承接产业转移资金瓶颈。鼓励和引导产业承接地政府制定面向承接产业集群式转移和产业链跨区域整合配套的有效金融支持倾斜政策，鼓励和引导金融机构加大对承接产业集群式转移和产业链跨区域整合配套项目的信贷支持，鼓励和引导政府及企业主体不断创新产业转移配套项目的融资方式。

（3）多方联动，为金融支持承接产业转移创造宽松环境。重点是加强对中西部各省承接产业转移的风险监测，切实维护金融在支持承接产业转移过程中的正当权益，构建金融支持产业转移提供良好的信用环境，提升金融支持承接产业转移服务水平，培育金融服务主体并鼓励支持产业转移的金融产品创新和金融服务方式的创新。

（4）创新模式，解决产业链配套中小企业融资担保难题。有三种模式可以考虑：一是大企业担保模式。由于集群内企业间存在紧密的配套关系与业务协作联系，有着共同的利益诉求，因此，产业承接园区可以鼓励集群中的大企业为中小企业进行信誉担保。二是中小企业集合担保模式。将产业承接园区内一批联系较为紧密的中小企业捆绑起来，彼此间相互监督，可大大提高信用度，减少信用风险，从而联合成一个担保整体。三是互助式担保模式。产业承接园区中的中小企业以自愿和互利为原则，共同出资组建互助担保基金，为成员企业向银行贷款提供担保。

（三）加强承接产业转移的财税政策配套

1. 财税政策对承接产业转移的重要性

（1）有利于支持产业转移承接平台发展。各类开发区（产业园）是承接产业转移的重要载体。开发区通过有选择的集中、连片、成规模的工业开发，有效地实现了资源优化配置，形成了一种独特的投资环境，较好地解决了生产分工与专业化协作的问题，逐步打造出了一个又一个专业化产业集群。从未来经济发展的趋势和需要来看，开发区的作用仍然相当重要，还大有潜力可挖。在国外，许多国家的产业园都是由政府投资或资助建立的，如日本的生态环保城就是由政府资助管理重要基础设施的。财税政策科学设计，有利于推进产业园建设，提高产业集中度，促进产业集群式发展，发挥开发区的载体作用。

（2）有利于支持产业转移企业发展。企业作为国民经济的细胞，是从事生产、流通、服务等经济活动，以生产或服务满足社会需要的一种营利性经济组织，是市场经济活动的主要参加者和社会生产流通的直接承担者。产业转移的主体是企业，能否把企业吸引过来是承接产业转移的关键。因此，在承接产业转移的过程中，合理的财政政策和税收优惠政策有利于支持产业转移企业的发展。通过在各级财政设立专项补助资金，用于补助产业转移企业开办费、工商登记费，以及贷款利息等方面，有利于提高产业转移企业落地率。通过对企业所得税、营业税、房产税、资源税、城市维护建设税等税种实施优惠政策，可以直接提高企业的利润率，从而吸引产业转移。

（3）有利于支持园区科研平台建设。自主创新能力是产业发展的生命力。园区企业成长离不开科技研发的发展，离不开园区科研平台发展，特别是公共平台和共性技术的联合攻关。地方各级财政在支持园区科研平台建设中可以发挥积极作用。合理的财税政策有利于支持企业设立各级企业工程技术中心、工程研究中心和工程实验室，有利于扶持以企业为中心的技术创新体系建设，有利于建立完善的产业技术成果转化机制和示范推广体系，有利于支持区域产业承接园适时设立科技成果孵化中心，有利于支持各类行业协会发展并发挥桥梁纽带作用。

2. 加强承接产业转移财税政策支持的建议

（1）争取合理的财税分成政策。财政政策和税收政策是政府调控经济的主要工具。政府财政的调控功能主要是通过分税制，界定上级政府与自身的经济关系。在各级地方政府承接产业转移的过程中，财税利益的再分配无疑扮演了重要的角色。一般而言，相比承接产业转移所带来的正效应，合理的财税利益的损失是值得的。但是，我国现行财税体制是“分税制”和转移支付制相结合，在企业跨地区转移中必然出现税源的再次分配，部分地方担心转移后的企业将不能再为地方财政做更大贡献，从而催生了地方政府间的矛盾。因此，在当前的分税制框架下，中西部地区要取得区位竞争优势，应在中央财税分成中积极争取分税优惠或倾斜，也可以创新产业转出地区、产业承接地区财税分成制度，合理分配产业转出地、产业承接地和转移企业三方利益，做到三者共赢。产业转出地通过产业转移，达到产业转型升级；产业承接地通过产业承接，达到经济社会发展；转移企业通过经营环境的变化，达到利润最大化。

（2）加大各级财政支持力度。要借鉴国外对迁到欠发达地区的企业给予投资补贴的做法，积极争取中央财政支持，中央财政设立支持中西部地区产业转移专项资金，对向中西部地区迁移的企业提供适当补贴，以降低其迁移成本，并抑制企业向东南亚低成本国家转移。加快取消或削减内地通往港口的政府公路收费项目，对中西部出口企业提供适当运费补助，中央大型基础设施项目向中西部倾斜，改善中西部地区发展环境。对符合产业发展规划的“两型”企业给予直接财政补助，补助方式可以按照企业年度销售收入的一定比例给予资助，或者根据企业贷款情况给予利息补贴。对转移企业银行贷款给予适当利息补助。鼓励转移企业上市融资，对上市融资给予适当财政资金补助；鼓励社会资本参与园区基础设施建设，并利用财税政策给予支持；将财税政策、产业转移政策、科技创新政策相互配套，提高资本配置效率，增加承接地的研发投入，促进技术扩散。[①] 同时，要积极争取中央财政加大对中西部地区转移支付力度。中西部地区各级财政通过加大转移支付等政策，优化产业承接环境。对符合条件的国家级经济技术开发区和高新技术开发区公共基础设施项目贷款实施财政贴息。在国家和地方政府规定的权限范围内，承接产业转移集中的市县加大对新上投资项目的扶持力度，减免基础设施配套费。行政事业性收费除按国家规定的标准上缴外，地方的一律按下限标准执行。对产业梯度转移重点承接地、重点园区，要及时解决园区及入园企业的现实困难。用好用活承接产业转移专项资金，做好转移园区基础设施和标准厂房建设及技改补助工作，对标准厂房建设给予扶持政策。鼓励承接产业转移示范园区的创建评比，对获得省级以上承接产业转移示范园区称号的，予以一定资金鼓励。

（3）破解承接产业转移的资金瓶颈。资金紧缺是制约中西部地区承接产业转移的主要因素，拓宽融资渠道才能突破产业转移的资金瓶颈。各级财政、证券管理部门要优先支持优质转移企业上市融资、增发新股和配股，核准其发行债券，在银行间市场发行中期票据，鼓励和支持转移企业发行资产证券或通

① 戴魁早、刘友金：《市场化改革能推进产业技术进步吗？——中国高技术产业的经验证据》，《金融研究》2020 年第 2 期。

过股权转让、并购重组等方式迅速做大做强。对信托公司、金融租赁公司等非银行金融机构为承接产业转移提供优质高效的信托、融资租赁服务的给予适当资金补助。设立产业发展风险基金，筹集建设资金和提供风险担保，对高新技术的研究、开发试验、应用推广提供风险投资。支持以信托方式筹集城市基础设施建设资金，支持地方政府在中小企业担保体系中增加资本金，并作为地方政府财政支持重点，纳入规划，予以倾斜。

（4）理顺各级开发区财政体制。在国家级开发区和规模较大、发展速度快的省级开发区设立一级财政和一级国库，使其拥有财政自主权。建立有利于开发区发展的财政体制，将开发区范围内的土地收入、企业税收、非税收入列入开发区财政。支持省级人民政府自行设立开发区发展专项资金，由各省财政每年拿出一定的资金，用于开发区基础设施建设和工业项目贴息；或在推行新型工业化的专项资金等专项资金中切块支持园区不同产业的企业。学习上海的做法，对产业转移中的高新技术企业的注册资本与投资总额的比例适当放宽；开发区所引进的符合国家鼓励类的利用外资项目，凡达到一定规模、技术先进、对当地经济发展具有明显带动作用的，优先列入各省重点项目予以安排和建设。列入省级发展规划、省级新型工业化规划的工业项目、各地新上工业项目以及老企业易地技改项目，凡适合在开发区建设的，都要向开发区集中。开发区范围土地开发过程的全部土地收入，原则上应留在（或返还）开发区，用于园区基础设施建设和发展。开发区的城市建设维护税新增部分，留在开发区用于基础设施建设。通过理顺产业承接园区财政体制，增强开发区自我发展能力，从而提高中西部地区在产业转移承接中的竞争力。

（四）加强承接地产业链配套政策

1. 配套难是制约产业集群式转移的瓶颈

在产业转移过程中配套难在中西部地区普遍存在。在湖南、江西、贵州等省份，曾出现过多起转移企业无当地配套而又转回原地的现象。配套难有三个主要原因：一是中西部地区集群化水平低。目前，我国东、中、西部产业集群数量比例约为79∶12∶9，与东部地区相比，中西部地区产业集群化水平较低，本地配套能力弱。二是点式承接。随着现代产业分工由产业间分工向产业内分工再到产品内分工的纵深推进，产业转移出现了“片段化”趋势。在这种背景下，饥不择食的中西部地区承接的常常是一批不能相互配套或者没有本地配套的孤立加工环节。三是被动承接。在产业梯度转移中，转出方是主动者，而承接方则是被动者，这就容易形成承接地对转出地的依赖，导致无法形成完整的产业链配套。

2. 加强承接地产业链配套能力的对策建议

（1）鼓励发展特色经济，促进转移企业融入本地产业链。中西部地区发展中小企业，应充分利用地区要素禀赋特征，走特色经济之路。特色经济和产品服务差异性是中小企业的生命力所在，发展特色经济是实现中西部地区资源优势向市场竞争优势、经济发展优势转化的重要途径。以特色产品服务创特色品牌，构造具有区域特色的竞争优势，避免产业结构趋同。随着市场分工日益细化，逐渐加强特色经济优势，形成自身优势突出的特色产业带，促进中小企业融入产业链。发展特色经济要把资源整合好，有针对性地开发资源。要结合地域特色和历史人文，“宜农则农、宜工则工、宜游则游”，以特色产品的培育为突破口，用特色来谋求发展，突出重点产业。中西部一些地区可组织申请国家地理标志产品，规范、整合和提升相关产业；自然资源禀赋不足的地方，可通过准确市场定位，开发出差异化产品或服务，凸显个性化特色，也是发展特色经济的可行方式之一。中小企业应加强技术创新，以市场为导向，开发包括新产品、新工艺、新技术创新或产品的规格、品种、功能、款式等个性化设计，获得差别利益，提高消费者的品牌忠诚，建立起一定的相对竞争优势，吸引外地企业转入，形成产业生态，构建地方特色产业链，提高企业的生命力和竞争力。

（2）发展生产性服务业，深化产业专业化分工。中西部地区发展生产性服务业应注重加强各省间的优势互补，推动与周边地区错位发展，形成合理分工，打造区域生产性服务业产业链和产业群。具体来说，一是加强与制造业的分工互动，打造生产性服务业集聚区：发展一批以特色产业为依托的商品批发市场，加快建立社会化、专业化现代物流服务网络体系；以城区为中心，建立专门为制造业服务的城市商务服务区；建立健全研发服务平台以及法律、工程、融资、信息、咨询、物流和政策支撑体系。二是培养引进一批生产性服务业专门人才：加快培养社会急需的信息咨询、电子商务、金融保险、现代物流、中介服务等人才，重点引进一批起到领军作用的技术人才和管理人才；推动中西部地区高校加快生产性服务业人才培养；加强职业培训，建立生产性服务业职业资格标准体系。三是支持中小企业发展生产性服务业：鼓励中小企业在科技研发、工业设计、技术咨询、信息服务、现代物流等生产性服务业领域发展；积极促进中小企业在软件开发、服务外包、网络动漫、广告创意、电子商务等新兴领域拓展，扩大就业渠道，培育新增长点。通过发展生产性服务业促进产业专业化分工，通过促进产业专业化分工完善承接地产业链配套。

（3）创新承接模式与招商模式，破解配套难题。一方面，中西部地区应结合各地资源禀赋和产业基础，通过集群式承接破解配套难题。建议在实施过程中：一是通过城市空间整合，形成园区之间的产业专业化分工与产业链联系，如对有利于形成产业链和明显集聚效应的园区，优先纳入重点发展规划布局，且在重大项目招商和配套项目安排上给予重点支持。二是处理好承接产业转移与建立自身产业体系的关系，以优势产业为核心，利用产业链承接产业转移，从而延长产业链，完善产业链。三是通过撬动龙头企业转入，以大项目、大企业带动产业链的转移，引进与之配套的中小企业和关联机构。四是在承接产业转移过程中，详细列出产业配套“清单”，有针对性地引进缺失链条、补强薄弱链条、提升关键链条。另一方面，通过创新招商模式来实现：一是集合优势招商。避免以往全域招商、分散招商的做法，要把政策优势、区位优势、资源优势、产业基础优势整合起来，打造承接产业转移集中区，以更大的局部综合比较优势超越沿海地区的整体优势。二是与沿海地区合作招商。借鉴“飞地经济”模式合作建设承接产业转移园区，如滁州市牵手中新集团，按照“苏州工业园”模式，共建苏滁现代产业园，这样既可以利用沿海地区的资金优势、人才优势、信息优势、网络优势招商，又可以消除产业转移的行政壁垒。

（五）促进转出地和承接地互动合作政策

1. 承接产业转移面临体制机制障碍

承接产业转移有利于相对落后地区经济实现跨越式发展，因此，中西部地区对承接产业转移的积极性很高。但是，如何有序、高效承接产业转移，对于中西部地区来说没有成熟的经验，已出台的相关政策也不够系统。在我国现行财税制度以及地方政府考核评价体系之下，地方保护主义、市场条块分割、公共服务缺失等问题与产业转移相伴而存。这就使全国四大经济区域之间的收益总水平难以实现帕累托改进，难以使各区域在产业转移中实现共赢。例如，东部地区出于短期利益的考虑，担心会出现大量建设资金外流、税源流失、财政收入减少、外移产业“空心化”、结构性失业和居民收入增长缓慢等问题，因而对企业外迁和对外投资并不十分鼓励，这就阻碍了产业向中西部地区的有效转移。同时中西部地区各级地方政府为了提升辖区的 GDP 增长率及就业率等政府考评指标，保持财政收入或有稳定的税收来源，往往会使用一些不规范的手段来进行承接产业转移竞争。

2. 促进转出地和承接地互动合作的对策

（1）探索建立区域协作机制。构建区域协作机制应从以下几个层次着手：一是建立跨区域产业转移促进与协调机构，统筹协调产业承接地之间的产业分工，协调解决基础设施建设和环境治理中的重大问题，防止出现在承接产业转移中的恶性竞争。通过标准引导与机构协调，使转移过来的企业与机构进行本地化整合，再造区位优势，形成创新空间，向产业链高端攀升并实现整体升级。二是组建地区性的行业协会和其他中介机构，负责解决产业转移中各项经济、财务和法律等问题。三是建立专家委员会，为解决区域内各种合作问题提供科学论证的方案，为解决区域共同发展中的双赢问题提供互惠可行的利益分配方案。四是建立区域性的合作与发展论坛，组织区域内甚至国内外政、学、商界的代表人物和专家学者为中西部承接沿海产业转移献计献策，提供思路，为在各种重大合作问题上形成共识奠定理念基础。

（2）探索建立区域共享机制。在区域经济合作的初始阶段，各种体系还不是很完善，产业转出地与承接地之间的互动和利益共享成为产业转移的重要动力。一是中西部地区可借鉴“飞地经济”经验，利用自身劳动力优势、土地优势及政策优惠吸引沿海地区合作兴办产业转移“飞地园区”，通过合作开发、建设和管理，并按商定比例在一定时期进行利益分成，实现产业转移的互利共赢。二是建立合作成员政府共同参加的协商制度，负责解决经济运行中生产要素自由流动以及生产销售中的合作与互利问题，与沿海地区政府建立利益共享机制。

（3）探索建立区域补偿机制。中西部与沿海经济合作的补偿机制建立应主要考虑资源开发与生态建设两方面：一方面，建立资源开发补偿制度。由于沿海和中西部区域资源分布不均衡，建立资源补偿机制，可将治理环境成本和产业发展的接续成本补偿给资源的所在地，使这些地区在区域经济合作中获得必要的补偿。另一方面，建立生态补偿制度。沿海和中西部经济合作面临共同的生态问题，产业转移承接地往往以牺牲生态环境为代价获取微薄的收益，因此要通过建立发达地区对落后地区生态保障的援助机制，从而调动落后地区进行生态建设的积极性。

（4）探索打造跨区域产业链集群。产业链集群是产业集群与产业链两种中间组织有机耦合而成的新型复合组织。未来全球产业链在纵向分工上趋于区域缩短，在横向分工上趋于区域化集聚，产业链集群是全球产业链重构的重要方向。[①] 各级政府要抓住未来 2～3 年全球产业链重构的重要战略窗口期，围绕区域产业发展定位，鼓励产业链跨区域布局与本土化整合，打造一批产业链集群：一是支持产业转出地与转入地政府合作，实施产业基础再造工程，明确工程重点，共同做好产业布局顶层设计；二是支持产业转出地与转入地政府加强上下游企业产业链协同和技术合作公关，建立共性技术平台，解决产业链发展关键共性技术问题；三是支持产业转出地与转入地政府在分工合作的基础上，整合全产业链资源，把现有产业集群转型为跨区域的产业链集群，从地方政府单打独斗打造产业集群向多个地方政府联合打造产业链集群转变。

---

① 刘志彪：《全球产业链集群战略：中国应对全球供应链重组的政策举措和行动》，《经济研究参考》2020 年第 10 期。

参考文献

[1] 阿尔弗雷德·韦伯:《工业区位论》,李刚剑等译,商务印书馆 1997 年版。

[2] 奥古斯特·勒施:《经济空间秩序》,王守礼译,商务印书馆 1995 年版。

[3] 阿瑟·刘易斯:《国际经济秩序的演变》,乔依德译,商务印书馆 1984 年版。

[4] 小岛清:《对外贸易论》,周宝廉译,南开大学出版社 1987 年版。

[5] 蔡昉、王德文、曲玥:《中国产业升级的大国雁阵模型分析》,《经济研究》2009 年第 9 期。

[6] 蔡坚:《中西部承接东部产业转移的模式选择》,《当代经济》2011 年第 11 期。

[7] 蔡宁、吴结兵:《产业集群组织间关系密集性的社会网络分析》,《浙江大学学报(人文社会科学版)》2006 年第 4 期。

[8] 曾国军、杨学军:《国际服务外包承接地区位优势研究》,《经济地理》2011 年第 5 期。

[9] 陈建军:《要素流动、产业转移和区域经济一体化》,浙江大学出版社 2009 年版。

[10] 陈建军:《中国现阶段的产业区域转移及其动力机制》,《中国工业经济》2002 年第 8 期。

[11] 陈耀:《东西部合作互动、集群迁移与承接策略》,《发展研究》2009 年第 6 期。

［12］戴宏伟：《产业梯度产业双向转移与中国制造业发展》，《经济理论与经济管理》2006 年第 12 期。

［13］戴宏伟：《国际产业转移与中国制造业发展》，人民出版社 2006 年版。

［14］戴魁早：《垂直专业化的工资增长效应——理论与中国高技术产业的经验分析》，《中国工业经济》2011 年第 3 期。

［15］戴魁早、刘友金：《市场化改革能推进产业技术进步吗？——中国高技术产业的经验证据》，《金融研究》2020 年第 2 期。

［16］丁建军：《产业转移的新经济地理学解释》，《财经科学》2011 年第 1 期。

［17］范德成、刘凯然：《GVC 嵌入对中国工业可持续发展影响研究》，《科学学研究》2021 年第 3 期。

［18］方壮志：《社会网研究的基本概念和方法》，《华中科技大学学报（社会科学版）》1995 年第 3 期。

［19］符正平、曾素英：《集群产业转移中的转移模式与行动特征——基于企业社会网络视角的分析》，《管理世界》2008 年第 12 期。

［20］高波：《创新驱动消费主导型经济增长的机制和路径》，《河北学刊》2020 年第 1 期。

［21］顾朝林：《产业结构重构与转移——长江三角地区及主要城市比较研究》，江苏人民出版社 2003 年版。

［22］郭爱君、毛锦凰：《全球价值链背景下产业集群式转移的特点与机理研究》，《兰州大学学报（社会科学版）》2013 年第 6 期。

［23］郭吉涛、张边秀：《“一带一路”倡议如何作用于中国 OFDI 企业技术效率：机制讨论与经验证据》，《产业经济研究》2021 年第 1 期。

［24］郭扬、李金叶：《后危机时代我国加工贸易梯度转移的动力因素研究》，《国际商务研究》2018 年第 4 期。

［25］何官燕：《现代农业产业链组织创新研究》，西南财经大学博士学位论文，2008 年。

[26] 何剑、魏涛：《巴基斯坦承接中国产业转移能力测度——基于“中巴经济走廊”建设视角》，《新疆农垦经济》2020 年第 7 期。

[27] 贺曲夫、刘友金：《我国东中西部地区间产业转移的特征与趋势——基于 2000—2010 年统计数据的实证分析》，《经济地理》2012 年第 12 期。

[28] 贺胜兵、刘友金、周华蓉：《沿海产业为何难以向中西部地区转移——基于企业网络招聘工资地区差异的解析》，《中国软科学》2012 年第 1 期。

[29] 胡黎明、刘友金、赵瑞霞：《产业区域转移研究的源起、发展与趋势》，《湖湘论坛》2011 年第 1 期。

[30] 胡黎明、赵瑞霞、汪立：《集群式产业转移模式下企业技术创新的战略选择研究》，《石家庄经济学院学报》2013 年第 1 期。

[31] 胡宇辰：《产业集群对梯度转移理论的挑战》，《江西财经大学学报》2007 年第 5 期。

[32] 黄晓、陈金丹、于斌斌：《产业集群式转移的链式效应：测度分析与实证研究》，《中国科技论坛》2015 年第 5 期。

[33] 黄晓、胡汉辉、于斌斌：《产业集群的空间转移——基于三层次划分视角的理论评述》，《软科学》2015 年第 9 期。

[34] 贾康：《不必担心“新基建”会走老路》，《环球时报》2020 年 4 月 28 日。

[35] 雷玉桃、薛鹏翔、张萱：《产业经济视角的珠三角城市群内功能分工对制造业生产率影响》，《产经评论》2020 年第 1 期。

[36] 李春梅、奚贞子、马金金：《区际产业转移关联溢出与产业高质量发展——对电子设备制造业的实证检验》，《科技进步与对策》2020 年第 10 期。

[37] 李根：《长江经济带产业结构调整与经济增长关系研究——以湖北省为例》，《湖北社会科学》2017 年第 12 期。

[38] 李海舰、聂辉华：《全球化时代的企业运营：从脑体合一走向脑体

分离》,《中国工业经济》2002 年第 12 期。

[39] 李新安:《制造业承接产业转移实施产业链整合的优势行业选择》,《经济经纬》2013 年第 2 期。

[40] 李振鹏、唐锡晋:《外生变量和非正社会影响推动群体观点极化》,《管理科学学报》2013 年第 3 期。

[41] 林毅夫、刘明兴:《经济发展战略与中国的工业化》,《经济研究》2004 年第 7 期。

[42] 刘畅、王蒲生:《"十四五"时期新兴产业发展:问题、趋势及政策建议》,《经济纵横》2020 年第 7 期。

[43] 刘凤芹、苏丛丛:《"新基建"助力中国经济高质量发展理论分析与实证研究》,《山东社会科学》2021 年第 5 期。

[44] 刘军:《整体网分析讲义——UCINET 软件实用指南》,格致出版社 2009 年版。

[45] 刘军跃、王海云、汪乐、苏莹:《产业集群式转移研究综述》,《重庆理工大学学报(社会科学版)》2015 年第 4 期。

[46] 刘明宇、翁瑾:《产业链的分工结构及其知识整合路径》,《科学技术管理》2007 年第 7 期。

[47] 刘天琦、刘京星:《以逆向外包推进"一带一路"沿线国家研发合作》,《人民论坛》2019 年第 24 期。

[48] 刘瑶:《外包与要素价格:从特定要素模型角度的分析》,《经济研究》2011 年第 3 期。

[49] 刘友金、胡黎明、赵瑞霞:《基于产品内分工的国际产业转移新趋势研究动态》,《经济学动态》2011 年第 3 期。

[50] 刘友金、胡黎明:《产品内分工、价值链重组与产业转移——兼论产业转移过程中的大国战略》,《中国软科学》2011 年第 3 期。

[51] 刘友金、李彬、刘天琦:《产业集群式转移行为的实证研究》,《中国软科学》2015 年第 4 期。

[52] 刘友金、李彬:《社会网络视角下的产业转移集群行为研究——以

湖南株洲栗雨工业园汽车产业为例》,《中国软科学》2015 年第 1 期。

［53］刘友金、吕政:《梯度陷阱、升级阻滞与承接产业转移模式创新》,《经济学动态》2012 年第 11 期。

［54］刘友金、肖雁飞、廖双红、张琼:《基于区位视角中部地区承接沿海产业转移空间布局研究》,《经济地理》2011 年第 10 期。

［55］刘友金、叶文忠:《集群创新网络与区域国际竞争力》,中国经济出版社 2010 年版。

［56］刘友金、袁祖凤、易秋平:《共生理论视角下集群式产业转移进化博弈分析》,《系统工程》2012 年第 2 期。

［57］刘友金、袁祖凤、周静、姜江:《共生理论视角下产业集群式转移演进过程机理研究》,《中国软科学》2012 年第 8 期。

［58］刘友金、袁祖凤、周静:《基于 Logistic 模型的产业集群式转移条件研究》,《湖南财政经济学院学报》2011 年第 27 期。

［59］刘友金、周健:《变局中开新局:新一轮国际产业转移与中国制造业的未来》,《湖南科技大学学报(社会科学版)》2021 年第 2 期。

［60］刘友金:《中部地区承接沿海产业转移:理论与政策》,人民出版社 2016 年版。

［61］刘跃军、王海云、汪乐、苏莹:《产业集群式转移研究综述》,《重庆理工大学学报(社会科学版)》2015 年第 4 期。

［62］刘志彪:《全球产业链集群战略:中国应对全球供应链重组的政策举措和行动》,《经济研究参考》2020 年第 10 期。

［63］刘志迎、李芹芹:《产业链上下游链合创新联盟的博弈分析》,《科学学与科学技术管理》2012 年第 6 期。

［64］卢锋:《产品内分工》,《经济学(季刊)》2004 年第 1 期。

［65］卢跟鑫:《试论国际产业转移的经济动因及其效应》,《上海社会科学院季刊》1994 年第 4 期。

［66］路丽、陈玉玲:《我国制造业与生产性服务业协同水平测度及影响因素研究》,《工业技术经济》2021 年第 5 期。

［67］吕冰洋、余丹林：《中国梯度发展模式下经济效率的增进——基于空间视角的分析》，《中国社会科学》2009 年第 6 期。

［68］吕政：《国际产业转移的趋势和对策》，《经济与管理研究》2006 年第 4 期。

［69］马子红：《基于成本视角的区际产业转移动因分析》，《财贸经济》2006 年第 8 期。

［70］毛广雄：《产业集群化转移：理论评述及启示》，《统计与决策》2010 年第 6 期。

［71］毛广雄：《产业集群化转移：世界性规律与中国的趋势》，《世界地理研究》2011 年第 2 期。

［72］毛加强：《产业集群嵌入全球价值链方式与升级路径》，《现代经济探讨》2008 年第 10 期。

［73］潘敏、张卫萍：《产品价值生态系统的协同创造与升级路径》，《商业经济研究》2021 年第 10 期。

［74］彭如霞、夏丽丽、林剑铬：《创新政策环境对外商直接投资区位选择的影响——以珠江三角洲核心区六市为例》，《地理学报》2021 年第 4 期。

［75］钱锡红、杨永福、徐万里：《企业网络位置、吸收能力与创新绩效——一个交互效应模型》，《管理世界》2010 年第 5 期。

［76］瞿商晔：《沿海地区产业集群式转移效应及其影响因素分析》，《改革与开放》2014 年第 11 期。

［77］芮明杰、刘明宇：《产业链整合理论述评》，《产业经济研究》2006 年第 3 期。

［78］芮明杰、刘明宇：《模块化网络状产业链的知识分工与创新》，《当代财经》2006 年第 4 期。

［79］邵昶、李健：《产业链“波粒二象性”研究——产业链的特性、结构及其整合》，《中国工业经济》2007 年第 9 期。

［80］石奇：《集成经济原理与产业转移》，《中国工业经济》2004 年第 10 期。

［81］宋旭琴、蓝海林：《产业链整合战略与组织结构变革研究》，《商业研究》2012 年第 7 期。

［82］隋映辉、解学梅、赵琨：《全球产业转移：分散化、集群路径与规制》，《福建论坛（人文社会科学版）》2007 年第 8 期。

［83］覃成林、熊雪如：《我国制造业产业转移动态演变及特征分析——基于相对净流量指标的测度》，《产业经济研究》2013 年第 1 期。

［84］王发明、毛荐其：《技术链、产业技术链与产业升级研究——以我国半导体照明产业为例》，《研究与发展管理》2010 年第 3 期。

［85］王缉慈、谭文柱：《关于区域发展中"打造产业链"问题的讨论》，《产业经济评论》2005 年第 2 期。

［86］王建军：《产业链整合与企业提升竞争优势研究——以钢铁企业为例》，《经济经纬》2007 年第 5 期。

［87］王开科、李采霞：《"一带一路"沿线经济体承接中国产业转移能力评价》，《经济地理》2021 年第 3 期。

［88］王礼茂：《我国纺织工业东、西部合作与产业转移》，《经济地理》2000 年第 6 期。

［89］王丽艳、段中倩、宋顺锋：《区域城市视域下都市圈发展路径及对策研究——以天津都市圈为例》，《城市发展研究》2020 年第 7 期。

［90］王欣亮：《区域协调发展研究：要素配置视域下的产业转移分析》，中国社会科学出版社 2018 年版。

［91］王业强、魏后凯、蒋媛媛：《中国制造业区位变迁：结构效应与空间效应》，《中国工业经济》2009 年第 7 期。

［92］王竹君、魏婕、任保平：《异质型环境规制背景下双向 FDI 对绿色经济效率的影响》，《财贸研究》2020 年第 3 期。

［93］魏后凯：《产业转移的发展趋势及其对竞争力的影响》，《福建论坛（经济社会版）》2003 年第 4 期。

［94］肖雁飞、万子捷、廖双红：《沿海外向型产业区际转移定量测评及空间特征分析——基于 2002、2007 年区域间投入产出表》，《经济地理》2014

年第6期。

［95］徐国冲、郭轩宇：《城市综合承载力的评估框架与提升策略——来自新加坡的启示》，《上海行政学院学报》2020年第1期。

［96］徐杰：《基于产业链的产业配套匹配算法研究及优化》，《计算机工程与科学》2013年第3期。

［97］徐毅、张二震：《外包与生产率：基于工业行业数据的经验研究》，《经济研究》2008年第1期。

［98］宣旸、张万里：《产业智能化、收入分配与产业结构升级》，《财经科学》2021年第5期。

［99］杨洪焦、孙林岩、高杰：《中国制造业聚集度的演进态势及其特征分析——基于1988~2005年的实证研究》，《数量经济技术经济研究》2008年第5期。

［100］杨蕙馨、纪玉俊、吕萍：《产业链纵向关系与分工制度安排的选择及整合》，《中国工业经济》2007年第9期。

［101］姚凯、刘明宇、芮明杰：《网络状产业链的价值创新协同与平台领导》，《中国工业经济》2009年第12期。

［102］叶广宇、蓝海林：《供应链分析与基本竞争战略的选择》，《南开管理评论》2002年第1期。

［103］叶琪、黄茂兴：《全球制造业转移及其对国际竞争格局变动的影响》，《经济研究参考》2018年第51期。

［104］臧新、唐琦：《新国际分工背景下贸易对货运业碳排放的影响》，《数量经济技术经济研究》2019年第3期。

［105］张伯伟、胡学文：《东亚区域生产网络的动态演变——基于零部件贸易产业链的分析》，《世界经济研究》2011年第3期。

［106］张公嵬、梁琦：《产业转移与资源的空间配置效应研究》，《产业经济评论》2010年第3期。

［107］张红梅：《论地方政府制度创新与区域产业转移》，《改革与战略》2009年第8期。

［108］张利庠：《产业组织、产业链整合与产业可持续发展》，《管理世界》2007 年第 4 期。

［109］张莉莉：《产业链整合的影响因素》，《物流科技》2010 年第 12 期。

［110］张秋菊、朱钟棣：《跨国外包的承接与我国技术进步关系的实证分析——基于 VECM 的长、短期因果关系检验》，《世界经济研究》2008 年第 6 期。

［111］张少军、李东方：《全球价值链模式的产业转移：商务成本与学习曲线的视角》，《经济评论》2009 年第 2 期。

［112］张少军、刘志彪：《全球价值链模式的产业转移——动力、影响与对中国产业升级和区域协调发展的启示》，《中国工业经济》2009 年第 11 期。

［113］张天平、刘友金：《产业转移后供应链本地无缝连接与产业升级策略》，《求索》2011 年第 9 期。

［114］张小蒂、曾可昕：《基于产业链治理的集群外部经济增进研究——以浙江绍兴纺织集群为例》，《中国工业经济》2012 年第 10 期。

［115］张孝锋：《产业转移的理论与实证研究》，南昌大学博士学位论文，2006 年。

［116］赵红岩：《产业链整合的演进与中国企业的发展》，《当代财经》2008 年第 9 期。

［117］赵瑞霞、胡黎明：《产业集群式转移驱动资源型城市制度变迁的机制——基于区域产业链整合的视角》，《河北联合大学学报（社会科学版）》2013 年第 6 期。

［118］赵张耀、汪斌：《网络型国际产业转移模式研究》，《中国工业经济》2005 年第 10 期。

［119］郑大庆、张赞、于俊府：《产业链整合理论探讨》，《科技进步与对策》2011 年第 2 期。

［120］周密、王家庭：《雄安新区建设中国第三增长极研究》，《南开学报（哲学社会科学版）》2018 年第 2 期。

[121] 周群力、陆铭：《拜年与择校》，《世界经济文汇》2009 年第 6 期。

[122] 周亚同、李治宇：《新基建对中西部产业转移规划的重要性》，《人民论坛》2020 年第 14 期。

[123] 周志强、李舜：《民企参与对国有混企高质量发展的影响》，《湖南科技大学学报（社会科学版）》2020 年第 1 期。

[124] 朱华友、孟云利、刘海燕：《集群视角下的产业转移的路径、动因及其区域效应》，《社会科学家》2008 年第 7 期。

[125] 庄晋财、吴碧波：《西部地区产业链整合的承接产业转移模式研究》，《求索》2008 年第 10 期。

[126] Akamatsu K, "A Historical Pattern of Economic Growth in Developing Countries", *The Developing Economies*, Vol. 1, No. 1 (March 1962).

[127] Amiti M, Wei S J, "Service off shoring and productivity: Evidence from the United States", *World Economy*, Vol. 32, No. 2 (February 2009).

[128] Arndt S, Kierzowski H, *Fragmentation: New Production Patterns in the World Economy*, Oxford University Press, 2001.

[129] Arrow K J, "Vertical Integration and Communication", *Bell Journal of Economics*, Vol. 6, No. 1 (April 1975).

[130] Athukorala P, "Product Fragmentation and Trade Patterns in East Asia", *Asian Economic Papers*, Vol. 4, No. 3 (October 2006).

[131] Bertrand O, Zitouna H, "Trade Liberation and Industrial Restructuring: the Role of Cross Border Mergers and Acquisitions", *Journal of Economics & Management Strategy*, Vol. 15, No. 2 (June 2006).

[132] Branstetter L., Lardy N., *China's Embrace of Globalization*, National Bureau of Economic Research, 2006.

[133] Burt R S., "Structural Holes: The Social Structure of Competition" *The Economic Journal*, Vol. 104, No. 424 (October 1994).

[134] Caves, Richard E, "Multinational Firms, Competition and Productivity in Host-Country Markets", *Economical*, Vol. 41, No. 162 (May 1974).

[135] Christos N Pitelis, "The Sustainable Competitive Advantage and Catching - up of Nations: FDI, Clusters and the Liability (asset) of Smallness", *Management International Review*, Vol. 49, No. 1 (February 2009).

[136] Coase R H, "The Nature of the Firm", *Economica*, Vol. 4, No. 16 (November 1937).

[137] Dana B Minbaeva, "Knowledge Transfer in Multinational corporations", *Management International Review*, Vol. 47, No. 4 (October 2007).

[138] Dickenm P, Kelly P, Olds K. & Yeung H W C, "Chains and Networks, Territories and Scales: Toward a Relational Framework for Analyzing the Global Economy", *Global Networks*, Vol. 1, No. 2 (May 2001).

[139] Dunning J H, "The Eclectic Paradigm of International Production: A Restatement and Some Possible Extensions", *Journal of International Business Studies*, Vol. 19, No. 1 (April 1988).

[140] Feenstra R C, Hamilton G G, *Emergent economies, divergent paths: Economic organization and international trade in South Korea and Taiwan*, Cambridge University Press, 2006.

[141] Feenstra R C, "Integration of Trade and Disintegration of Production in the Global Economy", *Journal of Economic Perspective*, Vol. 12, No. 4 (November 1998).

[142] Gereffi G, Humphrey J & Sturgeon T, "The Governance of Global Value Chains", *Review of International Political Economy*, Vol. 12, No. 1 (Augest 2006).

[143] Gereffi G, "International Trade and Industrial Upgrading in the Apparel Commodity Chain", *Journal of International Economics*, Vol. 48, No. 1 (June 1999).

[144] Ginzburg A, Simonazzi A, "Patterns of Industrialization and the Flying Geese Model: The Case of Electronics in East Asia", *Journal of Asian Economics*, Vol. 15, No. 6 (January 2005).

[145] Gorg H, Hanley, Strobl, "Productivity Effects of International Out-

sourcing: Evidence from Plant Level Data", *Canadian Journal of Economics*, Vol. 41, No. 2 (March 2008).

[146] Heider F, "Attitudes and Cognitive Organization", *Journal of Psychology Interdisciplinary & Applied*, Vol. 21, No. 1 (January 1946).

[147] Helleiner G, "Manufactured exports from Less – developed countries and multinational firms", *The Economic Journal*, Vol. 83, No. 329 (March 1973).

[148] Henderson J, Dicken P, Hess M., Coe N & Yeung H. W. C., "Global Production Networks and the Analysis of Economic Development", *Review of International Political Economy*, Vol. 9, No. 2 (August 2002).

[149] Humphrey J, Schmitz H, "How does Insertion in Global Value Chains Affect Upgrading in Industrial Cluster", *Regional Studies*, Vol. 36, No. 9 (December 2002).

[150] Jones R, "Immigration vs. Outsourcing: Effects on Labor Markets", *International Review of Economics and Finance*, Vol. 14, No. 2 (December 2005).

[151] Jones R W, Kierzkowski H, "International Fragmentation and the New Economic Geography", *The North American Journal of Economics and Finance*, Vol. 16, No. 1 (December 2004).

[152] Joseph T Mahoney, J Rajendran Pandian., "The Resource – based View within the Conversation of Strategic Management", *Strategic Management Journal*, Vol. 13, No. 5 (June 1992).

[153] Kaplinsky R, Morris M, *A Handbook for Value Chain Research*, Brighton: University of Sussex, Institute of Development Studies, 2002.

[154] Kimura F, "International Production and Distribution Networks in East Asia: Eighteen Facts, Mechanics and Policy Implications", *Asian Economic Policy Review*, Vol. 1, No. 2 (December 2006).

[155] Klmienko M, "Competition, Matching, and Geographical Clustering at Early Stages of the Industry Life Cycle", *Journal of Economics and Business*, Vol. 56, No. 3 (May 2004).

[156] Knickerbocker F I, *Oligopolistic Reaction and the Multinational Enterprise*, *Cambride*, Mass: Harvard University Press, 1973.

[157] Koizumi T, Kopecky K J, "Economic Growth, Capital Movements and the International Transfer of Technical Knowledge", *Journal of International Economics*, Vol. 7, No. 1 (February 1977).

[158] Kojima Kiyoshi, *Direct Foreign Investment: A Japanese Model of Multinational Business Operations*, London: Croom Helm, 1978.

[159] Kojmia K, "Reorganizational of North – South Trade: Japan's Foreign Economic Policy for the 1970s", *Hitotsubashi Journal of Economics*, Vol. 13, No. 2 (February 1973).

[160] Koka B, Prescott J E, "Designing Alliance Networks: The Influence of Network Position, Environmental Change and Strategy on Firm Performance", *Strategic Management Journal*, Vol. 29, No. 6 (June 2008).

[161] Krugman P, "Complex Landscape in Economic Geography", *American Economic Review*, Vol. 84, No. 2 (May 1994).

[162] Krugman P, "Increasing Returns and Economic Geography", *Journal of Political Geography*, Vol. 99, No. 3 (June 1991).

[163] Kwoka J E, "Vertical Economies in Electric Power: Evidence on Integration and it's Alternatives", *International Journal of Industrial Organization*, Vol. 20, No. 5 (May 2002).

[164] Larsson R, Bengtsson L, Henriksson K & Sparks K J, "The Interorganizational Learning Dilemma: Collective Knowledge Development in Strategic Alliances", *Organization Science*, Vol. 9, No. 3 (June 1998).

[165] Liao H, Yang L, Dai S & Van Assche A, "Outward FDI, Industrial Structure Upgrading and Domestic Employment: Empirical Evidence from the Chinese Economy and the Belt and Road Initiative", *Journal of Asian Economics*, Vol. 74 (March 2021).

[166] Linton C Freeman, *The development of Social Network Analysis: A Study*

in the Sociology of Science, Booksurge Publishing, 2004.

[167] Liu Z, Schindler S, Liu W, "Demystifying Chinese Overseas Investment in Infrastructure: Port Development, the Belt and Road Initiative and Regional Development", *Journal of Transport Geography*, Vol. 87 (July 2020).

[168] Mac Dougall, "The Benefits and Costs of Private Investment from Abroad: A Theoretical Approach", *Economic Record*, Vol. 22, No. 3 (August 1960).

[169] Macpherson A, "Producer Service Linkages and Industrial Innovation: Results of a Twelve - Year Tracking Study of New York State Manufacturers", *Growth and Change*, Vol. 39, No. 1 (February 2008).

[170] Mariotti I, Cucculelli M, Mazzoni R, *Methodological Problems in firm Migration Research*, Risorse E Competitivatà, 2002.

[171] Marshall A, *Principles of Economics*, Macmillan Press, 1890.

[172] Fujita M, Gokan T, "On the Evolution of the Spatial Economy with Multi - unit multi - plant Firms: The Impact of IT Development", *Portuguese Economic Journal*, Vol. 4, No. 2 (August 2005).

[173] Masten S E, Meehan J W & Snyder E A, "Vertical Integration in the U. S. Auto Industry: A Note on the Influence of Transaction Specific Assets", *Journal of Economic Behavior and Organization*, Vol. 12, No. 2 (October 1989).

[174] Mathewson G F, Winter R A, "The Competitive Effects of Vertical Agreements: Comment", *American Economic Review*, Vol. 77, No. 5 (December 1987).

[175] Neely A, "Exploring the Financial Consequences of the Servitization of Manufacturing", *Operations Management Research*, Vol. 1, No. 2 (February 2009).

[176] Bertrand O, Zitouna H, "Trade Liberation and Industrial Restructuring: The Role of Cross Border Mergers and Acquisitions", *Journal of Economics & Management Strategy*, Vol. 15, No. 2 (April 2006).

[177] Partridge M D, Rickman D S, Ali K & Olfert M R, "Do New Econom-

ic Geography Agglomeration Shadows Underlie Current Population Dynamics across the Urban Hierarchy?", *Regional Science*, Vol. 88, No. 2 (June 2009).

[178] McCann P, *Industrial location economics*, Edward Elgar Publishing, 2002.

[179] Penrose E, Penrose E T, *The Theory of the Growth of the Firm*, Oxford University Press, 2009.

[180] Porter M E, "Clusters and the New Economics of Competitiveness", *Harvard Business Review*, Vol. 76, No. 6 (July 1998).

[181] Porter M E, "The competitive advantage of nations", *Competitive Intelligence Review*, Vol. 1, No. 1 (January 1990).

[182] Porter M E, *Clusters and Competition: New Agendas for Companies, Governments and Institutions*, New York: The Free Press, 1998.

[183] Vernon R, "International Investment and International Trade in the Product Cycle", *Quarterly Journal of Economics*, Vol. 80, No. 2 (May 1966).

[184] Jones R W, Kierzkowski H, "International Fragmentation and the New Economic Geography", *North American Journal of Economics and Finance*, Vol. 16, No. 1 (March 2005).

[185] Sammarra A, Belussi F, "Evolution and Relocation in Fashion - led Italian Districts: Evidence from Two Case - studies", *Entrepreneurship & Regional Development*, Vol. 18, No. 6 (February 2006).

[186] Sampson S F, *A Novitiate in a Period of Change: An Experimental and Case Study of Social Relationships*, Cornell University, 1968.

[187] Wasserman S, Faust K, *Social Network Analysis: Methods and Applications (Structural Analysis in the Social Sciences)*, Cambridge University Press, 1995.

[188] Sturgeon T J, "Modular Production Networks: A New American Model of Industrial Organization", *Industrial Performance Center Working Paper*, Vol. 11, No. 3 (June 2002).

[189] Sturgeon, Timothy J, "Modular Production Networks: A New Ameri-

can Model of Industrial Organization", *Industrial and Corporate Change*, Vol. 11, No. 3 (June 2002).

[190] Sven W, Arndt, "Globalization and the Open Economic", *North American Journal of Economics and Finance*, Vol. 8, No. 1 (1997).

[191] Tajfel H, Turner J C, "The Social Identity Theory of Intergroup Behavior", *Political Psychology*, Vol. 13, No. 3 (March 1986).

[192] Friedman T L, *The World is Flat: A Brief History of the Twenty-first Century*, Macmillan Press, 2006.

[193] Uzzi B, "Errata: Social Structure and Competition in Interfirm Networks: The Paradox of Embeddedness", *Administrative Science Quarterly*, Vol. 42, No. 1 (March 1997).

[194] Walter J, Lechner C & Kellermanns F W, "Knowledge Transfer between and within Alliance Partners: Private Versus Collective Benefits of Social Capital", *Journal of Business Research*, Vol. 60, No. 7 (July 2007).

后 记

20 世纪 90 年代初，本人在日本东京大学学习时，就开始关注产业集群和产业转移问题，近 30 年来一直将其作为主要研究方向并坚持了下来。早期的研究，是将产业集群问题与产业转移问题分开进行探讨的。但随着研究的深入，慢慢地更加关注到两者的内在联系，将产业集群和产业转移问题结合起来进行研究，并较早地提出了产业集群式转移概念。

产业集群式转移是产品内分工不断深化的产物。以往的产业转移，往往是较完整的产品生产过程的转移，通常能够由一个企业完成，企业之间的依赖性不强。所以企业可以单独行动，在进行产业转移的区位选择时，主要是考虑区域要素禀赋和规模经济，不存在明显的集群现象。然而，在产品内分工条件下，企业从事生产的是价值链的某个环节，各环节以最终产品为纽带，具有很强的协作依赖性和相互配套要求，单一环节的独立迁徙往往难以生存，产业转移区位选择的一个重要条件是产业链配套水平。可见，生产环节的相互依赖性催生了以企业“抱团”迁徙为特征的产业集群式转移。

企业的“抱团”迁徙体现了产业集群核心企业与配套企业或产业链上下游企业的共生关系。在产品内分工条件下，单个企业不再涉及整条产业链的生产，只涉及产业链上的某个或某几个环节，企业彼此之间相互依赖程度非常高，从而产生了核心企业或产业链上下游企业的共生关系，形成了产业转移过程中的“集群”行为。这种产业集群式转移，具有与生物群落迁徙行为相似的生态学机制，产业转移动力不仅是获取低要素成本比较优势，而且是寻求产业共生成长环境。在这种背景下，如果还是简单地依据静态的禀赋优势引导产业梯度转移而缺乏产业链的整合提升，可能导致转移产业的“无根性”，内地欠发达地区长期承接产业梯度转移的结果，将使其陷入追随式发展困局，难以达到区域协调发展的目的。

正是基于上述原因，我们从产业集群式转移的生态学特征出发，将产业集群式转移与产业链跨区域整合结合起来研究，分析产业集群式转移与产业链跨区域整合的内在关系，揭示了共生视角下产业转移的基本规律，构建产业转移的共生理论分析框架，为引导沿海产业有序向内地转移，加快实现区域经济协调发展提供理论支撑和对策方案，在产业转移中实现区域协调发展，在区域协调发展中加快产业转移。

本书是集体智慧的结晶，团队成员潘爱民、贺胜兵、戴魁早、向国成、仇怡、罗发友、张天平、易秋平、胡黎明、赵瑞霞、刘天琦、刘京星、周静、王国明、曾小明、冯晓玲、朱婵、廖倩、李彬、袁祖凤、刘小灿、滕思、罗莹、龚彩华、周健、张颖斌等做了大量的工作，经济管理出版社郭丽娟主任给予了大力支持，在此一并表示感谢！

值得特别指出的是，本书的各篇章中直接引用或参考了国内外很多专家学者的成果与学术观点，尽管在本书出版时力求用脚注和参考文献的方式一一列出，但恐有疏漏，敬请谅解。同时，尽管我们力图构建一个产业集群式转移推进产业链跨区域整合的共生理论分析框架，但目前的尝试还在初级阶段，仍然存在很多不足，期盼得到同行专家的批评和指正。

刘友金

2021 年 6 月